O.W. BARTH

RUPERT
SHELDRAKE

Die Wiederentdeckung der Spiritualität

7 PRAKTIKEN IM FOKUS DER WISSENSCHAFT

Aus dem Englischen
von Horst Kappen

O.W. BARTH

Die englische Originalausgabe erschien 2017 unter dem Titel »Science and Spiritual Practices« bei Coronet, einem Imprint von Hodder & Stoughton, einem Unternehmen von Hachette UK.

Besuchen Sie uns im Internet:
www.ow-barth.de

FSC
www.fsc.org
MIX
Papier | Fördert gute Waldnutzung
FSC® C083411

Redaktion: Ralf Lay
Covergestaltung: ZERO Werbeagentur, München
Coverabbildung: © 2008 Jeff Laitila / getty images
Satz: Daniela Schulz, Rheda-Wiedenbrück
Druck und Bindung: CPI books GmbH, Leck
ISBN 978-3-426-29288-4

5 4 3

In dankbarer Erinnerung an
meine Eltern Reginald und Doris

Inhalt

Vorwort

Dieses Buch ist der Ertrag einer langjährigen Reise durch die Welt der Wissenschaft, der Geschichte, Philosophie, Spiritualität, Theologie und Religion, aber nicht minder einer ganz konkreten Reise durch viele Länder der physischen Welt wie Großbritannien, Irland, das kontinentale Europa, Nordamerika, Malaysia und Indien. Sowohl die Wissenschaft als auch spirituelle Gebräuche gehören zu meinem Leben, seit ich ein Kind war, und über ihre Beziehungen untereinander habe ich mir seither in vielerlei Hinsicht Gedanken gemacht.

Geboren und aufgewachsen bin ich in Newark-on-Trent in der Grafschaft Nottinghamshire, einem Marktflecken in den englischen Midlands. Ich genoss eine ganz normale christliche Erziehung. Meine Eltern waren Methodisten, und ich besuchte ein anglikanisches Jungeninternat.

Schon in sehr jungen Jahren interessierte ich mich für Pflanzen und Tiere, und ich hielt viele verschiedene Haustiere. Mein Vater war Apotheker, der sich mit Heilkräutern und dem Mikroskopieren auskannte, und so unterstützte er meine Interessen. Da ich Biologe werden wollte, wählte ich in der Schule den wissenschaftlichen Zweig, und später studierte ich an der Universität von Cambridge Biologie und Biochemie.

Während dieser Schul- und Studienjahre stellte ich fest, dass die meisten meiner Lehrer und Dozenten der wissenschaftlichen Disziplinen Atheisten waren und den Atheismus als etwas Selbstverständliches betrachteten. Im England jener Zeit gingen Wissenschaft und Atheismus Hand in Hand. Diese Einstellung schien Teil des wissenschaftlichen Weltbildes zu sein, und ich akzeptierte das.

Mit siebzehn, in der Zeit zwischen dem Schulabschluss und

der Aufnahme meines Studiums, arbeitete ich als Laborant im Forschungslaboratorium eines Pharmazieunternehmens. Als ich den Job annahm, wusste ich allerdings nicht, dass es dabei um Tierexperimente ging. Ich wollte Biologe werden, weil ich Tiere mochte. Aber nun arbeitete ich in einer Art Todeslager. Keine der Kreaturen, mit denen man Experimente anstellte – Katzen, Kaninchen, Meerschweinchen, Ratten, Mäuse und ein Tag alte Küken –, verließ jemals das Labor lebendig. Es war eine Zerreißprobe zwischen meinem Mitleid mit den Tieren und dem wissenschaftlichen Ideal der Objektivität, das keinen Raum für persönliche Gefühle ließ.

Als ich Kollegen gegenüber meine Zweifel zum Ausdruck brachte, erinnerten sie mich daran, dass all dies zu unserem Wohl geschehe: Die Tiere würden geopfert, um Menschenleben zu retten. Und damit hatten sie zweifellos recht. Wir profitieren von der modernen Medizin, und unsere Medikamente sind fast ausnahmslos zuvor an Tieren erprobt worden. Es wäre unverantwortlich und ungesetzlich, potenziell giftige Substanzen ohne solche Tests bei Menschen anzuwenden. Menschen haben Rechte, so die Argumentation, Labortiere so gut wie keine. Indem wir die moderne Medizin in Anspruch nehmen, befürworten die meisten von uns stillschweigend dieses System des Tieropfers.

Während dieser Zeit las ich Freud und Marx, die mir mein atheistisches Weltbild bestätigten; und als ich mein Studium in Cambridge aufnahm, trat ich der dortigen Humanistischen Gesellschaft bei. Nachdem ich den Versammlungen einige Male beigewohnt hatte, fand ich sie bald öde, und meine Neugier zog mich in eine andere Richtung. Was sich meinem Geist aber am meisten eingeprägt hat, war der Auftritt des Biologen Sir Julian Huxley, eines der führenden Köpfe der säkularen humanistischen Bewegung. Er vertrat den Standpunkt, dass die Menschheit ihre eigene Evolution in die Hand nehmen und das Erbgut der menschlichen Rasse mithilfe der Eugenik und insbesondere der selektiven Züchtung verbessern solle.

Was ihm vorschwebte, war eine neue, genetisch vervollkommnete Generation, Kinder, die durch künstliche Befruchtung mit geeignetem Spendersamen gezeugt sind. Er zählte auch die Eigenschaften auf, die die Samenspender aufzuweisen hätten, um diesen Qualitätssprung der Menschheit zu gewährleisten: Es sollten Männer sein, die auf eine lange wissenschaftliche Familientradition zurückblicken können, die selbst große Leistungen in der Wissenschaft vorzuweisen und es zu großer öffentlicher Anerkennung gebracht haben. Als der ideale Samenspender erwies sich Sir Julian selbst. Später stellte ich dann fest, dass er auch in die Tat umsetzte, was er predigte.

Von einem Atheisten und angehenden mechanistisch denkenden Biologen wie mir wurde erwartet, an ein Universum zu glauben, das seinem Wesen nach mechanisch ist. In ihm gab es weder ein letztes Ziel noch einen Gott, und der menschliche Geist bestand aus nichts anderem als Gehirnfunktionen. Aber ich empfand all das als Zumutung, besonders dann, wenn ich verliebt war. Ich hatte eine sehr hübsche Freundin, und in einer Phase des Hochgefühls ging ich in eine Physiologie-Vorlesung über Hormone. Ich erfuhr etwas über Testosteron, Progesteron und Östrogen und wie sich diese Hormone auf die verschiedenen Zonen des männlichen und weiblichen Körpers auswirken. Aber es gab eine gewaltige Kluft zwischen der Verliebtheit, die ich verspürte, und dem Erlernen dieser chemischen Formeln.

Auch die große Kluft zwischen meiner ursprünglichen Intention – meinem Interesse an lebendigen Pflanzen und Tieren – und der Art von Biologie, die man mir da beibrachte, wurde mir immer bewusster. Zwischen meinem unmittelbaren Erleben der Tier- und Pflanzenwelt und der Art und Weise, wie mir darüber Wissen vermittelt wurde, gab es fast keine Verbindung. In unseren Laborseminaren töteten wir die Organismen, die wir untersuchten, sezierten sie und zerlegten die Einzelteile in immer kleinere Stücke, bis wir hinunter zur molekularen Ebene gelangten.

Für mein Gefühl war daran etwas grundlegend falsch, aber ich konnte das Problem nicht klar benennen. Ein befreundeter Literaturstudent lieh mir dann ein Buch über deutsche Philosophie, das einen Aufsatz über Goethe als Dichter und Botaniker enthielt.[1] Ich stellte fest, dass Goethe zu Beginn des 19. Jahrhunderts die Vision von einer anderen Art Wissenschaft hatte – einer ganzheitlichen Wissenschaft, die das unmittelbare Erleben und Verstehen einschloss. In ihr handelte es sich nicht darum, alles in Stücke zu zerlegen und das Zeugnis der Sinne zu verwerfen.

Die Vorstellung, dass Wissenschaft auch anders aussehen könnte, erfüllte mich mit Hoffnung. Ich wollte Wissenschaftler sein. Aber ich wollte mich nicht sofort in eine Forscherkarriere stürzen, wie meine Dozenten es von mir annahmen. Ich wollte mir Zeit lassen, um eine weitere Perspektive zu gewinnen. Ich hatte dann das Glück, ein Frank-Knox-Stipendium für Harvard zu bekommen, und nach meinem Abschluss in Cambridge studierte ich dort ein Jahr (1963/64) Philosophie und Wissenschaftsgeschichte.

Thomas Kuhns Buch *Die Struktur wissenschaftlicher Revolutionen* war gerade erschienen, und es öffnete mir die Augen dafür, dass die mechanistische Naturtheorie etwas war, was Kuhn ein »Paradigma« nannte – ein kollektiv getragenes Wirklichkeitsmodell, ein Glaubenssystem. Kuhn zeigte auf, dass in Perioden revolutionären wissenschaftlichen Wandels alte Modelle der Wirklichkeit durch neue ersetzt wurden. Wenn sich die Wissenschaft in der Vergangenheit radikal gewandelt hatte, dann würde sie sich vielleicht auch in Zukunft erneut wandeln können – eine aufregende Möglichkeit.

Ich ging zurück nach Cambridge, um an Pflanzen zu forschen.

In die Tierforschung, mein ursprüngliches Ziel, wollte ich nicht, weil ich mein Leben nicht damit zubringen wollte, Tiere zu töten. Ich schrieb meine Doktorarbeit über die Bildung des Pflanzenhormons Auxin, das das Wachstum von Stielen und Stämmen sowie die Holz- und Wurzelbildung anregt. Das Hormonpulver, das Gärtner verwenden, um die Wurzelbildung bei Stecklingen zu fördern, enthält Auxin in synthetischer Form. Anschließend forschte ich als Fellow am Clare College in Cambridge weiter auf dem Gebiet der Pflanzenentwicklung und erhielt außerdem ein Forschungsstipendium der Royal Society, das mir enorme Freiheit verschaffte, wofür ich sehr dankbar bin.

In dieser Zeit wurde ich Mitglied einer Vereinigung, die sich »Epiphany Philosophers« nannte und ihren Sitz und in Cambridge hatte.[2] Es war ein bunt zusammengewürfelter Kreis, dem Quantenphysiker, Mystiker, Buddhisten, Quäker, Anglikaner und Philosophen angehörten. Zu seinen Mitgliedern zählten Richard Braithwaite, Philosophieprofessor in Cambridge und führender Wissenschaftsphilosoph,[3] seine Frau Margaret Masterman, Leiterin der Cambridge Language Research Unit und eine Pionierin auf dem Gebiet der künstlichen Intelligenz, sowie Dorothy Emmet, Philosophieprofessorin an der Universität von Manchester und eine frühere Studentin des Philosophen Alfred North Whitehead. Viermal im Jahr kamen wir für eine Woche zusammen, in der wir eine Wohngemeinschaft in einer Windmühle in dem Hafenörtchen Burnham Overy Staithe an der Küste von Norfolk bildeten. Wir diskutierten über Physik, Biologie, alternative Medizin, Akupunktur, Parapsychologie, Quantentheorie, über Sprach- und Wissenschaftsphilosophie. Nichts wurde ausgeklammert.

Während dieser siebenjährigen Epoche hatte ich die Freiheit, mir nicht nur mein Forschungsgebiet selbst auszusuchen, sondern auch den Ort, an dem ich meine Studien betreiben wollte. Von der Royal Society mit Geldmitteln ausgestattet, ging ich 1968 für ein Jahr nach Malaysia, weil ich die Pflanzenwelt des Regenwaldes erforschen wollte. Das Botanische Institut der Universität Malaya bei Kuala Lumpur wurde meine neue Heimat. Auf dem Weg dorthin bereiste ich für mehrere Monate Indien und Sri Lanka, was meinen Horizont enorm erweiterte. Ich begegnete dort einer völlig anderen Art, die Welt zu betrachten, auf die ich durch meinen Bildungshintergrund in keiner Weise vorbereitet war.

Als ich nach Cambridge zurückkehrte, setzte ich meine Forschungen zur Pflanzenentwicklung fort und konzentrierte mich dabei vor allem auf die Frage, wie das Pflanzenhormon Auxin von den Blättern und Stängeln zu den Wurzelspitzen transportiert wird, wobei es auf seinem Weg Veränderungen in der Pflanze bewirkt. Obwohl diese Arbeit sehr erfolgreich war, gelangte ich immer mehr zu der Überzeugung, dass der mechanistische Ansatz nicht ausreicht, um die Formentwicklung zu erklären. Es musste auch »Top-down«- und nicht bloß »Bottom-up«-Organisationsprinzipien geben.

Um eine Analogie aus der Architektur zu verwenden, wäre ein Beispiel für ein Top-down-Prinzip der Bauplan eines vollständigen Gebäudes, während eine Bottom-up-Erklärung darin bestünde, sich mit den chemischen und physikalischen Eigenschaften der Mauersteine zu befassen, den Bindeeigenschaften des Mörtels, mit dem auf den Mauern lastenden Druck, der auf den elektrischen Leitungen liegenden Spannung und so weiter. All diese physikalischen und chemischen Faktoren sind für das Verständnis der Gebäudeeigenschaften wichtig, aber sie allein können nicht Form, Design und Funktion des Gebäudes erklären.

Aus diesem Grund begann ich, mich für biologische oder morphogenetische, also formgebende Felder zu interessieren, ein Konzept, das in den Zwanzigerjahren erstmals vertreten wurde. Die Form eines Blattes wird nicht allein durch die Gene im Inneren der Zellen bestimmt, die sie in die Lage versetzen, bestimmte Proteinmoleküle zu bilden, sondern auch durch ein blattformendes Feld, so etwas wie einen unsichtbaren Plan, eine Art Hohlform oder »Attraktor« im Sinne von »Zielgestalt« oder auch »Gestaltziel« für das Blatt. In Eichen-, Rosen- und Bambusblättern ist es jeweils ein anderer, obwohl sie alle die gleichen Auxin-Moleküle und dasselbe polare Auxin-Transportsystem aufweisen, durch das sich die Auxine stets nur in einer Richtung bewegen, vom Spross zur Wurzelspitze, nicht aber in entgegengesetzter Richtung.

Als ich darüber nachdachte, auf welche Weise morphogenetische Felder vererbt werden könnten, hatte ich einen Einfall: Es könnte eine Art von Gedächtnis in der Natur geben, das über die Zeit hinweg direkte Verbindungen zwischen früheren und gegenwärtigen Organismen schafft und durch das jede Spezies mit einer Art kollektiven Form- und Verhaltensgedächtnisses ausgestattet ist. Diesen hypothetischen Gedächtnistransfer nannte ich »morphische Resonanz«. Mir wurde aber schnell klar, dass der Vorschlag äußerst kontrovers aufgenommen würde und ich nicht in der Lage wäre, mit ihm an die Öffentlichkeit zu gehen, bevor ich noch sehr viel gründlicher darüber nachgedacht hätte. Ich brauchte Belege, und die Suche danach würde Jahre dauern können.

Zur selben Zeit wuchs mein Interesse an der Erforschung des Bewusstseins anhand psychedelischer Erlebnisse, die mich davon überzeugten, dass der menschliche Geist weit umfassender ist als alles, was ich darüber während meiner wissenschaftlichen Ausbildung erfahren hatte.

Im Jahr 1971 erlernte ich die Transzendentale Meditation, weil ich in der Lage sein wollte, das Bewusstsein ohne die Hilfe von Drogen zu erforschen. Im Transcendental Meditation Centre in Cambridge wurde nicht verlangt, irgendeinen Glauben anzunehmen. Die Meditationslehrer stellten die Abläufe als etwas rein Physiologisches dar. Das war mir sehr recht; es funktionierte, ich konnte meditieren und musste an nichts glauben, was sich außerhalb meines eigenen Gehirns abspielte. Ich war noch immer Atheist und froh, eine spirituelle Praxis gefunden zu haben, die sich mit meinem wissenschaftlichen Weltbild vertrug und keine Religion voraussetzte.

Ich begeisterte mich immer mehr für die hinduistische Philosophie und Yoga, und im Jahr 1974 bot sich mir die Gelegenheit, nach Indien zu gehen. Dort übernahm ich die Stelle des leitenden Pflanzenphysiologen am Internationalen Saatgut-Forschungsinstitut für halbtrockene Tropengebiete ICRISAT (International Crops Research Institute for the Semi-Arid Tropics) in der Nähe von Hyderabad. Ich forschte an Kicher- und Straucherbsen und gehörte einem Team an, das bessere Sorten züchtete, die höhere Erträge lieferten und resistenter gegen Dürre sowie Pflanzenschädlinge und -krankheiten waren.

Ich genoss die Jahre in Indien und nutzte einen Teil meiner freien Zeit, um mir Tempel und Aschrams anzusehen sowie Vorträge von Gurus anzuhören. In Hyderabad hatte ich auch einen Sufi-Lehrer, Agha Hassan Hyderi. Er gab mir ein Sufi-Mantra, ein Wazifa, und für ungefähr ein Jahr praktizierte ich eine Sufi-Form der Meditation. Eines der Dinge, die ich von ihm lernte, war, dass in der Sufi-Tradition Genuss als etwas betrachtet wird, das von Gott kommt. Seine Religion war nicht puritanisch oder asketisch. Er trug wundervolle Brokatgewänder, war ein Liebhaber von Wohlgerüchen und ließ, während er auf Urdu und Persisch Gedichte rezitierte, seine Finger durch eine Schale mit Jasminblüten neben seinem Sitz gleiten. Ich hatte Religion immer als etwas Lustfeindliches betrachtet, aber Aghas Einstellung war vollkommen anders.

Dann schoss mir ein neuer Gedanke durch den Kopf: Wie stand es nun mit dem Christentum? Seit ich als Teenager zum

Atheismus und säkularen Humanismus bekehrt wurde, hatte ich nicht mehr viel darüber nachgedacht, obwohl die Epiphany Philosophers ein christlicher Kreis waren und wir an jedem Morgen und Abend in der Windmühle gemeinsam einstimmige Psalmen sangen.

Als ich einen hinduistischen Guru um Rat auf meinem spirituellen Weg fragte, sagte er: »Alle Wege führen zu Gott. Du stammst aus einer christlichen Familie und solltest daher den Weg des Christentums gehen.« Je mehr ich darüber nachdachte, desto mehr Sinn ergab es. Die heiligen Orte des Hinduismus liegen in Indien oder in der Nähe des Subkontinents, etwa der Berg Kailash. Die heiligen Orte Großbritanniens liegen auf den Britischen Inseln, und die meisten von ihnen sind christlich. Meine Vorfahren waren seit vielen Jahrhunderten Christen; sie wurden geboren, heirateten und starben innerhalb dieser Tradition, meine Eltern eingeschlossen.

Ich begann, das Vaterunser zu beten und an den Gottesdiensten der anglikanischen Kirche St. John's in Secunderabad teilzunehmen. Ich entdeckte den christlichen Glauben für mich neu. Einige Zeit darauf, mit 34 Jahren, wurde ich in der Church of South India konfirmiert, einer ökumenischen Kirche, die durch die Vereinigung anglikanischer, methodistischer und weiterer Kirchen entstanden war. Während meiner Schulzeit war ich, anders als die meisten Jungen, nicht konfirmiert worden.

Aber noch immer verspürte ich eine große Spannung zwischen der hinduistischen Weisheit, die ich als so tiefgründig empfand, und der christlichen Tradition, die mir im Vergleich damit oberflächlich vorkam. Dann fand ich durch einen Freund zu einem wunderbaren Lehrer, Vater Bede Griffiths, der in einem christlichen Aschram in Tamil Nadu in Südindien lebte. Er war ein britischer Benediktinermönch, der seit über zwanzig Jahren in Indien wohnte.

Er führte mich in die christliche Mystik ein, eine Tradition, über die ich sehr wenig wusste, und in die christliche Philosophie des Mittelalters, insbesondere die Werke von Thomas von Aquin und Bonaventura. Ihre Einsichten erschienen mir tiefer als alles, worüber ich in kirchlichen Predigten oder Vorlesungen an Universitäten gehört hatte. Vater Bede hatte darüber hinaus profunde Kenntnisse der indischen Philosophie und hielt regelmäßig Vorträge über die Upanischaden, die viele der Grundvorstellungen der hinduistischen Gedankenwelt enthalten. Er zeigte, wie die philosophischen und religiösen Traditionen des Ostens und des Westens sich gegenseitig befruchten konnten.[4]

Während ich am ICRISAT arbeitete, dachte ich weiterhin über die morphische Resonanz nach, und mehr als vier Jahre später war ich so weit, mich eine Zeit lang beurlauben zu lassen, um darüber zu schreiben. Ich wollte dafür in Indien bleiben, und Vater Bede bot mir die perfekte Lösung an, indem er mich in seinen Aschram Shantivanam am Ufer des heiligen Flusses Kaveri einlud.

Vater Bedes Aschram verband viele Züge der indischen Kultur mit der christlichen Tradition. Wir saßen auf dem Boden und aßen vegetarische Gerichte von Bananenblättern; es gab jeden Morgen Yoga, morgens und abends je eine einstündige Meditationssitzung. Für gewöhnlich meditierte ich im Schatten einiger Bäume am Flussufer. Die Morgenmesse begann mit dem Singen des Gayatri-Mantras, eines Sanskrit-Mantras, das die göttliche Kraft anruft, die sich in den Strahlen der Sonne bekundet. Ich fragte Vater Bede: »Wie können Sie ein hinduistisches Mantra in einem katholischen Aschram singen?« Er antwortete: »Gerade deshalb, weil es ein katholischer Aschram ist. ›Katholisch‹ bedeutet ›allumfassend‹. Was irgendeinen Weg zu Gott ausschließt, ist nicht katholisch, sondern bloß eine Sekte.«

Ich blieb dort für eineinhalb Jahre, zwischen 1978 und 1979, und lebte in einer mit Palmenblättern gedeckten Hütte unter einem Banyan-Baum, in der ich mein Buch *Das schöpferische Universum – Die Theorie des morphogenetischen Feldes* schrieb (Originaltitel: *A New Science of Life*). Danach kehrte ich an das ICRISAT zurück und arbeitete dort noch ein paar Jahre in Teilzeit, wobei ich jeweils einen Teil des Jahres in Indien, Großbritannien und Kalifornien verbrachte.

Zurück in Großbritannien, genoss ich es, meine heimatlichen Traditionen wiederzuentdecken. Mir gefiel die Tatsache, dass Europäer nicht anders als Inder heilige Orte haben, zu denen sie pilgern. So begab ich mich auf Wallfahrten zu Kathedralen, Kirchen und prähistorischen Stätten wie Avebury. Es war auch innerlich wie eine Heimkehr, mich wieder mit meinem Heimatland zu verbinden und mit jenen, die dort vor mir gelebt hatten. Ich machte es mir zur Gewohnheit, sonntags in die Kirche zu gehen, wo immer ich mich befand, meist eine kleine Kirche auf dem Land. Und an dieser Gewohnheit halte ich bis heute fest.

A New Science of Life erschien 1981 in Großbritannien, und als ich bald darauf nach Indien zurückgekehrt war, um meine Feldversuche fortzusetzen, erreichte mich eine Einladung, auf einer Konferenz in Bombay zu sprechen, bei der es um das Thema »Altes Wissen und moderne Wissenschaft« ging. Ich nahm mir ein paar Tage frei und unterbrach meine Getreideernte, um einen Vortrag über morphische Resonanz zu halten. Auf der Konferenz begegnete ich Jill Purce, die dort als Vertreterin des Programmteils über altes Wissen sprach. Jill hatte ein Buch mit dem Titel *Die Spirale – Symbol der Seelenreise* geschrieben und war außerdem Herausgeberin einer schönen Buchreihe über Kunst und Fantasie, die bei Thames & Hudson erschien und noch heute gedruckt wird.

Ein paar Monate später trafen Jill und ich uns in Indien wieder, nachdem sie im Himalaja an einem Retreat teilgenommen hatte, das Teil ihrer Dzogchen-Praxis war, einer Form des tibetischen Buddhismus. Im selben Jahr begegneten wir uns später in England wieder, wo wir uns näherkamen. Wir heirateten 1985 und leben seither in Hampstead im Norden Londons zusammen.

Als ich sie kennenlernte, hatte Jill eine neue Form des Gesangsunterrichts entwickelt, mit der sie die Menschen an die Kraft des Sprechgesangs in Gruppen heranführte, wobei sie sich auf die Traditionen vieler verschiedener Kulturen und Religionen bezog. In ihren Kursen lehrt sie eine besondere Form des Obertongesangs, wie er traditionell in der Mongolei und in Tuwa gepflegt wird und bei dem hohe flötenähnliche Töne als Obertöne der Grundtöne des Gesangs hörbar werden. Außerdem zeigt sie, welche starken bewusstseinsverändernden Effekte diese Gesänge haben und wie sie Menschen untereinander in Resonanz bringen können.[5]

Während der vergangenen dreißig Jahre habe ich experimentelle Forschungen zu zahlreichen Themen betrieben, darunter zum Pflanzenwachstum, zur morphischen Resonanz,[6] zum Orientierungssinn von Brieftauben,[7] zum siebten Sinn von Haustieren,[8] zum Spüren fremder Blicke[9] und zur Telefon-Telepathie.[10] Von 2005 bis 2010 war ich Direktor des Perrott-Warrick-Projekts, das unerklärliche menschliche und tierische Fähigkeiten erforscht und vom Trinity College in Cambridge finanziell gefördert wird.

Die Ergebnisse dieser Forschungen haben mich zu der Überzeugung geführt, dass der menschliche Geist weit über die Grenzen des Gehirns hinausreicht, was ebenso für Tiere gilt. Zum Beispiel scheint es unmittelbar wirksame telepathische Einflüsse sowohl unter Tieren und Menschen als auch zwischen Mensch und Tier zu geben. Telepathische Beziehungen kommen für gewöhnlich zwischen Menschen und Tieren zustande, die emotional miteinander verbunden sind.

Solche psychischen Phänomene sind normal, nicht paranormal; sie sind natürlich, nicht übernatürlich; sie gehören einfach zur Art und Weise, wie unser Geist und unsere sozialen Bindungen funktionieren. Wenn sie manchmal als »paranormal« bezeichnet werden, dann, weil sie nicht in eine beschränkte Auffassung von Wirklichkeit passen. Diese Phänomene lassen sich wissenschaftlich erforschen und haben messbare Auswirkungen. Es handelt sich bei ihnen um Wechselbeziehungen zwischen lebendigen Organismen sowie zwischen diesen Organismen und ihrer Umwelt. Aber deshalb sind solche Phänomene noch nichts Spirituelles.

Es gilt, zwischen der psychischen und der spirituellen Dimension zu unterscheiden. Phänomene wie Telepathie zeigen, dass der Geist nicht auf das Gehirn beschränkt ist. Aber uns steht überdies die Verbindung mit einem weit größeren Bewusstsein offen, mit einer »mehr-als-menschlichen« spirituellen Wirklichkeit, wie immer wir sie auch benennen mögen. Spirituelle Praktiken helfen uns dabei, diesen Fragen für uns selbst nachzugehen.

Jills Arbeit war einer der Entstehungsimpulse für dieses Buch, denn sie hat eine Form entwickelt, spirituelle Gebräuche zu vermitteln, die jeden Interessierten einbezieht, welcher Religion oder »Nichtreligion« er auch angehört. Wie ich es bei der Transzendentalen Meditation und immer wieder in Jills Seminaren erlebt habe, kann man sehr wohl eine spirituelle Praxis erlernen und ausüben, ohne zuvor Glaubensfragen und Vorbehalte erörtern zu müssen. Die spirituelle Praxis kann zu einem vertieften Verständnis führen, aber die unmittelbare Erfahrung kommt zuerst.

Dieselben Prinzipien gelten für sämtliche Formen spiritueller Praxis, die ich in diesem Buch vorstelle. Sie alle stehen jedem von uns offen, ob Christ, Jude, Moslem, Hindu, Buddhist, Animist oder moderner Schamane. Sie stehen Menschen offen, die spirituell, aber nicht gläubig sind, Anhängern des New Age, säkularen Humanisten, Agnostikern und Atheisten. Ich selbst bin Christ, ein Mitglied der anglikanischen Kirche, und praktiziere diese Gebräuche in einem christlichen Kontext. Aber sie alle werden ebenso von den Anhängern anderer Religionen ausgeübt und nicht minder von Atheisten und Agnostikern. Keine Religion oder Nichtreligion hat ein Monopol auf diese Praktiken. Sie sind für alle da.

Viele wissenschaftliche Studien zeigen den wohltuenden Einfluss, den diese Gebräuche auf die Praktizierenden haben. Zum Beispiel sind Menschen, die sich in der Dankbarkeit üben, im Durchschnitt glücklicher als andere, die sich nicht darin üben. Ich schreibe dieses Buch, weil ich glaube, dass es in unserem säkularen Zeitalter – unabhängig von der Glaubensrichtung – einen großen Bedarf gibt, die Praktiken wiederzuentdecken.

Die spirituelle Praxis hat viele Formen. Für dieses Buch habe ich sieben von ihnen ausgewählt, die ich auch selbst ausübe.

Einführung

Alle Religionen kennen spirituelle Praktiken. Sie helfen Menschen dabei, nicht nur untereinander, sondern auch mit Formen des Bewusstseins in Verbindung zu treten, die über die menschliche Ebene hinausreichen. Bis vor Kurzem hielten die meisten Atheisten und säkularen Humanisten es für selbstverständlich, dass diese Bräuche Zeitverschwendung, wenn nicht auf gefährliche Weise irrational seien. Aber die Einstellungen ändern sich, vor allem im Hinblick auf Gesundheit und Wohlbefinden. Auch wenn die Medizin gewaltige Fortschritte gemacht hat, kann sie doch weder Sinnerfahrung vermitteln noch das Beziehungsleben verbessern helfen oder uns Werte wie Dankbarkeit, Großzügigkeit und Versöhnlichkeit nahebringen. Das wird von der Medizin auch nicht erwartet. Vielmehr zählt man all diese Aspekte zur Rolle der Religionen, und offenbar haben sie auf Gesundheit und Wohlbefinden enorme Auswirkungen. Neuere Forschungen zeigen, dass gläubige Menschen durchschnittlich weniger an Ängsten und Depressionen leiden als nichtgläubige,[1] sie sind seltener suizidgefährdet,[2] häufiger Nichtraucher[3] und neigen weniger zum Missbrauch von Alkohol und Drogen.[4]

Die meisten dieser Studien unterschieden nicht zwischen den Auswirkungen bestimmter spiritueller Gebräuche und Einstellungen. Jede Religion verfügt über eine große Anzahl verschiedener Rituale, und einige von ihnen können auch in einem säkularen Kontext ausgeübt werden, etwa die Meditation oder die Übung der Dankbarkeit. Auch bei nichtgläubigen Menschen haben diese Praktiken einen günstigen Einfluss auf die körperliche und seelische Gesundheit.

Im 20. Jahrhundert glaubten viele Menschen, Wissenschaft

und Vernunft würden bald die allein bestimmenden Kräfte sein und die Religionen nach und nach verschwinden. Die Menschheit, so meinten sie, erhöbe sich zu einer weltlichen, vernunftgeleiteten sozialen Ordnung, befreit von den Fesseln alter Dogmen und des Aberglaubens. Aber anstatt auszusterben, konnten sich die Religionen behaupten. Der Islam ist keineswegs verschwunden. Der Hinduismus ist wohlauf. Und nicht zuletzt dank des Dalai-Lama ist das Ansehen des Buddhismus in Ländern gestiegen, die zuvor nicht buddhistisch orientiert waren. Das Christentum ist zwar in weiten Teilen Europas und Nordamerikas tatsächlich im Rückgang begriffen, aber seine Anhängerschaft wächst in Schwarzafrika, in Asien und im pazifischen Raum, wo es inzwischen mehr Christen als in Europa gibt.[5] Zur Zeit der Sowjetunion war Russland offiziell atheistisch, und die Religion wurde brutal unterdrückt. Aber seit das kommunistische System 1991 endete, hat der Anteil der Christen in der Bevölkerung stark zugenommen. Im Jahr 1991 gaben 61 Prozent der Russen an, ohne Religion zu sein, 31 Prozent gehörten der russisch-orthodoxen Kirche an; 2008 dagegen bezeichneten sich nur noch 18 Prozent der Russen als nicht gläubig und 72 Prozent als orthodoxe Christen.[6]

Als Reaktion auf diesen unerwarteten Trend bekam der militante Atheismus des 21. Jahrhunderts neuen Auftrieb. Der moderne Kreuzzug gegen die Religionen wurde von den Vertretern des sogenannten neuen Atheismus geführt, allen voran Sam Harris, Autor von *Das Ende des Glaubens: Religion, Terror und das Licht der Vernunft*, von Richard Dawkins mit seinem Buch *Der Gotteswahn*, von Daniel Dennett mit *Den Bann brechen: Religion als natürliches Phänomen* und von Christopher Hitchens mit dem Buch *Der Herr ist kein Hirte: Wie Religion die Welt vergiftet*.

Die neuen Atheisten glauben nicht an Gott, aber sie haben einen unerschütterlichen Glauben an die Philosophie des

Materialismus. Die Materialisten glauben, dass das gesamte Universum bewusstlos ist und aus geistloser Materie besteht, die von den unpersönlichen Gesetzen der Mathematik beherrscht wird. In der Natur gibt es weder Plan noch Ziel. Die Evolution ist Resultat des Wechselspiels zwischen blindem Zufall und physikalischer Notwendigkeit. Das Bewusstsein steckt allein im Kopf und existiert nur im Gehirn. Gott, Engel und Geistwesen sind Ideen des menschlichen Geistes: Also sind sie im Gehirn. Sie haben keine unabhängige Existenz außerhalb des Kopfes.

Aus der Perspektive dieses materialistischen Glaubenssystems erscheint die Religion als ein Sumpf aus Aberglauben und Irrationalismus; sie repräsentiert ein Entwicklungsstadium, dem die Menschheit entwachsen ist. Leute, die noch immer einer Religion anhängen, sind einfältig oder verblendet; sie sollten aus dem Lügengespinst, in dem sie gefangen sind, befreit werden – oder wenigstens ihre Kinder, indem man sie in der Schule aufklärt.

Die materialistische Weltanschauung hat eine große Rolle bei der Säkularisierung Europas und Nordamerikas gespielt und ging einher mit einem Rückgang religiösen Brauchtums, insbesondere bei Menschen mit christlichem Hintergrund.[7] In Europa ist es heute nur noch eine kleine Minderheit, die den christlichen Glauben regelmäßig ausübt. In Großbritannien lag der Anteil regulärer Kirchgänger in der Bevölkerung 1980 bei 12 Prozent, 2015 nur noch bei 5 Prozent.[8] Ein sehr viel größerer Anteil, nämlich 49 Prozent, bezeichnete sich dabei als irreligiös; innerhalb der weißen Bevölkerung tat dies sogar die Mehrheit.[9]

Von Russland abgesehen, zeigt sich der Schwund des christlichen Glaubens und Brauchtums fast überall in Europa, und zwar sowohl in protestantischen als auch in katholischen Ländern. Im traditionell katholisch geprägten Frankreich gingen

2011 nur noch 5 Prozent wöchentlich zum Gottesdienst,[10] fast ebenso wenige wie im traditionell protestantischen Schweden.[11] Sogar in Ländern, in denen die katholische Kirche ehemals großen Einfluss hatte, ist die Zahl der Kirchgänger dramatisch zurückgegangen. In Irland gingen 2011 nur noch etwa 18 Prozent wöchentlich zur Messe, während es 1984 noch fast 90 Prozent waren.[12] Selbst in Polen, dem religiösesten Land Europas, war der Anteil derer, die noch jede Woche zum Gottesdienst gingen, 2011 auf weniger als 40 Prozent geschrumpft.[13]

Die meisten europäischen Länder sind jetzt überwiegend säkular und werden oft als »nachchristlich« bezeichnet. In den Vereinigten Staaten sind die Menschen jedoch weiterhin religiöser. 2014 gaben 89 Prozent der Amerikaner an, sie glaubten an Gott, 77 Prozent identifizierten sich mit einem Glaubensbekenntnis, und 36 Prozent besuchten wöchentlich den Gottesdienst. Der Anteil der Atheisten betrug 3 Prozent und lag damit weit niedriger als in den meisten europäischen Ländern.[14] Aber selbst in den USA lässt die Bindung an die Kirche und ihre Bräuche nach.[15]

Alles ist jetzt im Fluss. Wie ich in meinem Buch *Der Wissenschaftswahn* gezeigt habe, erscheinen die Grundannahmen des Materialismus als sehr fragwürdig, gerade wenn man sie im Licht der wissenschaftlichen Fortschritte betrachtet. Mittlerweile wird die bloße Existenz des menschlichen Bewusstseins zunehmend zum Problem für Materialisten, die ja von der Annahme ausgehen, dass alles aus bewusstloser Materie hervorgegangen ist, einschließlich des menschlichen Gehirns. Wenn das so ist, wie kann dann das Bewusstsein dem Gehirn entspringen, wenn es sonst nirgends in der Natur vorkommt? Das ist das sogenannte »harte Problem« in der Philosophie des Geistes.

Spiritualität außerhalb der Religion

Der schwindende Einfluss der Kirche und des religiösen Brauchtums bedeutet aber nicht, dass die meisten Menschen Atheisten geworden sind. Bei einer Umfrage, die 2013 in Großbritannien durchgeführt wurde, stimmten nur 13 Prozent der Erwachsenen der Aussage zu, dass der »Mensch ein rein materielles Wesen ohne ein spirituelles Element« sei. Mehr als drei Viertel dagegen stimmten der Aussage zu, »dass es Dinge im Leben gibt, die sich weder durch die Wissenschaft noch auf anderem Wege erklären lassen«. Und sogar von den Befragten, die sich als nichtgläubig bezeichneten, meinten mehr als 60 Prozent, dass es Dinge gebe, die sich nicht erklären lassen, und mehr als ein Drittel von ihnen glaubte an Geistwesen.[16]

Ungeachtet der Glaubensrichtung aber, zu der sich die Befragten bekennen, kommen neueren Studien zufolge spirituelle *Erlebnisse* überraschend häufig vor, auch unter denjenigen, die sich selbst als nichtgläubig bezeichnen.[17] Dazu gehören Nahtoderfahrungen, spontan auftretende mystische Ereignisse und Offenbarungserlebnisse nach der Einnahme psychotroper Substanzen. Die von dem Meeresbiologen Sir Alister Hardy gegründete Religious Experience Research Unit (Forschungsabteilung für religiöse Erfahrungen) in Oxford führte in Großbritannien mehrfach eine Erhebung durch, bei der sie folgende Frage stellte: »Haben Sie jemals die Gegenwart einer Macht gespürt, etwas, was sich von Ihrer Alltagserfahrung unterscheidet – unabhängig davon, ob Sie es ›Gott‹ nennen oder nicht?« 1978 bejahten dies 36 Prozent, 1987 48 Prozent, und im Jahr 2000 gaben mehr als 75 Prozent der Befragten an, »sich einer spirituellen Dimension in ihrer Erfahrungswelt bewusst zu sein«. Ebenfalls in größeren Abständen stellte die Gallup-Organisation, eins der führenden Meinungsforschungsinstitute, Amerikanern die Frage, ob sie jemals »ein religiöses oder mystisches Erlebnis« hatten. 1962 bejahten dies 22 Prozent, 1994 33 Prozent und 2009 49 Prozent.[18]

Diese Umfrageergebnisse müssen nicht bedeuten, dass spirituelle und mystische Erfahrungen heute verbreiteter sind als früher; möglicherweise spiegelt sich in ihnen nur die Enttabuisierung solcher Erlebnisse wider, sodass die Menschen mittlerweile weniger Hemmungen haben, sich dazu zu äußern. Früher befürchtete man häufig, als geistesgestört zu gelten, wenn man sich zu mystischen Erfahrungen bekannte. Inzwischen öffnet sich aber auch die etablierte Psychiatrie und Psychologie der Möglichkeit »paranormaler« Ereignisse, und darüber zu sprechen findet gesellschaftlich mehr Akzeptanz.[19]

Der Säkularismus hat weder zu einem Erlöschen des Interesses an der spirituellen Dimension noch zu einem Nachlassen entsprechender Erfahrungen geführt.[20] Aber mit ihren spirituellen Neigungen orientieren sich jetzt viele außerhalb des traditionellen Rahmens der Religion. Beispielsweise praktizieren Millionen von Menschen Yoga und Meditation in einem säkularen Kontext. Es entstehen neue Formen von Spiritualität, die überwiegend auf persönlicher Erfahrung beruhen. Sie erfüllen ein Bedürfnis, das der Atheismus nicht befriedigen kann.

Die Krise des Unglaubens

Hardliner unter den Atheisten wie Daniel Dennett und Richard Dawkins stellen spirituelle Erfahrungen infrage und tun sie gern als Wahnzustände des Gehirns oder als Begleiterscheinungen chemischer Prozesse ab. Aber eine wachsende Zahl von Atheisten und säkularen Humanisten ist bereit, über solche Erfahrungen zu sprechen, und betrachtet sie sogar als wesentlich für die gesunde Entwicklung des Menschen.

Philip Pullman, ein prominenter Schriftsteller und Kinderbuchautor, der sich öffentlich zum Atheismus bekennt, hatte als junger Mann ein mystisches Erlebnis, das ihn zu der Überzeugung brachte, das Universum sei »lebendig, bewusst und sinnerfüllt«. In einem Interview sagte er kürzlich: »Alles, was ich geschrieben habe, auch in seiner leichtesten und einfachsten Form, ist letztlich der Versuch, von der Wahrheit dieser Aussage zu zeugen.«[21]

Der Philosoph Alain de Botton, der als Atheist großgeworden ist, kommt zu dem Schluss, dass Atheisten durch die Abkehr von der Religion sich selbst um etwas Wesentliches bringen. In seinem Bestseller *Religion für Atheisten: Vom Nutzen der Religion für das Leben* stellt er dar, welche sozialen und persönlichen Bedürfnisse die Religion erfüllt, die von einer rein säkularen Lebenseinstellung nicht befriedigt werden können.

De Botton ist Sohn nichtgläubiger Juden, die, wie er sagt, »den religiösen Glauben ungefähr auf eine Stufe mit dem Glauben an den Weihnachtsmann stellten … Wenn erkennbar wurde, dass jemand aus ihrem Bekanntenkreis heimlich religiöse Gefühle hegt, haben meine Eltern ihn mit der Art von Mitleid betrachtet, wie man es üblicherweise für Leute aufbringt, die mit einer Erbkrankheit belastet sind, und nichts hat sie davon überzeugen können, diese Person jemals wieder ernst zu nehmen.«[22]

Mit Mitte zwanzig durchlebte de Botton nach eigener Aussage eine »Krise des Unglaubens«. Auch wenn er bekennender Atheist blieb, war es für ihn ein befreiender Gedanke, dass es möglich sein könnte, sich der Religion zuzuwenden, ohne religiöse Dogmen zu übernehmen. Er kam für sich zu dem Ergebnis, dass sein fortgesetzter innerer Widerstand gegen religiöse Vorstellungen »keine Rechtfertigung dafür ist, sich von der Musik, den Bauwerken, Gebeten, Zeremonien, Feiertagen, Heiligenschreinen, Wallfahrten, gemeinsamen Mahlzeiten und illuminierten Handschriften der Glaubenslehren abzukehren«:

> Die säkulare Gesellschaft ist auf unbillige Weise um eine ganze Reihe von Gebräuchen und Inhalten verarmt, mit denen zu leben Atheisten sich außerstande fühlen (...) Wir sind dahin gekommen, das Wort »Moralität« zu fürchten. Schon der Gedanke daran, eine Predigt zu hören, lässt uns erschauern. Wir nehmen Reißaus bei der Vorstellung, dass Kunst etwas Erhebendes oder einen ethischen Auftrag haben solle. Wir begeben uns nicht auf Pilgerreisen. Wir können keine Tempel bauen. Wir besitzen kein Instrument, um Dankbarkeit zum Ausdruck zu bringen. Ein Selbsthilfebuch zu lesen ist unter Intellektuellen verpönt. Wir sträuben uns gegen mentale Übungen. Fremde singen nun mal selten zusammen.[23]

De Botton will das Leben von Atheisten bereichern, indem er der Religion diese Gebräuche »stiehlt«. Von der Religion erwartet er sich Aufschlüsse darüber, wie Gemeinschaftssinn zu entwickeln ist, wie sich dauerhafte Beziehungen gestalten lassen, wie Eifersucht und Minderwertigkeitsgefühle zu überwinden sind und wie aus Kunst, Architektur und Musik ein größerer Genuss zu ziehen ist.

Sam Harris, ebenfalls Atheist und für seine antireligiöse Polemik bestens bekannt, ist gleichzeitig ein Anhänger der Meditation. Er hat zwei Jahre in Indien verbracht und sich von Gurus in der traditionellen tibetischen Dzogchen-Meditation unterweisen lassen. In seinem Buch *Erwachen: Spiritualität jenseits von Glaube und Religion* schreibt er:

> Die Spiritualität bleibt das große Loch in Säkularismus, Humanismus, Rationalismus, Atheismus und all den anderen Abwehrhaltungen, die vernünftige Männer und Frauen gegenüber unvernünftiger Religion einnehmen. Menschen zu beiden Seiten dieser Kluft hegen die Vorstellung, dass

> visionäre Erlebnisse keinen Platz im wissenschaftlichen Kontext haben – abgesehen von den Stationen psychiatrischer Kliniken. Solange wir über Spiritualität nicht auf rationale Weise sprechen können – indem wir die Selbsttranszendenz als eine gültige Erfahrung anerkennen –, wird unsere Welt vom Dogmatismus heimgesucht werden.[24]

Mittlerweile ist eine atheistische Kirche namens »Sonntagsversammlung« auf dem Vormarsch. Sie wurde 2013 von zwei Komikern, Sanderson Jones und Pippa Evans, ins Leben gerufen. Zu ihren Angeboten zählen gemeinsames Singen, persönliches Kennenlernen in kleinen Gruppen und das Vortragen erbaulicher Geschichten. Ihr Motto lautet: »Lebe besser, hilf oft, staune mehr.«[25] Jones beschreibt sich selbst als »humanistischen Mystiker« und hofft, dass sich die Sonntagsversammlung, anders als frühere humanistische Zusammenschlüsse, zu einer ekstatischen oder charismatischen Form des Humanismus entwickeln wird.[26]

Viele Atheisten alten Schlags sind bereit, das ehrfürchtige Staunen über ein Universum, wie es die Wissenschaft uns enthüllt, als berechtigt anzuerkennen. Aber das ist auch so ziemlich ihr einziges Zugeständnis an die subjektive Erlebniswelt der Spiritualität. Eine neue Generation von Atheisten und säkularen Humanisten ist nun dabei, die traditionelle Domäne der Religion für sich zu entdecken, indem sie versucht, einige spirituelle Gebräuche in eine säkulare Lebenseinstellung zu integrieren. Unterdessen werden die physiologischen und psychologischen Auswirkungen spiritueller Praktiken wie nie zuvor zum Gegenstand wissenschaftlicher Forschung.

Wissenschaftliche Studien zur spirituellen Praxis

Nach bescheidenen Anfängen in den Siebzigerjahren haben Forscher gegen Ende des 20. Jahrhunderts damit begonnen, eine große Bandbreite von spirituellen Praktiken zu untersuchen, unter anderem Meditation, Gebet, gemeinschaftliches Singen und die Übung der Dankbarkeit. Im Jahr 2001 wurden die Ergebnisse aus mehr als 1200 wissenschaftlichen Studien im *Handbook of Religion and Health* umfassend dargestellt.[27] Seither ist die Zahl der entsprechenden Forschungen stark angewachsen, und in die zweite Auflage des *Handbook* aus dem Jahr 2012 fanden über 2100 weitere quantitative, datenbasierte Originalstudien Eingang, die seit 2000 durchgeführt worden waren. Seither wurden viele weitere Studien veröffentlicht. Generell zeigen die Ergebnisse, dass religiöse und spirituelle Gebräuche sich positiv auf die körperliche und seelische Gesundheit auswirken, weniger anfällig für Depressionen machen und die Lebenserwartung erhöhen.[28]

Der überkommene Zwist zwischen Wissenschaft und Religion ist eine künstliche Kluft, und vorurteilsfreie akademische Studien können unser Verständnis spiritueller und religiöser Gebräuche vertiefen.

In diesem Buch stelle ich sieben Arten spiritueller Praxis vor und gehe auf wissenschaftliche Studien zu ihrem Einfluss auf Körper und Psyche ein. Bei diesen sieben handelt es sich nur um eine begrenzte Auswahl, und ich beabsichtige, weitere Formen spiritueller Praxis in einem anderen Buch zu besprechen. All diese Gebräuche sind sowohl mit einer säkularen als auch einer religiösen Lebensführung vereinbar.

Es geht bei ihnen um persönliche Erfahrung, nicht um Glauben. Gleichwohl wirkt sich der Glaube, wie ich in den einzelnen Abschnitten noch zeigen werde, auf die *Interpretation* der Praktiken aus. So meditieren zum Beispiel Menschen seit Jahrhunderten innerhalb des Hinduismus, Buddhismus, Judentums, Christentums, des Islams, des Sikhismus und anderer religiöser Traditionen. Sie tun es, weil sie glauben, dass diese Praxis sie mit einer Bewusstseinsebene in Verbindung bringt, die über die menschliche hinausreicht.

Wie gesagt leugnen Materialisten prinzipiell die Existenz von Bewusstsein außerhalb menschlicher Grenzen. Die Erfahrungen während der Meditation sind für sie nichts anderes als Veränderungen im Gehirn, also etwas, was sich im Kopf abspielt. Dennoch erleben viele Menschen, gleich welcher Glaubensrichtung, die Meditation als eine Erfahrung, die ihr Leben bereichert.

Die sieben Praktiken, die ich hier vorstelle, sind allen Religionen gemein. Alle Religionen halten zur Dankbarkeit an. In jeder religiösen Tradition gibt es Pilgerreisen. Hindus pilgern zu Tempeln, die Göttern und Göttinnen gewidmet sind, zu heiligen Bergen wie dem Kailash oder an heilige Flüsse wie den Ganges. Moslems pilgern nach Mekka. Juden, Christen und Moslems machen sich auf den Weg nach Jerusalem. In Westeuropa gehen Christen nach Santiago de Compostela, nach Rom, Canterbury und Chartres. Irische Katholiken pilgern zum Croagh Patrick, dem heiligen irischen Berg, und an den Lough Derg, den heiligen See.

Zu allen religiösen Traditionen gehört es, wieder mit einer mehr-als-menschlichen Welt Kontakt aufzunehmen, und alle kennen die sinngebende spirituelle Verbindung mit Pflanzen. Rituale sind Ausdrucksformen der Spiritualität und finden sich in allen Religionen und säkularen Gesellschaften. Alle spirituellen Traditionen kennen Gesänge und Sprechgesänge.

Am Ende jedes Kapitels mache ich zwei Vorschläge, wie Sie eigene Erfahrungen mit der jeweiligen spirituellen Praxis sammeln können.

1 Meditation und die Natur des Geistes

Von allen spirituellen Praktiken, die hier zur Sprache kommen, ist die Meditation die am meisten nach innen gewandte. In der Meditation löst sich der Mensch aus seinen normalen Aktivitäten heraus und sitzt für gewöhnlich in Stille mit geschlossenen Augen.

In diesem Kapitel werde ich zunächst erörtern, was die Meditation ausmacht, gefolgt von einem kurzen Abriss zur Geschichte der Meditation. Anschließend komme ich auf Forschungen zu sprechen, in denen ihre Auswirkungen auf die körperliche und geistige Gesundheit sowie ihre Effekte auf die Physiologie und Gehirnaktivität untersucht wurden. Zum Schluss des Kapitels werde ich mich dem Meditationserlebnis selbst und seinen Konsequenzen für unser Verständnis des Bewusstseins zuwenden, sowohl in seiner menschlichen als auch in seiner mehr-als-menschlichen Form.

Von außen betrachtet, könnte jemand, der unbewegt mit geschlossenen Augen dasitzt, auch dabei sein zu beten; und tatsächlich handelt es sich bei einer Art des Gebets, dem kontemplativen Beten, um eine Form von Meditation. Aber die innere Erfahrung ist jeweils eine ganz andere. Bei den meisten Gebetsformen ist der Geist auf etwas Äußeres gerichtet, wie im Gebet für andere Menschen oder im persönlichen Bittgebet. Bei diesen Formen geht *um etwas*, sie bringen ein Anliegen zum Ausdruck. Bei der Meditation hingegen geht es weder um ein Anliegen noch um ein Gesuch, sondern darum, Gedanken loszulassen.

Ich praktiziere sowohl Meditation als auch das Gebet, und der Unterschied zwischen beiden ist für mich ähnlich wie bei der Ein- und Ausatmung. Die Meditation, bei der sich der Geist nach innen wendet, ist der Einatmung vergleichbar – und das Gebet, bei dem sich der Geist nach außen wendet, der Ausatmung. Zur Meditation gehört die Herauslösung aus dem normalen Alltagsgeschehen mit einem nach innen gerichteten Bewusstsein. Im Bitt- oder Fürbittgebet dagegen verbindet sich der Geist mit dem Geschehen in der Außenwelt.

Es gibt viele Meditationstechniken, und einige von ihnen finden sich in allen großen religiösen Traditionen. Die meisten werden im Sitzen ausgeübt, manche jedoch auch in Bewegung wie die Zen-Gehmeditation oder das Qigong, das aus einer Abfolge langsamer, fließender Bewegungen besteht in Verbindung mit einer tiefen, rhythmischen Atmung.

Die im modernen Westen am weitesten verbreiteten Techniken stammen aus dem Hinduismus und Buddhismus. Dabei wird entweder im Stillen ein Mantra wiederholt, das aus einem einzelnen Wort oder einem Satz besteht, oder die Aufmerksamkeit auf die Atmung gelenkt. Dabei geschieht nun Folgendes: Während ein Teil des Geistes mit der Wiederholung des Mantras oder der Beobachtung des Atems beschäftigt ist, setzt ein anderer seine üblichen Aktivitäten fort. Normalerweise nimmt uns ein ständiger Strom von Gedanken und Empfindungen innerlich vollkommen in Anspruch. Mit dem Mantra oder der Atmung haben wir nun aber einen weiteren Fokus für unsere Aufmerksamkeit, einen anderen Bezugspunkt für den Geist, und damit wird dieser Strom unterbrochen.

Während der Meditation bemerkt man, wie ein Gedanke nach dem anderen, eine Empfindung nach der anderen in den Geist einströmt, die Aufmerksamkeit auf sich zieht und das Mantra oder die Atmung vergessen lässt – bis man sich wieder dahin zurückbringt. Danach beginnt dieser Ablauf von Neuem.

Das Wiederholen des Mantras oder das Beobachten des Atems schafft eine Relativierung und hilft dabei, von dieser permanenten mentalen Aktivität Abstand zu nehmen, die ansonsten den Geist ausfüllt. Mit zunehmender Übung wird es möglich, die Gedanken in ihrem Kommen und Gehen zu beobachten – so wie Wolken, die über den Himmel ziehen, oder Fische, die durch das Wasser gleiten.

Wozu aber soll das gut sein? Für viel beschäftigte Menschen, die ein handlungsorientiertes Leben führen, kann Meditation wie Zeitverschwendung aussehen. Sie ist das Gegenteil der westlichen Tendenz mit ihrer Devise: »Sitz nicht einfach nur da: Tu etwas!«, nämlich umgekehrt: »Tu nicht einfach irgendetwas: Sitz nur da!«

Einer der Vorteile der Meditation ist, dass wir uns selbst besser kennenlernen und uns der Funktionsweise unseres Geistes bewusster werden. Wir glauben vielleicht, dass wir über unsere Gedanken und die Richtung unserer Aufmerksamkeit selbst bestimmen. Aber schon ein kleiner Abstecher in die Meditationspraxis macht uns klar, wie viele Gedanken sich in unseren Geist einschleichen und wie wenig Kontrolle wir über diese Abläufe haben. Selbst wer bereits seit vielen Jahren meditiert, gleitet nicht auf Anhieb in einen seligen Zustand mentaler Stille. Auch dann hört der Geist nicht auf, Gedanken und Bilder zu generieren, hören Körper und Sinne nicht auf, Eindrücke zu produzieren, selbst wenn es eher gelingt, sie nicht mit Aufmerksamkeit und Energie zu versorgen.

Meditation ist eine spirituelle Praxis, weil es in ihr darum geht, im Jetzt zu sein, was in der Erfahrung des Meditierenden auch bedeuten kann, in der Gegenwart eines Geistes oder Bewusstseins oder einer Bewusstheit zu leben, die das eigene Bewusstsein übersteigt. Im Gegensatz dazu führen uns die Gedanken, die permanent durch unseren Geist ziehen, aus der augenblicklichen Situation hinaus – seien es Erinnerungen, Wunschvorstellungen, Fantasien oder Zukunftspläne; seien es Sorgen wegen früherer Versäumnisse oder künftiger Verpflichtungen, Ängste angesichts möglicher Geschehnisse in der

Zukunft oder der Groll über in der Vergangenheit erlittenes Unrecht. All diese Gedanken holen unseren Geist heraus aus dem Hier und Jetzt. Das Mantra und das Atemgewahrsein bringen uns in die Gegenwart zurück.

Die Meditationspraxis kann auf eine höhere Bewusstseinsebene führen, die als unaussprechlich erlebt wird, als zu schön und intensiv, um sich in Worten beschreiben zu lassen. Der Versuch, diese Erfahrung in einen kulturellen oder religiösen Kontext zu übertragen, hat zu einer Vielzahl unterschiedlicher Bezeichnungen geführt, unter anderem »Buddha-Bewusstsein«, »kosmisches Bewusstsein«, »Gottesbewusstsein«, »Christus-Bewusstsein«, »wahres Selbst«, »formlose Leere« und »ungeteiltes Sein«.[1]

Auch wenn die Meditationstechniken aus religiösen Traditionen stammen – wie dem Hinduismus, Jainismus, Christentum, Judentum, Islam, Sikhismus und anderen –, kann die Meditation ebenso in einem säkularen Geist ohne jeden religiösen Hintergrund ausgeübt werden. In der modernen westlichen Welt wird sie für gewöhnlich in der nichtreligiösen Form praktiziert, entweder in verschiedenen Varianten der hinduistischen wie der Transzendentalen Meditation oder in Form der buddhistischen Achtsamkeitsmeditation. Diese Techniken werden jetzt verbreitet in Schulen unterrichtet sowie in Seminaren für Geschäftsleute, Soldaten, Politiker und Strafgefangene angeboten. Etliche Mitglieder des britischen Parlaments haben Achtsamkeitsmethoden erlernt und treffen sich wöchentlich, um gemeinsam zu meditieren.[2] Vom britischen National Health Service, dem staatlichen Gesundheitssystem in Großbritannien und Nordirland, wird die Achtsamkeitsmeditation wegen ihrer therapeutischen Wirksamkeit bei leichten bis mittelschweren Depressionen empfohlen, da sie sich als ebenso wirksam wie die Langzeitbehandlung mit Antidepressiva erwiesen hat, dabei aber sehr viel kostengünstiger ist.[3]

Eine kurze Geschichte der Meditation

Das Wort »Meditation« geht gemeinsam mit »Medizin«, »Maß« und »Meter« auf dieselbe indogermanische Wurzel zurück. Im 14. Jahrhundert wurde es aus dem Lateinischen entlehnt, wo das Verb *meditari* die Grundbedeutung »ermessen« mit den Nebenbedeutungen »nachdenken, sinnen« oder »sich einer Sache widmen« hat.[4] Seine moderne Bedeutung hat es erst im 19. Jahrhundert durch die Übersetzung östlicher spiritueller Schriften erlangt. Innerhalb der katholischen Kirche bezeichnete das Wort im Wesentlichen das meditative Verlesen der Heiligen Schrift. Der modernen Bedeutung von Meditation noch am nächsten kam das bereits genannte »kontemplative Gebet«, eine Form des stillen Betens, bei dem man über Gedanken und bildliche Vorstellungen hinausging.

Niemand weiß, wann die Meditationspraxis ihren Ursprung hatte. Einige vermuten, dass sie sich unter Jägern und Sammlern entwickelt hat, als sie im Kreis um ein Feuer hockten und dabei in die Flammen und die Glut starrten. In diesem Fall könnte sie sehr alt sein, da Menschen vor mindestens einer Million Jahren begonnen haben, das Feuer zu gebrauchen.[5] Das älteste echte Indiz für die Ausübung der Meditation stammt aus der Zeit um 1500 v. Chr. Es handelt sich um ein Siegel aus dem heutigen Pakistan, das eine menschliche Figur im Lotossitz zeigt.[6] Man kann mit Recht vermuten – wie es in Indien viele tun –, dass im Himalaja und an anderen Orten Ur-Yogis bereits seit mehreren Tausend Jahren meditiert hatten, bevor um 800 v. Chr. erste Texte wie die Upanischaden entstanden, die auf die Meditation Bezug nehmen.

Buddha verbrachte Jahre in Askese und Meditation, bevor er unter einem Bodhi-Baum Erleuchtung erlangte. Ab dem 5. Jahrhundert v. Chr. wurde der Buddhismus in Indien zur Massenbewegung, und in zahlreichen Klöstern verwandten die Mönche einen Teil ihrer Zeit auf die Meditation. Möglicherweise hat sie sich unabhängig in China und anderen Teilen Asiens entwickelt, wurde dort aber durch die Ausbreitung des Buddhismus und buddhistische Klostergründungen maßgeblich beeinflusst. In China, Japan und Korea waren meditative Techniken lange vor der christlichen Epoche verbreitet, und nachdem Tibet ab dem 8. Jahrhundert n. Chr. buddhistisch geworden war, entwickelten sich in abgelegenen Höhlen und Klöstern des Hochgebirges einige neue Formen der Meditation. Man verbrachte längere Perioden in vollkommener Dunkelheit und Isolation, benutzte komplexe Visualisierungen und praktizierte Traum-Yoga, in dem das luzide Träumen geübt wird, eine Form des Träumens, bei der der Träumer sich bewusst ist zu träumen, so als würde er im Traum aufwachen.

Einige jüdische Gelehrte nehmen an, dass gewisse meditative Praktiken schon sehr früh einen festen Platz in der Geschichte des jüdischen Volkes hatten, und zwar bereits zur Zeit der Patriarchen. Ein Vers im Buch Genesis über Isaak, den Sohn Abrahams, könnte sich auf eine meditative Praxis beziehen. In der Genesis (24,63) der Elberfelder Bibel von 1905 heißt es: »Und Isaak ging hinaus, um auf dem Felde zu sinnen beim Anbruch des Abends.« Auch in der Kabbala, der mystischen Tradition des Judentums, wird die Meditation seit mehr als tausend Jahren gepflegt.

Mit der Entwicklung des christlichen Mönchswesens, an dessen Anbeginn die ägyptischen Wüstenväter des 3. Jahrhunderts n. Chr. und zumal der heilige Antonius stehen, hielten auch einige meditative Praktiken in das frühchristliche Klosterleben Einzug. In den orthodoxen Kirchen des Ostens haben sich diese Gebräuche weitverbreitet, insbesondere in Form des Jesus- oder Herzensgebets, bei dem der Name Jesu Christi viele Male nacheinander angerufen wird. Diese Art von Endlosgebet hat große Ähnlichkeit mit der Wiederholung von Mantras in den hinduistischen und buddhistischen Traditionen. Auch innerhalb der römisch-katholischen Kirche sind mantraartige Gebete weitverbreitet, vor allem unter Verwendung des Rosenkranzes.

In der islamischen Welt förderten Sufis die Meditation, insbesondere durch das wiederum mantraartig wiederholte Aussprechen eines der Namen Gottes. Diese Praxis nennt sich »Dhikr« oder »Zikr«.

Im 19. Jahrhundert lernten Menschen des Westens in Indien und buddhistischen Ländern Meditationstechniken oder wurden innerhalb esoterischer Bewegungen wie der Theosophischen Gesellschaft darin angeleitet. Im 20. Jahrhundert fand die Meditation im Westen dann größere Verbreitung durch asiatische Lehrer, insbesondere den indischen Yogi Paramahansa Yogananda (1893–1952) und den japanischen Autor Daisetz Teitaro Suzuki (1870–1966), der großes Interesse am Zen-Buddhismus auslöste, vor allem nachdem er sich in den Fünfzigerjahren in New York niedergelassen hatte.[7]

In den Sechzigerjahren setzte mit der psychedelischen Revolution, dem Entstehen einer Gegenkultur und der Hippiebewegung auch für die Beschäftigung mit der Meditation eine neue Ära ein. Nach der ersten Begegnung der Beatles mit Maharishi Mahesh Yogi (1918–2008) im Jahr 1967 wurden Meditationszentren immer populärer und nicht zuletzt Maharishis eigene Lehre der Transzendentalen Meditation. Zu Beginn der Neunzigerjahre war der indisch-amerikanische Arzt Deepak Chopra einer von Maharishis Leibärzten und engen Vertrauten.[8] Nachdem es 1993 zum Bruch gekommen war, verbreitete Chopra weiterhin die Botschaft der Meditation im Westen, womit er Millionen von Menschen erreichte. Die chinesische Invasion in Tibet tat dann ein Übriges, indem sie nicht nur viele tibetische Mönche ins Exil trieb, sondern auch den Dalai-Lama, was zur Folge hatte, dass sich die Lehren des tibetischen Buddhismus weithin verbreiteten.

Heute werden in den Ländern des Westens viele verschiedene Formen der Meditation gelehrt, darunter Techniken aus der Hindu-Tradition sowie etliche buddhistische Methoden, unter anderem die tibetische, die Zen- und die Theravada-Meditation. Im Theravada-Buddhismus ist auch die Vipassana-Meditation verwurzelt, deren moderne Form ihren Ursprung in Burma hat. Vipassana heißt »Einsicht in die wahre Natur der Wirklichkeit« und schließt das achtsame Gewahrsein des Atems sowie der Gefühle, Gedanken und Handlungen ein.

Säkularisierte Meditationstechniken werden jetzt verbreitet gelehrt und gehören wie schon angedeutet zum Therapieangebot staatlicher Gesundheitssysteme. Nach ihrer Wiederbelebung sind inzwischen auch einige Formen christlicher, muslimischer und jüdischer Meditationsformen populär geworden.[9]

Einer der Pioniere der wissenschaftlichen Erforschung der Meditation ist der Kardiologe Herbert Benson, der an der Harvard Medical School lehrt. Er begann in den späten Sechzigerjahren, sich mit der Transzendentalen Meditation zu beschäftigen, und fasste seine Ergebnisse in dem einflussreichen Buch *Gesund im Stress – Eine Anleitung zur Entspannungsreaktion*[10] zusammen. Ein anderer Meditationsforscher der ersten Stunde ist Jon Kabat-Zinn. Am Medical Center der Massachusetts University verband er Vipassana- und Zen-Techniken mit Yoga-Übungen zum MBSR-Programm (*mindfulness-based stress reduction* oder Stressverminderung durch Achtsamkeit). In den USA gibt es heute in Kliniken und Gesundheitszentren Hunderte von MBSR-Ambulanzen, an die Ärzte ihre Patienten überweisen können.[11]

Inzwischen wird die Achtsamkeitsmeditation überall gelehrt, und in unzähligen Zeitungen und Zeitschriften wird Meditation als Mittel zur Bewältigung von Stress und zur Verbesserung der Lebensqualität propagiert. Bücher, die darüber berichten, wie die Meditation das Leben der Autoren und ihrer Bekannten verändert hat, verkaufen sich gut und ermutigen die Leser, es ihnen gleichzutun. Eines der besten ist *Fix und fertig – Der Achtsamkeitsguide für Geräderte*,[12] geschrieben von der Komikerin Ruby Wax. Auch verschiedene prominente Atheisten sind zu Fürsprechern der Meditation geworden, wie etwa Susan Blackmore in ihrem Buch *Zen and the Art of Consciousness*.[13] Der schon erwähnte Sam Harris bietet jetzt Onlinekurse in der Meditation an.[14] Sein Buch *Erwachen: Spiritualität jenseits von Glaube und Religion*[15] versteht sich als »eine Anleitung zur Meditation als einer rationalen spirituellen Praxis auf der Basis von Neurowissenschaft und Psychologie«.

Meditation ist inzwischen ein Massenphänomen. Eine der größten und umfassendsten Umfragen der National Institutes of Health* im Jahr 2012 ergab, dass in den USA rund achtzehn Millionen Menschen – das sind etwa 8 Prozent der erwachsenen Bevölkerung – und eine Million Kinder meditieren.[16]

Wie gesagt begann ich 1971 zu meditieren, nachdem ich es in einem Zentrum für Transzendentale Meditation in Cambridge gelernt hatte. Damals war ich Atheist, und was mich besonders ansprach, war die Tatsache, dass sie keinen expliziten Glauben voraussetzte. Ich konnte sie mir als ein rein physiologisches und psychologisches Geschehen denken. Als ich dann aber 1974 nach Indien ging, um am ICRISAT bei Hyderabad zu arbeiten, wurde mir klar, dass die Meditationspraxis in einem größeren religiösen und philosophischen Zusammenhang steht. Mein Interesse an der indischen Philosophie und ihren Einsichten in die Natur des Bewusstseins nahm immer mehr zu. Während meiner Zeit in Hyderabad begegnete ich einem Sufi-Lehrer und begann, mit einem Wazifa zu meditieren, ebenfalls eine Art Mantra. Anschließend lebte ich von 1978 bis 1979

* Behörde für biomedizinische Forschung des US-Gesundheitsministeriums (Anm. d. Übers.).

in einem christlichen Aschram in Tamil Nadu, wo ich eine christliche Form von Meditation anhand des Jesus-Gebetes praktizierte. Für gewöhnlich meditierte ich morgens und abends für eine Stunde am Ufer des heiligen Flusses Kaveri. Damals erlernte ich auch die Vipassana-Meditation.

Nachdem meine Kinder geboren waren, gab ich das Meditieren auf. Es ist unmöglich, morgens in Stille zu sitzen, während man zwei lebhafte Jungs um sich hat. Als sie größer wurden, nahm ich die Meditation wieder auf. Seither benutze ich ein christliches Mantra und meditiere normalerweise zwanzig Minuten am Morgen.

Wie Millionen andere Menschen finde ich, dass die Meditation eine beruhigende Wirkung hat, mir zu einem klareren Denken verhilft und mir die Funktionsweise meines Geistes bewusster macht. Hin und wieder stellen sich dabei auf nicht vorhersehbare Weise Augenblicke großen Friedens und tiefer Freude ein.

Entspannungsreaktion und Stressverminderung

Wenn Meditationstechniken ein so großes wissenschaftliches Interesse erregt haben, dann liegt das vor allem an ihrer Säkularisierung. Hätte man sie überwiegend im religiösen Kontext wahrgenommen, wäre es nicht dazu gekommen oder zumindest nicht so rasch.

Die bahnbrechende Forschungsarbeit Herbert Bensons und seiner Kollegen an der Harvard Medical School in den frühen Siebzigerjahren konzentrierte sich vor allem auf die »Entspannungsreaktion«.* Benson interpretierte sie als eine Dämpfung der angesichts von Gefahr einsetzenden Kampf-oder-Flucht-Reaktion, die mit einer Aktivierung des sympathischen Ner-

* *Relaxation response*, bekannt geworden auch als »Benson-Meditation« (Anm. d. Übers.).

vensystems einhergeht.[17] Ungeachtet seines Namens hat das sympathische Nervensystem nichts mit Sympathie zu tun, sondern ist Teil des vegetativen oder autonomen Nervensystems. Der andere Teil ist das parasympathische Nervensystem. Der Parasympathikus wird auch als »Ruhenerv« oder »Erholungsnerv« bezeichnet. Die beiden Komponenten des autonomen Nervensystems wirken als Gegenspieler zusammen. Das sympathische Nervensystem wird aktiviert, wenn Gefahr droht, das parasympathische, wenn keine Gefahr droht. Auf der elementarsten Ebene bedeutet das für uns, dass das parasympathische Nervensystem dominieren muss, damit wir essen, weinen, Sex haben und uns entleeren können.

In einer akuten Stresssituation wird die Kampf-oder-Flucht-Reaktion durch die Ausschüttung von Adrenalin ausgelöst, wodurch sich Puls und Blutdruck erhöhen, während der Blutstrom in die Extremitäten einschließlich der Geschlechtsorgane abnimmt und sich die Verdauung verlangsamt. Die Kampf-oder-Flucht-Reaktion lässt ebenfalls den Cortisolspiegel ansteigen, was die Aktivität des Immunsystems herabsetzt. (Cortisol ist ein Hormon, das in der Pharmazie auch den Namen »Hydrocortison« trägt und dort wegen seiner entzündungshemmenden Eigenschaften Anwendung findet.) Ist die Gefahr vorüber, kehren diese Funktionen in der Entspannungsreaktion zu ihrem Normalzustand zurück. Bei chronischem Stress hält der physiologische Erregungszustand jedoch an und kann damit das Immunsystem schwächen und zu anhaltenden Angstzuständen führen.

Bensons Forschergruppe untersuchte zahlreiche Techniken, mit denen sich die Entspannungsreaktion herbeiführen lässt, wie Meditation, Atemübungen, Yoga und progressive Muskelentspannung. Sie testete auch die Auswirkungen der Hypnose, mit der sich die Entspannungsreaktion ebenfalls auslösen ließ, wenn der Hypnotiseur der Versuchsperson suggerierte, in eine tiefe Relaxation einzutreten. All diese Methoden führten zu einer Abnahme des Sauerstoffverbrauchs sowie der Atem- und Herzfrequenz. Bei Patienten mit Hypertonie sank der Blutdruck.

In gewisser Weise ähnelte die Entspannungsreaktion dem Schlaf. Während aber der Sauerstoffverbrauch im Schlaf über mehrere Stunden allmählich zurückging, bis er etwa 8 Prozent unter dem Wachniveau lag, verringerte er sich bei der Meditation innerhalb weniger Minuten um 10 bis 20 Prozent. Auch die Milchsäurekonzentration im Blut nahm ab, und zwar um etwa 40 Prozent innerhalb von zehn Minuten nach Meditationsbeginn. Milchsäure fällt normalerweise bei der Muskelarbeit an, und bei manchen Menschen erhöht sie die Gefahr von Angstattacken.

Abgesehen von diesen physiologischen Veränderungen bewirkte die Entspannungsreaktion auch einen veränderten Bewusstseinszustand, den die Versuchspersonen als »Gemütsruhe« beschrieben, als »Übereinstimmung mit der Welt« und als »Wohlgefühl«, wie es sich nach körperlichem Training einstellt, jedoch ohne Ermüdungserscheinungen. Die meisten Menschen beschrieben diese Gefühle als angenehm.[18] Neuere Forschungen haben gezeigt, auf welche Weise sich Meditation und Entspannungsreaktion auf die Aktivität unterschiedlicher Gehirnregionen auswirken. Unter anderem wird das sogenannte Default Mode Network (DMN)* deaktiviert, das mit Grübeln und Gedankenverlorenheit in Zusammenhang steht.

Bensons Entspannungsmethode hat in Gesundheitszentren, Kliniken und kirchlichen Gruppen weite Verbreitung gefunden und seit den Siebzigerjahren Millionen von Menschen erreicht. Darüber hinaus wurde sein Buch *Gesund im Stress*,

* Sinngemäß »Ruhezustandsnetzwerk«, Hintergrundaktivität bestimmter Hirnareale bei pausierender Aufmerksamkeit (Anm. d. Übers.).

dessen Originalausgabe 1975 erschien, ein Bestseller mit Millionen verkaufter Exemplare.

Benson empfahl zur Fokussierung die Verwendung eines bestimmten Begriffs oder eines Mantras. Sinnvoll sei ein Wort oder ein kurzer Satz, der eine persönliche Bedeutung hat, oder ein kurzes Gebet im Sinne der eigenen religiösen Tradition. Nichtgläubigen oder Menschen ohne religiösen Hintergrund empfahl er die Konzentration auf »Klänge beziehungsweise Sätze oder Wörter mit großer persönlicher Aussagekraft wie ›Liebe‹, ›Frieden‹ oder ›Stille‹«.

Hier Bensons Anleitung:

Wählen Sie ein Wort, einen kurzen Satz oder ein kurzes Gebet, das in Ihrer Religion fest verankert ist.

1. Nehmen Sie eine bequeme Sitzhaltung ein.
2. Schließen Sie die Augen.
3. Lockern Sie Ihre Muskulatur, beginnend mit den Füßen, gefolgt von Unterschenkeln, Oberschenkeln, Bauch, Schultern, Kopf und Nacken.
4. Atmen Sie langsam und auf natürliche Weise. Sprechen Sie bei der Ausatmung für sich im Stillen das Mantra, das Sie zur Fokussierung benutzen, sei es ein Wort, ein Satz, ein Gebet oder auch ein Ton.
5. Nehmen Sie eine passive, geschehen lassende Haltung ein. Machen Sie sich keine Sorgen darüber, wie gut Ihnen die Übung gelingt. Wenn andere Gedanken in Ihrem Geist auftauchen, sagen Sie sich einfach: »Na gut«, und kehren Sie behutsam zu Ihrem Mantra zurück.
6. Fahren Sie so für zehn oder zwanzig Minuten fort.
7. Stehen Sie danach nicht abrupt auf. Bleiben Sie für etwa eine Minute still sitzen, und lassen Sie zu, dass sich wieder andere Gedanken einstellen. Öffnen Sie die Augen, und bleiben Sie noch eine weitere Minute sitzen, bevor Sie sich erheben.

8. Führen Sie die Übung ein- oder zweimal täglich durch, gut geeignet ist die Zeit vor dem Frühstück oder dem Abendessen.[19]

Die andere Hauptrichtung unter den populären Strömungen in der Meditation wird vertreten durch Jon Kabat-Zinn, der als Student mit der Zen-Meditation in Berührung kam. Daraufhin studierte er die Meditation bei weiteren buddhistischen Lehrern, vor allem bei Thich Nhat Hanh, einem buddhistischen Mönch aus Vietnam, und Seung Sahn, einem koreanischen Zen-Meister. Kabat-Zinn ist jüdischer Herkunft, identifiziert sich aber mit keiner Religion, auch nicht mit dem Buddhismus. Vielmehr säkularisierte er bewusst die buddhistischen Lehren, in denen er unterwiesen worden war. 1979 führte er sein MBSR-Programm zur Entspannung und Verringerung von Stress ein, das seither weltweite Verbreitung fand.

Der Hauptunterschied zwischen den Arbeiten von Benson und Kabat-Zinn besteht darin, dass die von Benson empfohlene Meditation aus der hinduistischen Tradition stammt und mit einem Mantra arbeitet. Sie ist eine *Focused-Attention*-Methode, also eine Methode gelenkter Aufmerksamkeit, während die Achtsamkeitspraxis, wie Kabat-Zinn sie lehrt, auch »*Open-Monitoring*-Meditation« genannt wird, bei der es darum geht, von Augenblick zu Augenblick eine beobachtende Position einzunehmen, ohne auf das Erlebte zu reagieren.

Beiden Meditationsformen gemeinsam ist die Ausrichtung der Aufmerksamkeit auf den gegenwärtigen Moment. In Form des Mantras oder des Körpergewahrseins entsteht ein neues Aufmerksamkeitszentrum, das einen inneren Abstand zu Gedanken, Gefühlen, Fantasien, Sorgen und Grübeleien schafft. Diese stellen sich auch weiterhin ein, aber mit der Rückkehr zum Mantra beziehungsweise zum Atem und zu anderen

Körperempfindungen wird die Präsenz im gegenwärtigen Augenblick wiederhergestellt.

Eine weitere Meditationsform ist aus der buddhistischen Metta-Meditation entlehnt, bei der sich der Meditierende auf die Entwicklung von Mitgefühl oder von Anteilnahme am Wohl aller lebenden Wesen konzentriert. In ihrer säkularisierten Form bezeichnet man sie auch als »Meditation der liebenden Güte«. Thich Nhat Hanh nennt die Praxis des Mitgefühls »engagierten Buddhismus« und sieht große Parallelen zur christlichen Tradition der liebenden Güte. Auch das christliche Verständnis des Heiligen Geistes bringt er mit der Erfahrung der Achtsamkeit in Verbindung: »Wir besitzen die Fähigkeit, die Gegenwart des Heiligen Geistes zu erkennen, wo und wann immer er in Erscheinung tritt. Sie ist zugleich die Gegenwart der Achtsamkeit, des Verstehens und der Liebe.«[20]

Auch heute noch werden verschiedene Formen der Meditation innerhalb der religiösen Traditionen gelehrt, so zum Beispiel von tibetischen Lamas, von Gurus des Hinduismus, Jainismus und Sikhismus, von Sufi-Meistern sowie von jüdischen und christlichen Lehrern. Tatsächlich stammen alle Formen der Meditation ursprünglich aus religiösen Traditionen.

Die positiven gesundheitlichen Effekte der Meditation

Seit den Sechzigerjahren sind Tausende von Studien über die Auswirkungen der Meditation auf Gesundheit und Wohlbefinden in Fachzeitschriften veröffentlicht worden.[21] Unter anderem bei folgenden Erkrankungen oder Beschwerden gingen die Symptome zurück oder traten weniger häufig auf: Angststörungen, allergische Hautreaktionen, Herzrhythmusstörungen, Reizhusten und Bronchialasthma, Darmträgheit, Zwölffingerdarmgeschwür, Schwindel und Erschöpfungszustände,

Bluthochdruck, chronische Schmerzen, Schlafstörungen sowie leichte bis mittelschwere Depressionen.[22]

Studien mit meditierenden Schulkindern und Studenten zeigten einen deutlichen positiven Einfluss auf Sozialkompetenz und Wohlbefinden. Sogar das US-Marinekorps erprobte ein »Achtsamkeits-Geistestraining«, um die Leistungsfähigkeit der Soldaten zu steigern. Ein Journalist, der ein Trainingslager in Virginia besuchte, beschrieb, wie der strenge Trainingsablauf immer wieder von Perioden vollkommener Stille unterbrochen wurde: »Man sah Männer im Lotossitz, in Kampfanzügen und mit umgehängtem Gewehr.« Das Training hatte zum Ziel, Stress abzubauen, das psychische Leistungsvermögen unter Kriegsbedingungen zu erhöhen und die Empathiefähigkeit zu verbessern.[23] Das Beispiel zeigt aber auch, wie weit sich die säkularisierte Achtsamkeitsmeditation von ihren buddhistischen Wurzeln entfernt hat. Es ist schwer vorstellbar, wie militärische Schlagkraft mit liebender Güte gegenüber dem Feind vereinbar sein soll.

Von der Meditation profitieren auch amerikanische Kriegsveteranen. In einer Studie zeigte sich ein beeindruckender Rückgang der Symptome bei posttraumatischem Stresssyndrom und bei Depressionen;[24] im Jahr 2015 wurden in fünfzehn Veteranen-Verwaltungszentren Meditationskurse angeboten.[25]

In vielen Studien hat sich die Achtsamkeitsmeditation bei der Behandlung leichter bis mittelschwerer Depressionen als mindestens ebenso wirksam erwiesen wie Antidepressiva.[26] Zudem ist sie preisgünstiger und natürlich frei von medikamentösen Nebenwirkungen.

Das soll nicht heißen, dass die Meditation keinerlei Risiken birgt. Unter der großen Zahl von Menschen, die sich darin versuchen, gibt es einen geringen Anteil, der ungünstig darauf reagiert. In den offiziellen Richtlinien der National Institutes of Health (NIH) heißt es: »Für gesunde Menschen ist die

Meditation als ungefährlich zu erachten. Bei Menschen mit bestimmten psychischen Problemen kann es in Einzelfällen dazu kommen, dass aufgrund der Meditation Symptome auftreten oder zunehmen.«[27] Die Thematik ist nicht neu. Innerhalb der meisten spirituellen Traditionen hat man seit Langem erkannt, dass es schwierige Abschnitte auf dem spirituellen Weg geben kann, die der christliche Mystiker Johannes vom Kreuz im 16. Jahrhundert »die dunkle Nacht der Seele nannte«. Das ist einer der Gründe, warum religiöse Traditionen so großes Gewicht auf die Anleitung durch einen fähigen Lehrer legen. In einem säkularen Kontext wird die Meditation häufig als Praxis der Selbstfindung dargestellt, mit der sich Stress abbauen und die Leistungsfähigkeit steigern lässt. Zugunsten einer schnellen Umsetzung wird sie oft über Bücher oder Onlinekurse erlernt, und die persönliche Unterstützung durch erfahrene Lehrer kommt dabei zu kurz.[28]

Gleichwohl ziehen Millionen von Menschen aus der Meditation sowohl subjektiven als auch objektiv messbaren Gewinn, und der lässt sich in der modernen westlichen Welt auf überzeugendste Weise in Geldeswert bemessen. Eine neuere, breit angelegte Studie berücksichtigte unter anderem die Höhe der individuellen Gesundheitsausgaben. Dazu verglich man Tausende von Personen, die an einem »Trainingsprogramm zur Förderung der Entspannungsreaktion und psychischen Widerstandskraft« teilnahmen, das auch Meditation vorsah, mit Tausenden anderer Personen, die nicht daran teilnahmen, aber ansonsten vergleichbare Eigenschaften aufwiesen. Über einen mittleren Zeitraum von 4,2 Jahren hatten die Teilnehmer am Entspannungsprogramm 43 Prozent weniger kostenpflichtige Arzttermine, ein statistisch hoch signifikanter Wert. Auch die Unfallambulanz wurde von ihnen nur halb so oft aufgesucht.[29] Meditation kann also helfen, die Gesundheitskosten um Milliardenbeträge zu senken.

Gehirnveränderungen durch Meditation

Durch die Meditation verringert sich tendenziell der Hang zum Grübeln und Fantasieren, zu gedanklicher Abwesenheit sowie Zwangs- und Suchtverhalten. Dabei überrascht es nicht, dass diese mentalen Veränderungen mit einer modifizierten Gehirntätigkeit einhergehen.

Beim Grübeln und bei gedanklicher Abwesenheit werden bestimmte miteinander vernetzte Bereiche des Gehirns aktiviert. Dieses bereits genannte Default Mode Network (DMN) wird automatisch aktiv, sooft man nicht mit einer nach außen gerichteten Tätigkeit beschäftigt ist. Tagträumereien, gedankliches Abschweifen, um die eigene Person oder andere Menschen kreisende Gedanken, Erinnerungen und Zukunftspläne stehen mit ihm in Zusammenhang. Im Verlauf der Meditation und mit zunehmender Meditationserfahrung nimmt die Aktivität des DMN ab.

Einer der Gehirnbereiche, die insbesondere an der Steuerung der Aufmerksamkeit beteiligt sind, scheint der hintere Teil des Gyrus Cinguli (posteriorer cingulärer Cortex [PCC]) zu sein, der sich im Hinterkopf befindet. Ein weiterer wichtiger Teil dieses Netzwerks ist der mediale präfrontale Cortex (mPFC [siehe Abbildung]). Während der Konzentration auf eine bestimmte Aufgabe sind diese Gehirnbereiche inaktiv, wohingegen sie aktiviert und mit dem DMN verlinkt werden, wenn die gerichtete Aufmerksamkeit pausiert.

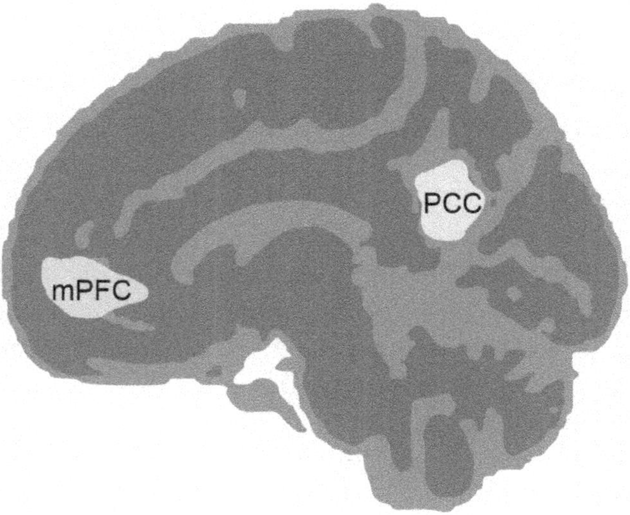

Querschnitt durch das menschliche Gehirn (links die Stirnseite). Hervorgehoben sind der hintere Teil des Gyrus Cinguli (posteriorer cingulärer Cortex [PCC]) und der mediale präfrontale Cortex (mPFC).

Die Meditation ist nicht die schnellste Methode, um das DMN zu deaktivieren. Körperliche oder mentale Herausforderungen bewirken einen sehr raschen Moduswechsel des Gehirns und lenken damit die Aufmerksamkeit auf den gegenwärtigen Moment. Dazu hier ein Beispiel meines Freunds Gifford Pinchot:

> Zwischen vierzig und fünfzig war ich so intensiv mit meiner Arbeit beschäftigt, dass ich nicht aufhören konnte, darüber nachzudenken, selbst nicht nach Feierabend. Die Meditation änderte daran nichts. Wenn ich aber auf Klettertour ging und erst einmal höher als 15 Meter im Fels gestiegen war, dachte ich über nichts anderes mehr nach als die nächste Bewegung, wenn ich überhaupt noch dachte. Häufig war es nur noch eine Abfolge von Bewegungen, wobei mein Körper zu wissen schien, was als Nächstes zu tun war.

Nicht nur Klettern, sondern sehr viele Sportarten und andere Aktivitäten bringen uns in die Gegenwart. Körperliche Arbeit, Musizieren, die Betreuung kleiner Kinder, Singen, Tanzen und vieles mehr holten die Aufmerksamkeit ebenfalls ins Hier und Jetzt.

In vieler Hinsicht ist Meditation diejenige spirituelle Praxis, die Wissenschaftler am leichtesten erforschen können. Ein Mensch, der im Sitzen oder Liegen meditiert, ist für Hirnforscher ein ideales Studienobjekt. Entweder bringt man an seinem Kopf Elektroden an, um die elektrische Gehirnaktivität zu messen, wie bei der Elektroenzephalografie (EEG), oder man schiebt ihn in eine große, lärmende Röhre, in der er regungslos verharren muss, wie bei der funktionellen Magnetresonanztomografie (fMRT). Ein Mensch in Bewegung ist ein ungleich schwierigeres Forschungsobjekt. Mit einem Kletterer lässt sich keine fMRT durchführen, ebenso wenig mit einem Surfer oder Snowboarder, einem Golfspieler beim Abschlag oder einem Fußballer auf dem Spielfeld.

Wiederum überrascht es nicht, dass Menschen mit Meditationserfahrung größere Veränderungen der Gehirnaktivität aufweisen als Anfänger. In Kooperation mit dem Dalai-Lama führte der Neurowissenschaftler Richard Davidson in seinem Laboratorium an der Universität Wisconsin entsprechende Tests mit acht meditationserfahrenen tibetischen Mönchen durch. Jeder der Männer hatte über einen Zeitraum zwischen fünfzehn und vierzig Jahren schätzungsweise 10 000 bis 50 000 Stunden mit der Meditation zugebracht. Die Kontrollgruppe bildeten zehn freiwillige Studenten ohne jede Vorerfahrung in der Meditation, die darin lediglich eine einwöchige Unterweisung erhalten hatten.

Nachdem man den Teilnehmern EEG-Sensoren mit jeweils 256 Elektroden angelegt hatte, wurden sie aufgefordert, für kurze Perioden zu meditieren.

Davidson war vor allem an der Messung der Gamma-Wellen interessiert, also derjenigen Gehirnimpulse mit der höchsten vom EEG erfassbaren Frequenz. Gamma-Wellen schwingen 25- bis 100-mal pro Sekunde und bewegen sich normalerweise im Bereich von 40 Hertz.

Die Elektroden maßen bei den Mönchen eine weit stärkere Aktivierung schneller und ungewöhnlich starker Gamma-Wellen, deren Bewegungsverteilung im Gehirn darüber hinaus weit besser organisiert und koordiniert war als bei den Studenten. Bei den Meditationsanfängern zeigte sich lediglich ein leichter Anstieg der Gamma-Wellen-Aktivität, während sie bei einigen der Mönche eine stärkere Ausprägung aufwies, als sie je zuvor bei gesunden Menschen gemessen worden war.[30]

Die Veränderungen der Gehirnaktivität, wie sie sich während der Meditation einstellen, sind keineswegs temporär, sondern scheinen auch Veränderungen in der Gehirnstruktur zu bewirken. In einer Studie, die Sara Lazar und ihre Kollegen an der Harvard Medical School durchführten, wurden Personen mit langjähriger Meditationserfahrung und eine Kontrollgruppe im Hinblick auf die Verteilung ihrer grauen Gehirnsubstanz verglichen. Die Gruppe der Langzeitmeditierenden wies einen höheren Anteil an grauer Substanz im auditiven und sensorischen Cortex auf.[31] Wie Lazar anmerkt, ist das einleuchtend: »Wer achtsam ist, richtet die Aufmerksamkeit auf die Atmung, auf Geräusche, auf die Erfahrung des gegenwärtigen Augenblicks und hört auf zu denken.«

Auch in der vorderen Hirnrinde, die mit höheren Funktionen wie dem »Arbeitsspeicher« und der Entscheidungsfindung in Zusammenhang steht, war der Anteil an grauer Substanz höher. Dazu bemerkt Lazar: »Es ist gut dokumentiert, dass mit zunehmendem Alter der Cortex schrumpft – es fällt schwerer, Dinge zu begreifen und sich an etwas zu erinnern. Aber in dieser besonderen Region des präfrontalen Cortex wiesen meditierende Fünfzigjährige die gleiche Menge an grauer Substanz auf, wie man sie sonst bei 25-Jährigen findet.«[32]

Konnte das einfach an der einseitigen Auswahl der Testpersonen gelegen haben? Um das auszuschließen, stellte das Team von Sara Lazar eine Testgruppe aus Personen zusammen, die nie zuvor meditiert hatten, und ließ sie ein achtwöchiges Unterweisungs- und Übungsprogramm in der Achtsamkeitsmeditation absolvieren. Anschließend maß man die Gehirnveränderungen im Vergleich mit einer Kontrollgruppe, deren Teilnehmer nicht meditierten.

Erstaunlicherweise kam es in der Gruppe der Meditierenden nach Ablauf von nur acht Wochen zu messbaren Gehirnveränderungen. Es zeigte sich eine Verdichtung der grauen Substanz im PCC, im linken Hippocampus, in der temporo-parietalen Kreuzung (TPK), die sich am seitlichen Cortex im hinteren Bereich des Gehirns befindet, sowie im Pons, einem Teil des Hirnstamms.[33] Die Forscher nahmen an, dass die Veränderungen im Hippocampus mit einer verbesserten Steuerung emotionaler Reaktionen in Zusammenhang stehen und die Veränderungen im PCC sowie in der TPK mit der »Wahrnehmung anderer Perspektiven«. Der PCC ist, wie wir gesehen haben, an der Steuerung der Aufmerksamkeit beteiligt.

Es überrascht uns nicht, dass körperliche Übungen wie Gewichtheben physische Veränderungen in der Muskulatur bewirken. Wenn aber aufgrund bestimmter mentaler Aktivitäten Veränderungen im Gehirn auftreten, so ist das nur deshalb überraschend, weil Neurowissenschaftler früher davon ausgegangen sind, die Gehirnstrukturen bei Erwachsenen seien mehr oder weniger unveränderlich. Inzwischen ist die Neuroplastizität weitgehend als Tatsache anerkannt: Gehirne können sich verändern.

All diese Studien lehren uns etwas über das Gehirn, sagen uns aber nicht, was im Bewusstsein passiert. Finden die

Bewusstseinsveränderungen, die während der Meditation auftreten, ausschließlich im Kopf statt? Oder verweisen sie auf die Verbindung des Bewusstseins mit einem weit größeren Geist, dem Ursprung des Bewusstseins selbst?

Was Meditation uns über den Geist lehrt

Wohl jeder, der meditiert, wird die Ansicht teilen, dass Meditation in der Lage ist, Stress abzubauen und etwas von der Natur des Bewusstseins zu offenbaren. Aber bei der Interpretation jener Augenblicke von Stille und Freude, die über die normale Erfahrung hinausweisen, gehen die Meinungen weit auseinander.

Für Materialisten ist Meditation nichts anderes als eine Gehirnaktivität, weshalb all ihre Auswirkungen, einschließlich der tiefsten Zustände mystischer Erfahrung, auf das Denkorgan beschränkt bleiben. Auf den ersten Blick erscheint das plausibel. Die Meditationspraxis bewirkt tatsächlich Veränderungen in der Physiologie und Aktivität unseres Hirns und anderer Teile des Körpers. Darüber hinaus führt sie zu Strukturveränderungen im zerebralen Gewebe. Aber das beweist nicht, dass die Erfahrung auf diesen Bereich beschränkt ist. Wenn ich aus dem Fenster sehe und einen Baum anschaue, gibt es spezifische Veränderungen in der Netzhaut, im Sehnerv und in den Teilen des Gehirns, die für die Verarbeitung visueller Eindrücke zuständig sind. Aber diese Veränderungen im Gehirn sind nicht der Beweis dafür, dass der Baum nur ein Produkt seiner Aktivität ist. Der Baum existiert wirklich, und zwar außerhalb meiner grauen Zellen.

Die entscheidende Frage ist, ob die Meditation unseren Geist in die Lage versetzt, mit einem sehr viel größeren Geist oder Bewusstsein als unserem eigenen in Verbindung zu treten. Das ist es, was meditierende Menschen von jeher geglaubt haben, und es war schon immer eines der Hauptmotive der

Meditation. Sie kann uns dabei helfen, unseren Geist und unser Sein zu transzendieren. Beim Erleben der Glückseligkeit, des Nirwana oder Samadhi, geht es nicht nur um Wohlgefühl, sondern auch darum, das Wesen der Wirklichkeit auf tiefere Weise zu erfahren.

Eine der grundsätzlichen Einsichten der Rishis oder der Seher des alten Indiens war, dass unser Geist desselben Wesens ist wie das All-Bewusstsein, das dem Universum zugrunde liegt. So lesen wir zum Beispiel in der Kena-Upanishad:

> Was unaussprechbar durch Rede, wodurch Rede aussprechbar wird, das sollst du wissen als Brahman, nicht jenes, was man dort verehrt.
> Was durch das Auge unsehbar, wodurch man auch das Auge sieht, das sollst du wissen als Brahman, nicht jenes, was man dort verehrt.
> Was durch die Ohren unhörbar, wodurch man auch das Ohr vernimmt, das sollst du wissen als Brahman, nicht jenes, was man dort verehrt.[34]

Wir wissen vom Bewusstsein, indem wir es erfahren. Brahman – oder Gott oder die letzte Wirklichkeit – wird nicht durch wissenschaftliche Beobachtung der äußeren Realität erwiesen, durch das, was »dem Auge sichtbar ist«. Vielmehr stammt unsere Fähigkeit, zu sprechen, zu sehen und zu hören, aus der Teilhabe an diesem All-Geist, der auch der Ursprung jedes anderen Geistes ist. Ein oft benutztes Gleichnis ist das von einer Reihe Eimern, deren Wasser das Sonnenlicht reflektiert. In jedem Eimer sehen wir ein Spiegelbild der Sonne, und jedes scheint von den anderen getrennt zu sein, aber jedes ist eine Reflexion derselben Sonne. Ebenso scheint jeder menschliche Geist von allen anderen getrennt zu sein, aber alle sind Abbilder desselben All-Geistes oder -Bewusstseins.

Buddhisten unterscheiden sich von Hindus in der Deutung dieser letzten Wirklichkeit. Hindus denken sie sich als Brahman, als Gott oder Höchstes Wesen, während Buddhisten es vermeiden, sie als Gott zu bezeichnen. Als Buddha unter einem Bodhi-Baum die Erleuchtung erlangte, trat er in einen Bewusstseinszustand namens »Nirwana« ein, des vollkommenen Friedens und der Glückseligkeit jenseits jeden Wandels dieser Welt. Dennoch ist in beiden Traditionen diese letzte Wirklichkeit immens viel größer als unser Gehirn und nicht auf das Innere des Schädels beschränkt. Auch für jüdische, christliche und muslimische Mystiker vollzieht sich die mystische Gotteserfahrung nicht nur im Gehirn, sondern sie ist eine unmittelbare Verbindung mit dem Sein Gottes.

Thomas von Aquin (1225–1274) betrachtete die menschliche Erfahrung der Glückseligkeit oder der tiefen Freude als Teilhabe an der Existenz Gottes:

> Aber das Gute in seiner höchsten Ausprägung findet sich in Gott, der wesenhaft der Ursprung alles Guten ist. Und daraus folgt, dass die letzte Vollkommenheit des Menschen und sein höchstes Gut in der Hinwendung zu Gott besteht. Seligkeit und Glück ist einfach das vollkommen Gute. Darum sind alle, die der Seligkeit teilhaftig sind, allein gesegnet durch ihre Teilhabe an der Seligkeit Gottes, der das wesenhaft Gute selbst ist.[35]

Aus dieser Perspektive betrachtet, ist der Nutzen der Meditation nicht bloß physiologischer Natur. Die Meditation bringt unseren Geist näher an die letzte Wirklichkeit, die bewusst, voller Liebe und Freude ist. Unser Geist stammt von Gott und hat teil am Wesen Gottes. Durch die Meditation können wir – wenn wir nicht durch Gedanken, Fantasien, Ängste und Sehnsüchte abgelenkt sind – der unmittelbaren Verbindung mit diesem letzten Ursprung unseres Bewusstseins innewerden. Und diese Kontaktaufnahme mit dem All-Bewusstsein ist in sich freudvoll, wenngleich die Meditationspraxis nicht zwangsläufig zu diesem Ergebnis führt.

Der Zwiespalt des säkularen Buddhismus

Die moderne Meditationsbewegung zeigt uns ein doppeltes Gesicht. Auf der einen Seite steht die Meditation als eine erlernbare Technik, um den Blutdruck zu senken, Stress abzubauen, Heilungsprozesse zu fördern, Depressionen vorzubeugen und zu psychologischen Einsichten zu gelangen. Meditation kann Menschen helfen, die ein gehetztes Leben führen, wissenschaftliche Belege dafür gibt es mehr als genug. Die Achtsamkeit scheint hier vollkommen vereinbar mit der Philosophie des wissenschaftlichen Materialismus, der dem Geist seinen Platz innerhalb des Kopfes zuweist. Von dieser Warte aus betrachtet, ist die Meditation eher etwas wie ein regelmäßig betriebenes mentales Work-out.

Auf der anderen Seite stehen die Traditionen des Hinduismus und Buddhismus, die von einem vollkommen anderen Realitätskonzept ausgehen. Sie sehen die Welt als erfüllt von Leid, Schmerz und Zwietracht. Der einzige Ausweg ist der Weg der spirituellen Befreiung. Wer ihn geht, kann der Welt des Leidens durch eine Art vertikales Hinaus entkommen, indem er den Kreislauf von Geburt und Tod hinter sich lässt. In dieser Befreiung oder Erleuchtung wird das Bewusstsein des Sehers eins mit dem Bewusstsein, das dem Universum zugrunde liegt. In der Tradition des Mahayana-Buddhismus allerdings, wie sie zum Beispiel in Tibet lebendig ist, verbindet sich mit dem Erreichen des Zustands der Befreiung oder der Buddhaschaft die Aufforderung, zum Bodhisattva zu werden, also nach dem Tod freiwillig in eine weitere menschliche Inkarnation einzutreten, um alle fühlenden Wesen zu befreien.

Hindus denken sich dieses Bewusstsein als göttliches Bewusstsein oder Brahman. Diese letzte Wirklichkeit ist Sat-Chit-Ananda. *Sat* bedeutet »Sein«, *Chit* »Bewusstsein« oder »Wissen« und *Ananda* »Freude« oder »Glückseligkeit«. Dieses All-Bewusstsein umfasst den Wissenden – den bewussten Seinsgrund –, das Gewusste sowie das Glück des Wissens und Seins. Wer also in der Meditation seinen Geist als im göttlichen Sein aufgehoben erfährt, ist von Freude erfüllt, weil Gott Freude selbst ist.

Die buddhistische Bezeichnung für die letzte Wirklichkeit des Bewusstseins ist »Nirwana« – Erleuchtung« oder Befreiung von der leiblichen Existenz und Einkehr in den Zustand der Freude und der Freiheit. Meditation ist hier nicht Selbstzweck, sondern Teil eines Weges, der zur Befreiung führen kann.

Wie andere religiöse Traditionen gehen Hinduismus und Buddhismus ganz selbstverständlich von der Existenz einer Bewusstseinsdimension aus, die weit über das menschliche Bewusstsein hinausreicht. Sie betrachten das menschliche Bewusstsein als etwas, was seinen Ursprung im All-Bewusstsein hat und mit diesem verbunden ist. Für die Materialisten dagegen ist all das im Gehirn. Für sie gibt es keine Dimension des Bewusstseins, die unermesslich viel größer ist als die menschliche, und sie sehen darin nur eine Illusion, ein irrationales Glaubenssystem.

Wohl die wenigsten, die der Meditation in einer säkularen Form nachgehen, werden diesen Konflikt wahrnehmen. Das eigene Leben hat bei ihnen Vorrang. Die säkulare buddhistische Bewegung hingegen macht diesen Zwiespalt sehr deutlich. Säkulare Buddhisten bedienen sich buddhistischer Meditationstechniken, lehnen aber den Buddhismus als Religion ab. Sie distanzieren sich von den Mythen über Buddhas Geburt, dem Glauben an zahlreiche Bodhisattvas, Dakinis und andere Geistwesen. Sie verwerfen die Vorstellung von einem wie auch immer gearteten Nirwana, das außerhalb des menschlichen Geistes existiert. Buddhas Lehre interpretieren sie als eine Art Lebensphilosophie, nicht als das Werk eines Religionsstifters.[36]

Einer der extremsten Vertreter des säkularen Buddhismus ist der schon erwähnte Sam Harris. Nachdem er eine säkulare Erziehung genossen und während seiner Studentenzeit mit Drogen experimentiert hatte, unterbrach er sein Studium, um auf seinem Weg der Selbstfindung nach Indien zu gehen, wo er sich für mehr als zwei Jahre von mehreren Gurus unterweisen ließ. Anschließend kehrte er zurück in die USA, nahm sein Studium wieder auf und promovierte in Neurowissenschaften, bevor er eine neue Karriere als militanter Atheist einschlug. Mit seinem ersten Buch *Das Ende des Glaubens: Religion, Terror und das Licht der Vernunft* erlangte er internationalen Ruhm als einer der neuen Atheisten. Inzwischen geht er aber noch weiter als andere antireligiöse Kreuzritter. Er hat eine neue Methode entdeckt, um die Religion zu attackieren. Anstatt die Spiritualität zu leugnen, will er sie übernehmen und sie ihrer religiösen Herkunft entkleiden. In seinem Buch *Erwachen: Spiritualität jenseits von Glaube und Religion* schreibt er: »Mein Ziel ist es, den Diamanten aus dem Misthaufen esoterischer Religion herauszuholen.«[37]

Harris' wichtigster Lehrer war Tulku Urgyen Rinpoche, ein tibetischer Meister, der mehr als zwanzig Jahre lang zurückgezogen in einer Einsiedelei in Nepal lebte. Sein Titel »Tulku« bedeutet, dass er in den Augen der Tibeter – wie auch in seinen eigenen Augen – ein reinkarnierter Meister war, genauer die »Emanation« des Nubchen Sangye Yeshe, der im 9. Jahrhundert lebte und ein Schüler des Guru Padmasambhava war. Als Lehrer innerhalb der Dzogchen-Tradition war Urgyen Rinpoche befähigt, die Erfahrung der Selbst-Transzendenz unmittelbar an einen Schüler weiterzugeben. Harris empfing von ihm diese Übertragung, und innerhalb weniger Minuten war sein Leben verwandelt.[38]

Er bestritt jedoch, dass »bei dieser Weitergabe der Weisheit von einem Meister an den Schüler irgendetwas Übernatürliches oder gar Mysteriöses im Spiel« gewesen sei: »Die Wirkung, die Tulku Urgyen auf mich hatte, beruhte rein auf der Klarheit seiner Lehre (…) Weder musste ich die Glaubensvorstellungen des tibetischen Buddhismus in Bezug auf Karma und Wiedergeburt übernehmen noch die Vorstellung teilen, dass Tulku Urgyen oder die anderen Meditationsmeister, denen ich begegnete, magische Kräfte besitzen.«[39] Wenn aber diese erstaunliche Weitergabe des Dzogchen nur eine Frage der Klarheit der Lehre ist, warum kann dann Harris oder irgendein anderer Autor durch Bücher und Onlinekurse nicht dasselbe bewirken? In der Tradition des tibetischen Buddhismus geschieht die Übertragung nicht allein durch Worte. Sie erfordert den lebendigen Kontakt. Es handelt sich um eine Art Resonanz, die den Lehrer in die Lage versetzt, etwas von seinem eigenen Bewusstseinszustand in der Person zu erwecken, die er in die Lehre einweiht.

Viele der Glaubensvorstellungen seiner eigenen Lehrer lehnt Harris als Aberglauben ab.[40] Er ist der Auffassung, dass selbst der Dalai-Lama prinzipiell irrt, weil er wie viele andere Tibeter an die Wiedergeburt glaubt und Orakel befragt. Anders als Harris verstand er es nicht, »den Diamanten aus dem Misthaufen esoterischer Religion herauszuholen«.

Harris' Grundposition ist die materialistische Theorie des Bewusstseins, wie sie von den meisten seiner atheistischen Kollegen vertreten wird. Materialisten glauben wie gesagt, dass Bewusstsein in nichts anderem als Gehirnaktivität besteht. Allerdings sagt Harris, dass er dieser Theorie nicht vollständig beipflichtet. Er räumt die Möglichkeit eines außerhalb des Gehirns existierenden Bewusstseins ein, wie sie von allen Religionen anerkannt wird, obgleich er jeder Religion gegenüber ablehnend bleibt:

> In Bezug auf die Frage, wie das Bewusstsein sich zur Materie verhält, bleibe ich Agnostiker. Es gibt gute Gründe zu glauben, dass es als Folge der Gehirnaktivität in Erscheinung tritt, ebenso wie der übrige menschliche Geist. Aber wir wissen nichts darüber, wie das Wunder dieses In-Erscheinung-Tretens zustande kommt. Und selbst wenn das Bewusstsein auf nichts anderes zurückzuführen wäre – oder sogar vom Gehirn auf eine Weise losgelöst, die dem heiligen Augustinus zum Trost gereichte –, würde das mein Weltbild nicht ins Wanken bringen. Ich weiß, dass wir das Bewusstsein nicht verstehen.[41]

Als reflektierter Atheist räumt Harris also ein, dass wir das Bewusstsein nicht verstehen können. Aber wie kann er sich dann so sicher sein, dass es außer dem menschlichen (und tierischen) Bewusstsein keine transhumane Dimension bewussten Seins gibt? Denn sie zu leugnen ist freilich nur eine Annahme, ein Glaube, ein atheistischer Glaubenssprung.

Die meisten Menschen, die meditieren, sind wahrscheinlich nicht darauf aus, sich auf diese Diskussion einzulassen. Es geht ihnen ums Tun. Aber es handelt sich dabei nicht nur um eine theoretische Frage, sondern sie betrifft die persönliche Motivation. Geht es bei der Meditation nur um Gesundheit und Fitness, darum, tauglicher in der Erreichung weltlicher Ziele zu werden? Geht es, wenn ich meditiere, dabei allein um mich selbst? Oder geht es darum, mit einer höheren, mehr-als-menschlichen Dimension des Bewusstseins in Verbindung zu treten?

Dieselben Fragen stellen sich in Hinblick auf den körperlichen und mentalen Nutzen der Meditation. Ist er rein physiologischer Natur, also ein Effekt der Entspannungsreaktion und von Veränderungen in der Gehirnaktivität und -anatomie? Oder ist er zum Teil auch der Verbindung mit einem bewussten

Seinsgrund zuzuschreiben, der über das Einzelwesen hinausreicht? Gläubige Menschen erkennen diese Verbindung mit einem größeren Bewusstsein und deren Verwandlungspotenzial an; Atheisten und säkulare Humanisten tun das nicht. Aber aus eigener Erfahrung weiß ich, dass auch sie eines Besseren belehrt werden können, wenn sie fortfahren zu meditieren.

Mystiker aller religiösen Traditionen hatten Erfahrungen von einer unmittelbaren Verbindung oder Verschmelzung mit einem mehr-als-menschlichen Bewusstsein. Die Atheisten behaupten, diese Erfahrungen seien im Gehirn erzeugte Illusionen, die auf nichts verweisen, was sich jenseits der menschlichen Ebene befindet. Aber warum sollte man diese unmittelbaren Erfahrungen leugnen, statt ihnen Glauben zu schenken? Letztlich können wir nur durch das Bewusstsein selbst etwas über das Bewusstsein erfahren. Und wie wir aus unseren persönlichen Beziehungen wissen, kann sich ein Bewusstsein mit einem anderen verbinden. Durch die Meditation und mystische Erfahrungen tritt unser bewusster Geist mit einem mehr-als-menschlichen bewussten Geist in Verbindung – und letztlich mit dem Ursprung allen Bewusstseins. Genau so, wie wir durch Liebe und gemeinsame Aktivitäten untereinander eine Art Resonanz zu schaffen vermögen, können wir mit einem mehr-als-menschlichen Geist eine Resonanz erzeugen, solange wir nicht nur mit unseren eigenen Sehnsüchten, Fantasien und Ängsten beschäftigt sind.

Zwei Meditationsübungen

Meditation

Sofern Sie bereits meditieren, habe ich Ihnen keine weiteren Vorschläge zu unterbreiten. Falls Sie früher meditiert haben und dann wieder davon abgekommen sind, möchte ich Ihnen empfehlen, erneut damit anzufangen, und zwar in Form einer täglichen Routine.

Sollten Sie noch nie zuvor meditiert haben, können Sie Herbert Bensons Anleitung für die Entspannungsreaktion folgen (siehe weiter oben) oder eine der Methoden ausprobieren, wie sie in den einschlägigen Büchern beschrieben werden. Oder aber Sie suchen sich einen Meditationslehrer Ihres Vertrauens, am besten jemanden, der mit Ihrer religiösen oder spirituellen Orientierung konform geht. Wenn Sie Atheist sind, können Sie den Anleitungen von Sam Harris[42] oder Ruby Wax[43] folgen oder sich an einen der vielen säkularen Meditationslehrer wenden. Wenn Sie einen religiösen Weg gehen, werden Sie sich wahrscheinlich am wohlsten mit einer Unterweisung fühlen, die Ihrer eigenen Tradition entstammt. Meditationslehrer gibt es in allen großen religiösen Traditionen, ob jüdisch,[44] christlich,[45] islamisch,[46] hinduistisch oder buddhistisch. Vor allem aber: Meditieren Sie, und das am besten regelmäßig. Wenn Sie Ihre Meditationspraxis nicht zur festen Routine werden lassen, ist die Wahrscheinlichkeit groß, dass sie von all den Anforderungen Ihres Alltags ausgehöhlt wird.

Wenn Sie regelmäßig meditieren, begeben Sie sich damit auf eine Reise, die Sie weit über Ihre aktuellen Überzeugungen und Begrenzungen hinausführt und nicht zuletzt glücklicher und gesünder macht.

Zeit in Stille verbringen

In der modernen Welt wird die Stille durch Lärm und Reizüberflutung verdrängt. Wir sind daran gewöhnt, ständig auf Trab zu sein, während unser Geist am Rotieren ist. Damit nicht genug, machen sich die meisten Menschen in Form ihres Handys eine permanente Störungsquelle zum ständigen Begleiter. Meditation ist eine Möglichkeit, zur Stille zurückzufinden, aber es gibt noch andere. Wenn ich zum Beispiel in der Natur spazieren gehe und mich dabei mit jemandem unterhalte, nehme ich viel weniger wahr, als wenn ich schweigend für mich gehe. Wenn ich im Garten mit jemandem plaudere, achte ich dabei kaum noch auf die Pflanzen und den Gesang der Vögel. Wenn ich eine Kunstgalerie besuche und dabei mit anderen Leuten spreche, betrachte ich auch die Bilder nicht mehr wirklich, weil ich in Worte verwickelt bin. Die Stille kann uns helfen, wieder empfänglicher zu werden für die Welt, die uns umgibt, mit ihren Bildern, Geräuschen und Gerüchen.

Hindu-Yogis und tibetische Weise meditieren traditionell in entlegenen Gebirgshöhlen. Jesus stieg auf einen Berg, um zu beten, und die jüdischen Propheten gingen in die Wüste. Christliche Einsiedler und Mönche lebten häufig an Plätzen, die weit abgelegen waren von Städten und Ortschaften, und einige tun dies auch heute. Noch immer gibt es weit draußen auf dem Land Orte, an denen es wirklich still ist, vor allem in der Nacht. In den Städten sind viele evangelische und katholische Kirchen auch außerhalb der Gottesdienste geöffnet und bieten Oasen der Ruhe. Auf den Straßen davor mag es laut und hektisch zugehen, aber im Inneren dieser heiligen Bauwerke herrscht oftmals eine bemerkenswerte Stille und Friedlichkeit.

Zeiten und Orte der Stille zu finden ist eine der einfachsten Möglichkeiten, um unser Gewahrsein auf sinnlicher und spiritueller Ebene zu erweitern.

2 Der Fluss der Dankbarkeit

Wohl jeder kennt das Gefühl der Dankbarkeit für ein Präsent oder für die immateriellen Geschenke der Liebe, der Hilfsbereitschaft und Gastfreundschaft. Wir alle sind für Dankbarkeit, zumindest bei anderen. Schon kleinen Kindern bringt man bei, dass es sich gehört, Danke zu sagen, und auch in Kulturen, in denen es nicht üblich ist, dies mit Worten auszudrücken, wird doch erwartet, dass man sich erkenntlich zeigt.

Praktisch jede Sprache hat ein Wort für »Dankbarkeit«, und alle großen Religionen fördern ihre Ausdrucksformen.[1]

Das Gegenteil von Dankbarkeit ist das Gefühl, auf etwas Anspruch zu haben. Unser Alltag in einem auf dem Geldverkehr beruhenden Wirtschaftssystem fördert die Undankbarkeit, weil man sich für eine Dienstleistung, für die man bezahlt, nicht zu bedanken braucht. Wenn wir in einem Hotel übernachten, glauben wir, einen Anspruch auf fließendes Wasser, saubere Bettwäsche und frische Handtücher zu haben. Wir sehen darin keinen Anlass zur Dankbarkeit, sondern halten das für selbstverständlich. Bezahlen wir für ein Produkt oder eine Dienstleistung, so ist das ein Tauschgeschäft.

Wenn ich am Obststand in meinem Viertel Äpfel kaufe, entrichte ich den verlangten Preis in bar. Der Obstverkäufer und ich sagen beide Danke, und manchmal wechseln wir ein paar freundliche Worte. Aber wir beide wissen, dass dies ein Tauschhandel ist, kein gegenseitiges Geschenk. Beim automatisierten Kassiersystem im nahen Supermarkt brauche ich nicht Danke zu sagen, wenn ich dort meine Lebensmittel einkaufe. Das Geld wird von einer Maschine entgegengenommen, und der Laden ist Teil eines Unternehmens, dessen Hauptziel es ist, Profit zu machen und diesen an seine Aktionäre weiterzugeben, die regelmäßige Dividenden erwarten.

Die Anonymisierung erstickt die Dankbarkeit, und der Konsument entwickelt rasch eine Anspruchshaltung. Er hat ein gesetzlich verankertes Anrecht auf Produkte und Dienstleistungen, für die er bezahlt hat, und kann sich beschweren, wenn sie den Erwartungen nicht entsprechen. Und normalerweise verspürt er keine Dankbarkeit gegenüber dem Boden, auf dem seine Lebensmittel wachsen, gegenüber den Bauern, die sie erzeugen, oder gegenüber den Menschen, die sie verpacken und transportieren, denn all das geschieht anonym und räumlich entfernt.

Unglücksfälle verändern unsere Perspektive. Die Existenz der eigenen Eltern, des Ehemanns, der Ehefrau, der Kinder oder Freunde wird oft als etwas Selbstverständliches betrachtet. Wenn sie aber sterben, vor allem wenn das auf unerwartete Weise geschieht, wird den Hinterbliebenen bewusst, wie sehr sie sich auf sie verlassen und wie viel sie von ihnen bekommen haben. Wer bei einem Unfall beinahe ein Auge verliert, ist auf einmal sehr dankbar für sein Augenlicht. Wer einen Laptop oder ein Smartphone mit einer Menge persönlicher Daten verliert, ist dankbar dafür, es zurückzubekommen, auch wenn deren Besitz zuvor als selbstverständlich galt. Bei einem längeren Stromausfall oder einem Streik, der zur Folge hat, dass bestimmte Nahrungsmittel nicht mehr erhältlich sind, sind wir dankbar, wenn die Versorgung wiederhergestellt ist.

Sobald wir aufhören, nahezu alles für selbstverständlich zu halten, wird uns bewusst, dass wir für fast alles dankbar sein können.[2] Wir existieren nur, weil unsere Vorfahren überlebt haben und sich in einer lückenlosen Kette fortpflanzen konnten, die bis zum Ursprung des Lebens zurückreicht. Als Babys waren wir für unser Überleben vollständig auf andere angewiesen. Und um bis zum heutigen Tag unsere Existenz zu sichern, bedurfte es Hunderter, Tausender, wenn nicht Millionen anderer Menschen: Bauern, Lehrer, Bauarbeiter, Elektriker, Klempner, Ärzte, Krankenpfleger, Zahnärzte, Lebensmittelhändler, der Leute, die unsere Computer und Smartphones entwickeln und zusammenbauen, der Piloten und Flugbegleiter, die uns von einem Teil der Welt in einen anderen bringen, und so weiter und so fort.

Und dann sind wir alle nur hier, weil es unseren Planeten gibt, auf dem sich das Leben in Milliarden von Jahren entwickelt hat und von dem wir alle abhängen.

Die Erde wiederum ist Teil des Sonnensystems, und alles Leben auf ihr hängt einerseits vom Licht der Sonne ab, andererseits von deren Anziehungskraft, die uns auf einer gleichmäßigen Umlaufbahn hält, in deren Zone Leben möglich ist.

Die Sonne wiederum ist eingebunden in die Galaxis. Wie mehrere Hundert Milliarden andere Sternen ist sie eine Zelle im unermesslichen Körper der Milchstraße. In deren Zentrum befindet sich das supermassereiche und hyperenergiereiche galaktische Zentrum, von dem ionisierte Materie und gewaltige elektromagnetische Felder ausgehen. Diese Millionen von Lichtjahren langen magnetischen Feldlinien und elektrischen Ströme durchziehen das Plasma der Spiralarme und bewahren so das physikalische Umfeld der Sonne.

Unsere Galaxis ist Teil eines Galaxienhaufens, den die Astronomen »Lokale Gruppe« nennen, die aus mehr als fünfzig Galaxien besteht und wiederum Teil des Virgo-Superhaufens ist. Zur elektromagnetischen Strahlung, die das ganze Universum durchzieht, gehört auch das Licht aller Sterne und Galaxien, von denen wir einige mit bloßem Auge sehen können. Und aus allen Richtungen erreicht uns das unsichtbare fossile Licht aus der Zeit kurz nach dem Urknall, auch bekannt als die kosmische Mikrowellen-Hintergrundstrahlung.

Die wissenschaftliche Schöpfungsgeschichte besagt, dass das

gesamte Universum vor 13,8 Milliarden Jahren mit dem Urknall entstand. Damals war es kleiner als ein Stecknadelkopf, und seither befindet es sich in ständiger Expansion. Einige archaische Schöpfungsmythen sprechen vom kosmischen Ei als dem Ursprung aller Dinge, und die moderne wissenschaftliche Darstellung lautet ganz ähnlich. Alles hat einen gemeinsamen Ursprung, und alles steht miteinander in Verbindung. Ohne diesen grundlegenden Schöpfungsvorgang gäbe es kein Universum und würden wir nicht existieren. Und wenn die Eigenschaften der subatomaren Teilchen und Atome und die Kräfte der Natur auch nur ein klein wenig anders gewesen wären, dann gäbe es kein Leben, wie wir es kennen, und wir wären nicht hier, um uns darüber Gedanken zu machen.

Dankbarkeit und Weltbild

Sollten wir für all das dankbar sein? Die Antwort auf diese Frage hängt von unserem Weltbild ab.

Wenn das Universum nichts anderes als ein bewusstloses mechanisches System ist, das von ewig unwandelbaren Naturgesetzen beherrscht wird; wenn die Evolution durch ein blindes Spiel der Kräfte von Zufall und Notwendigkeit zustande kommt; wenn das Universum ohne jede Bestimmung ist und die Evolution des Lebens kein letztes Ziel kennt: Wofür sollten wir dann dankbar sein? Die Galaxis und das Sonnensystem haben sich dann automatisch durch bewusstlose mechanische Prozesse und Zufallsereignisse gebildet. Das Leben auf der Erde nahm durch x-beliebige chemische Reaktionen seinen Anfang oder entstand auf einem anderen Planeten, von dem auf irgendeinem Wege lebende Keime zur Erde gelangt sind. Aber welchen Ursprung das Leben auch hatte, es hat sich seither durch wahllose Mutationen und natürliche Selektion weiterentwickelt. Hier gibt es nichts, wofür man dankbar sein müsste – und niemanden, dem man Dank zu zollen hätte. Wir haben Glück, aber Glück ist keine persönliche Macht, sondern blinder Zufall.

Dies ist die Ansicht derer, die an den modernen wissenschaftlichen Materialismus glauben. Die meisten Materialisten sind Atheisten, und die meisten Atheisten sind Materialisten. Sie sind der Ansicht, dass das gesamte Universum aus nichts als bewusstloser Materie, Energie und Feldern besteht, die von den unpersönlichen Gesetzen der Mathematik beherrscht sind. Alles geschieht automatisch. Die gesamte Evolution ist bewusstlos.

Als indes die Gehirne an Größe zunahmen, entwickelte sich in höheren Tieren das Bewusstsein, und zwar am meisten ausgeprägt im Menschen. Aber wie großartig der menschliche Geist auch sein mag, er ist nichts als die physische Aktivität des Gehirns innerhalb des Kopfes. Er erlischt mit dem Tod des Gehirns. Alle religiösen Vorstellungen über das Fortbestehen des Bewusstseins nach dem leiblichen Tod sind Fantasien.

Dank unseres Geistes können wir Erklärungsmodelle für die gesamte Natur schaffen, einschließlich der unermesslichen Weite des Universums und seines ungeheuren Alters. Unsere Theorien reichen sehr viel weiter in Raum und Zeit als bloße Anschauung, aber diese wissenschaftlichen Modelle sind Produkte des menschlichen Geistes und existieren daher allein als bewusstes Denken innerhalb unserer Gehirne. Falls die Menschheit ausstirbt, gehen diese Theorien mit ihr zugrunde, sofern sie nicht an eine andere, überlebende Spezies weitergegeben werden können.

Auch wenn die Natur in mathematischer und physikalischer Hinsicht faszinierend ist, schulden wir ihr nach Ansicht der Materialisten keinen Dank, da sie kein Geschenk ist, kein bewusstes oder zweckmäßiges Agieren, sondern eine zwangsläufige Konsequenz blinder Gesetze und Kräfte. Daher *sollte* man sie sogar als selbstverständlich betrachten, und das gilt nicht minder für die Existenz des Geistes, der Vorstellungskraft und des wissenschaftlichen Denkens selbst. Es gibt niemanden, bei dem man sich dafür zu bedanken hätte. Gegenüber der Natur, dem Kosmos oder der schöpferischen Kraft Dankbarkeit zu empfinden hieße, dem anthropozentrischen Denken zum Opfer zu fallen und der unbelebten Natur Sein, Sinn und Bedeutung zuzuschreiben. In einem romantisch-poetischen Zusammenhang mag das angehen, solange wir uns darüber im Klaren sind, dass es sich nur um eine bildliche Ausdrucksweise handelt. Was aber die objektive Wahrheit der Wissenschaft betrifft, haben wir keine Veranlassung, der Natur oder ihrem Ursprung gegenüber Dankbarkeit zu verspüren: Vielmehr sollten wir den großen Wissenschaftlern dankbar sein, die uns eine weitere und objektivere Perspektive eröffnet haben. Es gibt keine Götter, aber dank der Forschung und der Vernunft hat der Mensch jetzt gottgleiche Macht.

Im Gegensatz dazu besagen die Kosmologien vieler Religionen, dass das gesamte Universum durch die Schöpferkraft Gottes entstanden ist. In einer der hinduistischen Auslegungen ist die Welt der Traum des Gottes Vishnu, der sie in seinem Geist umfängt. In der jüdisch-christlichen Tradition ist die bedeutsamste Metapher für die göttliche Schöpferkraft das gesprochene Wort. Das Wort schafft Struktur, Form, Bedeutung und Zusammenhang. Um ausgesprochen zu werden, erfordert es den Atem. Aus täglicher Erfahrung wissen wir, dass jedes gesprochene Wort vom ausströmenden Atem getragen wird. Das griechische Wort für »Atem« ist *pneũma,* das auch »Wind« bedeutet. Die hebräische Entsprechung ist das weibliche *rûaḥ* (Ruach), was sich ebenfalls mit »Wind«, »Atem« oder »Geist« übersetzen lässt. In China hat das Qi oder Chi eine ähnliche Bedeutung und in Indien Prana. In der Wissenschaft heißt dieser universale Fluss des Geschehens »Energie«. Gott erschafft unaufhörlich die Welt, erschafft auch uns und unseren Geist durch den Strom der kosmischen Energie und durch die Erzeugung von Formen, Mustern und Bedeutungen.

Wenn wir daran glauben, dass Gott der Ursprung aller Dinge ist und dass Gottes Sein das Universum aufrechterhält – ein Glaube, der von Christen, Moslems, Juden und Hindus geteilt wird –, dann haben wir ihm letztlich unsere Existenz zu verdanken. Buddhisten, Taoisten und Konfuzianer verwenden das Wort »Gott« nicht im selben Sinn, aber sie alle haben ihr eigenes Konzept von einer letzten Wirklichkeit. Ebenso schulden wir dem Universum Dank, unserer Galaxie, unserem Sonnensystem, unserer Erde, von der unser aller Leben abhängt, den Mikroorganismen, Pflanzen und Tieren, von denen wir uns ernähren, sowie den menschlichen Gesellschaften und Kulturen, die alles Menschenleben bewahren.

Die religiösen Traditionen kennen viele Formen, um dem letzten Ursprung aller Dinge – oder Gott – Dank zu zollen.[3] Die jüdischen Psalmen im Alten Testament sind voll von Lobpreisungen und Danksagungen an Gott. Dieselben Psalmen sind ein wesentlicher Bestandteil des christlichen Gottesdienstes, und es gibt viele spezifisch christliche Lobpreisungen und Formen der Danksagung. Früher sprachen Christen traditionell vor einer Mahlzeit das Tischgebet, und manche tun es noch heute. Dasselbe gilt für Juden, Moslems und die Anhänger vieler anderer Religionen und landestypischer Bräuche. In den Vereinigten Staaten ist das Erntedankfest ein wichtiger Teil der nationalen Kultur.

Für einen Materialisten oder Atheisten ist das alles barer Nonsens oder bestenfalls eine Art Poesie- und Märchenwelt. Weder die Realität ist ein Geschenk Gottes, noch sind es die Früchte des Feldes. All das ist zustande gekommen durch Zufall und Notwendigkeit, durch menschliche Wissenschaft, Technologie und harte Arbeit. Auch die elterliche Fürsorge ist in ihren Augen eine genetisch programmierte Reaktion, gesteuert durch eigennützige Gene, deren einziges Interesse darin besteht, sich zu vermehren. Es gibt also auch keinen Grund, für die Elternliebe dankbar zu sein, da sie nur ein genetisches Programm zur Verfolgung egoistischer Zwecke ist.

Individuelle Unterschiede

Psychologen haben bestätigt, was wir schon immer irgendwie gewusst haben: Manche Menschen sind von ihrem Naturell her dankbarer als andere. Eine Möglichkeit, den Unterschied zu verdeutlichen, ist das berühmte zur Hälfte gefüllte Glas der Optimisten und der Pessimisten: Für die Dankbaren ist es halb voll, für die Undankbaren halb leer. Natürlich sind die meisten von uns je nach Situation abwechselnd mal dankbar und mal undankbar. Und manchmal ist es sinnvoll, pessimistisch zu sein. Wenn ich feststelle, dass der Benzintank in meinem Auto fast leer ist, dann wird es sicherer sein, vom schlimmsten Fall auszugehen und ihn alsbald aufzufüllen, statt einfach in der Hoffnung draufloszufahren, dass ich auf magische Weise zur rechten Zeit eine Tankstelle finde.

Dank der zunehmenden Bedeutung der positiven Psychologie wird die Dankbarkeit etwa seit dem Jahr 2000 wissenschaftlich erforscht. Die Psychologen haben Fragebögen und Skalen entwickelt, mit deren Hilfe sie die Ausprägung der Dankbarkeit oder Undankbarkeit einschätzen können. Auch Wohlbefinden und Glück gehören dabei zu den bewerteten Eigenschaften. Studie um Studie konnte belegen, dass habituell dankbare Menschen glücklicher sind als gewohnheitsmäßig undankbare. Sie leiden weniger unter Depressionen, sind zufriedener mit sich und ihrem Leben und erfahren ihr Dasein als sinnerfüllter.[4] Außerdem sind sie großzügiger.[5]

Dieser Zusammenhang ist interpretationsbedürftig: Sind glückliche Menschen dankbar, weil sie glücklich sind? Oder sind Menschen glücklich, weil sie dankbar sind? Innerhalb der positiven Psychologie hat man Experimente durchgeführt, um das zu beantworten. Bei einem der Tests teilte man die Probanden nach dem Zufallsprinzip drei Gruppen zu. In der ersten sollten sie fünf Dinge benennen, für die sie in der vergangenen Woche dankbar waren, in der zweiten fünf Zwischenfälle beschreiben und in der dritten fünf Ereignisse, die sie irgendwie tangiert hatten. Diese Befragungen wurden wöchentlich über zehn Wochen wiederholt.

In der ersten Gruppe berichteten die Teilnehmer über eine große Bandbreite an Begebenheiten und Umständen, für die sie dankbar waren, etwa positive menschliche Begegnungen, Gesundheit, Problemlösungen oder einfach die Tatsache, am Leben zu sein. Die Forscher bemerken dazu:

> Die Teilnehmer der auf Dankbarkeit gerichteten Gruppe waren insgesamt mit ihrem Leben zufriedener und blickten optimistischer in die Zukunft als die Teilnehmer beider Vergleichsgruppen [in denen also Zwischenfälle oder beliebige Ereignisse zu berichten waren]. Außerdem klagten die Teilnehmer der ersten Gruppe seltener über gesundheitliche Probleme und betätigten sich häufiger sportlich als die Teilnehmer der Kontrollgruppen.[6]

Andere Experimente, in denen es darum ging, sich auf das Positive im eigenen Leben zu besinnen, hatten ähnlich eindrucksvolle Resultate.[7]

In einem weiteren Test forderte man die Teilnehmer in einer Gruppe auf, einen Dankesbrief an eine Person zu schreiben, die ihnen einmal geholfen hat, ohne dass sie es für ihr Gefühl jemals richtig gewürdigt hätten. Anschließend sollten sie den Brief persönlich überbringen. Bei den Mitgliedern dieser Gruppe gab es im Vergleich zur Kontrollgruppe einen großen Zuwachs an Glückserleben, das mindestens einen Monat lang anhielt.[8]

Heute gibt es viele Selbsthilfebücher, in denen es darum geht, wie man mehr Dankbarkeit entwickelt, das Positive im eigenen Leben sieht und mithilfe der Dankbarkeit seine zwischenmenschlichen Beziehungen verbessert. Und diese Methoden sind wirksam: nicht immer und bei jedem, aber bei vielen, und das sehr häufig.

Was ist falsch daran, dankbar zu sein?

Dankbare Menschen sind in der Regel glücklicher als undankbare und häufig auch beliebter. Gibt es hier also einen Haken?

Vielleicht. Wie andere menschliche Gefühle und Charakterzüge kann auch das Gefühl der Dankbarkeit von anderen ausgenutzt werden. In unserer kapitalistischen Gesellschaft ist es für Unternehmen sehr verlockend, aus der positiven Psychologie im Allgemeinen und der Dankbarkeitsforschung im Besonderen Lehren für sich zu ziehen. Viele Betriebe verteilen kostenlos Selbsthilfebücher aus dem Umfeld der positiven Psychologie an ihre Mitarbeiter, und einige finanzieren entsprechende Lehrgänge und Vorträge. Positiv eingestellte, loyale und dankbare Mitarbeiter sind gut fürs Geschäft. Und wenn man sie entlassen muss, kann man Leute engagieren, die in der positiven Psychologie geschult sind und den Betroffenen das Gefühl vermitteln, dass der Jobverlust eine großartige Karrierechance darstellt. So verlassen sie dann mit möglichst wenig Groll die Firma.[9]

Die amerikanische Sachbuchautorin Barbara Ehrenreich steht diesen Praktiken sehr kritisch gegenüber, weil sie ihrer Meinung nach die Lösung in einer mentalen Disziplin sehen, die negative Gedanken ausblendet, etwa so wie ein Calvinist alter Schule, der sich ständig vor sündigen Gedanken in Acht nimmt. Ehrenreich argumentiert, dass wir negative Gedanken brauchen, wenn wir etwas gegen Ungerechtigkeit und Umweltzerstörung ausrichten wollen.[10] Dem kann ich nur zustimmen.

Dankbarkeit kann manipuliert und missbraucht werden,

ebenso wie Liebe. Aber das ist kein Argument gegen die Bedeutung der Dankbarkeit an sich. Im Allgemeinen ist es günstiger, liebevoll und dankbar zu sein als abweisend und undankbar. Und die meisten sind lieber mit freundlichen und dankbaren als mit schroffen und undankbaren Menschen zusammen. Wird die liebevolle und dankbare Haltung aber zum Zwang, kann uns das gegenüber Gefahren und destruktiven Verhaltensweisen blind und handlungsunfähig werden lassen. Was wir brauchen, ist eine gesunde Balance.

Geschenk und Verpflichtung

Häufig nehmen wir nicht gern Geschenke an. Warum? Weil dies zu einer Gegenleistung verpflichtet. Wir fühlen uns in der Schuld. Lobbyisten und Marketingexperten wissen, dass Präsente ein Verpflichtungsgefühl schaffen, das sie zu ihrem Vorteil nutzen können.

Ein Buchklassiker zu diesem Thema, der zuerst 1925 erschien, ist *Die Gabe: Form und Funktion des Austauschs in archaischen Gesellschaften*. Darin zeigt der französische Soziologe Marcel Mauss, dass es in einer Vielzahl traditioneller Gesellschaften so etwas wie ein bedingungsloses Geschenk nicht gibt. Wenn ein Stamm oder eine Sippe einem anderen Stamm oder einer anderen Sippe Präsente zukommen ließ, verpflichtete das die Empfänger, sich in absehbarer Zeit dafür erkenntlich zu zeigen. Manchmal wurde dann eine Gegenleistung erwartet, die das ursprüngliche Geschenk sogar mehr als aufwog, wie bei den amerikanischen Ureinwohnern der nordwestlichen Pazifikküste. Wenn eine Gruppe in einem Jahr zehn Decken gegeben hatte, fühlte sich die andere verpflichtet, im nächsten Jahr zwanzig zu geben, und so weiter. Dieses ritualisierte Schenken oder »Potlatch«-System eskalierte häufig zu einem unhaltbaren Wettbewerb. Unter Umständen wurde dann das eigene Hab und Gut demonstrativ vernichtet – die Häuser von Häuptlingen wurden niedergebrannt,

Sklaven getötet, kostbare Öle verbrannt und wertvolle Kupfergegenstände ins Meer geworfen.[11]

Auf religiöser Ebene war – und ist noch immer – das Tier- oder Menschenopfer, die Darreichung von Speisen oder anderen Gaben ein Mittel, um sich dankbar zu erweisen für das, was man vom Göttlichen empfangen hat. Umgekehrt können solche Gaben auch ein Mittel sein, um durch sie eine Gegenleistung zu empfangen, wie es im lateinischen *do ut des* zum Ausdruck kommt: »Ich gebe, damit [auch du mir] du gibst.«

Auch wenn unsere moderne säkulare Lebensweise ganz unter dem Einfluss des geldabhängigen Wirtschaftssystems steht, ist uns doch die Dynamik des Schenkens und Wiederschenkens noch vertraut. Präsente schaffen soziale Bindungen. Uns allen ist bewusst, dass es zum normalen Sozialverhalten gehört, Danke zu sagen, um damit ein Mindestmaß an konventionellen Umgangsformen zu erfüllen.

Wenn Dankbarkeit eine gesellschaftliche Tugend ist, dann ist Undankbarkeit eine gesellschaftliche Unart. In vielen sozialen Bereichen sind undankbare Menschen nicht beliebt. Eine überhöhte Anspruchshaltung oder fehlende Wertschätzung anderer wird bei Aristokraten, Oligarchen und ähnlichen Machtträgern hierarchischer Gesellschaften toleriert. Aber innerhalb egalitärer sozialer Gruppierungen ist Anspruchsdenken nicht gerade ein Rezept für Beliebtheit. Es gibt Zeitgenossen, die ein Anrecht auf die Hilfe und den Service anderer zu haben glauben, ohne sich dafür erkenntlich zeigen zu müssen. Bei Neugeborenen ist dieses Verhalten eine Frage des Überlebens. Aber mit etwa sechs Wochen fangen die meisten Babys an zu lächeln, und dieses Lächeln ist oftmals Dank genug. Kleinkindern bringt man dann bald bei, ihren Dank auch verbal oder auf andere Weise zu äußern.

Was nun, wenn unser Leben ein Geschenk der Natur ist? Was, wenn die Natur selbst ein Geschenk ist? Dann sind wir den Mächten, die uns und alles andere erschaffen haben, zu tiefstem Dank verpflichtet.

In allen religiösen Traditionen sind Lobpreisungen und Dankbarkeitsbezeugungen gegenüber dem göttlichen Ursprung allen Seins Teil einer Wechselbeziehung. Sie verbinden uns mit dem Ursprung des Geschenks, das das Leben ist, und all dessen, was uns das Leben beschert. Und eine Ausdrucksform dieser Dankbarkeit besteht darin, unsere Gaben mit anderen zu teilen, Teil des Flusses zu werden, von dem wir selbst auch abhängig sind.

Die Kehrseite der Einsicht in unsere vollkommene Abhängigkeit von höheren Mächten kann das erdrückende Gefühl einer religiösen Verpflichtung sein, deren Nichterfüllung zu Schuldgefühlen führt. Ein Ausweg für dieses Gefühl eigener Unzulänglichkeit besteht darin, Atheist zu werden. Wenn alles automatisch und bewusstlos geschieht, wenn es in der Welt keinen Sinn und keine Vorsehung gibt, dann ist da auch nichts, wofür man dankbar sein müsste.

Aber diese Befreiung hat einen hohen Preis. Undankbar zu sein bedeutet oft auch, unglücklich zu sein. Den Anhängern der materialistischen Naturtheorie mag ein freudloses Leben als ein heroischer Akt erscheinen, als ein unbeirrbares Festhalten an der objektiven Wahrheit. Aber der philosophische Materialismus ist nicht *die* Wahrheit, sondern eine Weltanschauung, ein Glaubenssystem. Auch wenn er viele Anhänger hat, ist der Glaube daran nicht eine Frage intellektueller und logischer Notwendigkeit, sondern der Ideologie beziehungsweise persönlicher oder kultureller Gewohnheit.

Gnade und Dankbarkeit

Das lateinische Wort für »Dankbarkeit« ist *gratia*, von dem auch das englische *grace* kommt. Das nahe verwandte lateinische *gratus* bedeutet so viel wie »anmutig, erfreulich«. Aus diesem

Wortstamm bildete sich dann eine Vielzahl englischer Wörter wie *graceful* (»anmutig«), *disgraceful* (»schändlich«), *gracious* (»liebenswürdig«), *gratification* (»Genugtuung, Belohnung«), *gratuitous* (»grundlos, kostenlos«) und *to congratulate* (»gratulieren«).[12]

Grace hat verschiedene Bedeutungen. In der christlichen Theologie bedeutet es »Gnade« im Sinne einer Gabe oder Gunst Gottes. So ist die Muttergottes zum Beispiel im Ave Maria (»Hail Mary, full of grace«) ein Kanal für die Gnade Gottes, die sie und ihren Schoß durchströmt:

> Gegrüßet seist du, Maria, voll der Gnade, der Herr ist mit dir. Du bist gebenedeit unter den Frauen, und gebenedeit ist die Frucht deines Leibes, Jesus.

Zweitens bezieht sich *grace* im Sinne von »Anmut« oder »Wohlgefallen« auf menschliche Ausdrucksformen oder Verhaltensweisen wie in *graceful movements* (»anmutige Bewegungsweise«) oder *gracious manners* (»gutes Benehmen«). Hier besitzt *grace* die Nebenbedeutung von Charme und körperlicher Attraktivität. Die drei Chariten aus der griechischen Mythologie, die den römischen Grazien entsprechen, waren Spenderinnen von Schönheit und Anmut und auch selbst von höchstem Liebreiz.

Drittens hat *grace* die Bedeutung von »Dank« oder »Dankbarkeit«, wie in *say grace*, dem englischen Ausdruck für das Sprechen des Tischgebets. Andere Sprachen kennen dasselbe Wort für Dank – so heißt »Danksagung« im Französischen *action de grace*, und für »danke« sagt man im Spanischen *gracias* und im Italienischen *grazie*.

Das Verbindende an diesen unterschiedlichen Wortbedeutungen ist das Gefühl eines freien Fließens in beide Richtungen, und aus diesem Fließen entstehen anmutige Gesten oder

Schönheit. Gebender und Dankender stehen miteinander in Verbindung, in einer Wechselbeziehung, die von Hingabe, Liebe und Vertrauen geprägt ist. Zugleich ist dies eine theologische Beschreibung der Beziehung zwischen Gott und den Menschen, die ihm Liebe, Vertrauen und Dank entgegenbringen. Es ist ebenfalls eine weitverbreitete Form menschlicher Interaktion, die auf dem Austausch von Geschenken und Hilfsangeboten beruht. Auch familiäre Beziehungen und andere soziale Verbindungen gründen auf der Gegenseitigkeit des Gebens und Nehmens.

Diese Art der Wechselbeziehung existiert noch heute, und sie ist weit älter als organisierter Handel und auf dem Geldverkehr beruhende Wirtschaftssysteme. Kauf und Verkauf haben zu einer Quantifizierung und Systematisierung des gegenseitigen Gebens und Nehmens geführt. Während aber das Prinzip von Kauf und Verkauf quantifizierten Regeln folgt, beruht das System des Schenkens, der Dankbarkeit und des Erwiderns von Geschenken auf Freiwilligkeit. In ihm herrscht mehr Freiheit, es ist persönlicher, weniger automatisiert und unbewusst. Der All-Geist (den ich mir als den Fluss bewussten Lebens denke) durchströmt uns, wenn wir geben und uns bedanken. Meiner Ansicht nach ist dieser Fluss nicht nur ein fundamentaler Aspekt aller menschlichen Gesellschaften, sondern auch unserer Beziehung zu Vorfahren, Heiligen, Geistwesen, Engeln, Göttern, Göttinnen und der letzten Wirklichkeit, die Juden, Christen und Muslime »Gott« nennen.

Der Neurologe und Bestsellerautor Oliver Sacks war ein Atheist, der als junger Mann den Glauben an Gott verlor, als seine jüdische Familie seine Homosexualität missbilligte. Sein letztes Buch, postum im Jahr 2015 veröffentlicht, trägt den Titel *Dankbarkeit*. Sacks verfasste es im Wissen um seine unheilbare Krebserkrankung. Er schreibt, er könne nicht behaupten, dass er ohne Angst wäre. Aber sein vorherrschendes Gefühl sei das der Dankbarkeit. Er habe geliebt und sei geliebt worden. Er habe vieles bekommen und manches davon zurückgegeben … Aber vor allem sei er ein fühlendes Wesen auf diesem herrlichen Planeten, und allein schon das sei ein großes Privileg und Abenteuer.[13]

Dankbarkeit macht uns zum Teil dieses wechselseitigen, lebensfördernden Flusses. Undankbarkeit trennt uns von ihm. Wenn wir Teil dieses Flusses sind, fühlen wir uns normalerweise glücklicher, als wenn wir nicht Teil davon sind, ob wir uns als Atheisten bezeichnen oder nicht.[14]

Die Dankbarkeit verbindet uns mit dem gnadenvollen Fluss des Gebens und der Erkenntlichkeit innerhalb der Welt des Menschen – und nicht minder mit dem Fluss des Lebens in der mehr-als-menschlichen Natur: in Pflanzen und Tieren, in unserer Galaxis und im gesamten Kosmos.[15] Und wenn wir offen dafür sind, kann uns Dankbarkeit unmittelbar mit dem bewussten Ursprung allen Seins, allen Bewusstseins, aller Form und Energie verbinden, mit dem, was Juden, Christen und Muslime »Gott« und Hindus »Sat-Chit-Ananda« nennen – Sein-Bewusstsein-Glückseligkeit.[16]

Zwei Möglichkeiten, Dankbarkeit zu üben

Sich auf das Gute im Leben besinnen

Versuchen Sie, eine regelmäßige Übung daraus zu machen, zum Beispiel abends vor dem Zubettgehen. Oder einmal in der Woche: freitags, wenn Sie muslimischen Glaubens sind, samstags, wenn Sie jüdischen Glaubens sind, und sonntags, wenn Sie christlichen Glaubens sind. Andere religiöse Traditionen haben jeweils ihre eigenen besonderen Tage. Wenn es Ihnen lieber ist, können Sie dazu auch schriftlich eine Liste erstellen. Sie können sich für Ihr Leben bedanken, für Ihre Gesundheit, für Ihre Familie, für Ihre Lehrer und andere Menschen, die Sie auf Ihrem Weg gefördert haben, für Ihre Sprache, Kultur,

Gesellschaft, Ihre wirtschaftliche Situation oder Ihre Ausbildung. Sie können sich bei Mutter Natur für ihren Formenreichtum und alle Pflanzen und Tiere bedanken oder beim Universum und dem Ursprung allen Seins. Diese Übung verbindet Sie mit dem, was Ihnen gegeben ist. Je größer das Gefühl der Dankbarkeit, desto größer sind auch das Gefühl für den Fluss und der Wunsch, selbst zu geben.

Das Dankgebet vor den Mahlzeiten

Bei mir zu Hause halten wir uns bei Tisch an den Händen, bevor wir die Mahlzeit zu uns nehmen. Manchmal spricht einer von uns das Tischgebet, zuweilen singen wir gemeinsam, und ein andermal sitzen wir für einen Moment gemeinsam in Stille. Wenn ich allein bin, spreche ich mein Dankgebet stumm für mich.

Ich möchte Ihnen vorschlagen, diesen Brauch auch bei sich daheim einzuführen.[17] Wenn sich einzelne Familienmitglieder oder Freunde schwer damit tun, können Sie sich schweigend an den Händen halten. Oder finden Sie eine Form, mit der jeder Dankbarkeit auf seine eigene Weise zum Ausdruck bringen kann, ob schweigend oder durch gesprochene oder gesungene Worte.

3 Im Kontakt mit der mehr-als-menschlichen Welt

Mensch und Natur

Wir sind Teil der Natur. Ohne die Erde, die Sonne und den gesamten Kosmos könnten wir nicht existieren. Die Geschichte unserer Galaxis reicht Jahrmilliarden zurück und ist eng mit der Entstehung des Universums verknüpft.

Andererseits sind wir uns bewusst, von der Natur abgesondert zu sein. Es gibt eine Trennung zwischen der Welt des Menschen – unseren sozialen und ökonomischen Bedingungen, der uns überlieferten Sprache und Kultur, den Häusern und Städten, in denen wir leben, den Computern, die wir bedienen, den Fahrzeugen, mit denen wir uns fortbewegen – und der Welt der Natur. Zugleich gibt es im Universum mit seinen Milliarden von Galaxien unendlich mehr außermenschliche als von uns geformte Natur.

Wir sind nicht die einzige Spezies, die zwischen der eigenen Gattung und der übrigen Schöpfung unterscheidet. Allein schon aus Gründen der Fortpflanzung müssen die Angehörigen einer Tiergattung einander erkennen können. Eine Pfauenhenne muss in der Lage sein, auch wenn er äußerlich wenig Ähnlichkeit mit ihr hat, einen Pfauenhahn unter anderen Spezies zu identifizieren, um sich mit ihm paaren zu können. Bei Tiergattungen, die Sozialgemeinschaften bilden, stehen die Mitglieder untereinander in intensivem Austausch. Ein Ameisenstaat oder ein Wolfsrudel formt ein umgrenztes Ganzes, das von der übrigen Welt abgesondert ist, auch wenn es pausenlos mit ihr interagiert. Es gibt also eine implizite Unterscheidung zwischen der Gruppe und der sie umgebenden Welt, von der sie abhängig ist.

Ein Begriff, der wie gesagt besonders geeignet ist, ein neues Verständnis der nichtmenschlichen Natur zu vermitteln, ist die »mehr-als-menschliche Welt«. Er wurde in den Neunzigerjahren von dem Kulturökologen David Abram geprägt.[1] Nur dank der mehr-als-menschlichen Welt – der Erde, des Sonnensystems und des gesamten Universums – gibt es uns überhaupt.

Leider haben sich viele daran gewöhnt, unter der außermenschlichen Natur etwas zu verstehen, das *weniger* als menschlich ist. Galaxien, Planeten, Tier- und Pflanzengattungen, Moleküle, Atome und subatomare Teilchen: All das ist in unseren wissenschaftlichen Theorien systematisch erfasst. Dabei betrachten wir die Natur von außen, als ob wir körperlose Geistwesen wären. In der Schule lernen die Kinder aus Büchern und Modellen etwas über das Sonnensystem, ohne sich jemals nachts unter freien Himmel zu begeben und die wirklichen Planeten und Planetenkonstellationen zu betrachten. Kinder im Vorschulalter haben vielleicht noch Kontakt zu lebenden Tieren und Pflanzen, aber wenn sie größer werden und Biologie als Schulfach bekommen, hat das immer weniger mit unmittelbarer Erfahrung zu tun. Lebende Tiere und Pflanzen spielen dabei kaum noch eine Rolle, dafür umso mehr Lehrbücher mit Darstellungen von physikalischen und chemischen Wirkungszusammenhängen, von DNA-Molekülen, Gehirnstrommessungen und Computersimulationen.

Die wissenschaftlichen Modelle scheinen wichtiger zu sein als die lebenden Organismen, die sie beschreiben. Die Modelle wiederum beziehen sich auf physikalische Abläufe, die sich mathematisch darstellen lassen, und bald erscheint dann die Mathematik als die eigentliche Wirklichkeit. Die lebendige Natur wird durch abstrakte Konzepte ersetzt, die nur im menschlichen Geist und in der Computer-Software vorkommen. Überdies ist es eine verschwindend kleine Minderheit, die diese mathematischen Modelle überhaupt noch versteht – außer den Mathematikern selbst vor allem entsprechend geschulte Wissenschaftler und Programmierer.

Daher ist es von enormer Bedeutung, wieder ein Gespür für die Verbindung mit der mehr-als-menschlichen Welt zu bekommen, das uns zugleich auf spiritueller Ebene bereichert.

Alltägliches Verbundensein

Man nimmt an, dass es unsere Spezies Homo sapiens seit etwa 100 000 Jahren gibt. Sie stammt von früheren Hominiden ab, die sich zusammen mit den Menschenaffen aus gemeinsamen Vorfahren entwickelt haben, die vor mehreren Millionen Jahren lebten. Während des weitaus größten Teils der Entwicklungsgeschichte lebten unsere Vorfahren in Gruppen von Jägern und Sammlern, die sich von den Pflanzen ernährten, die sie fanden, und gelegentlich erbeuteten Tieren.

Für Jäger und Sammler ist es selbstverständlich, die sie umgebende Welt – Tiere und Pflanzen, Himmel, Sonne und Mond, Flüsse, Meer, Wind und Wetter – als beseelt zu erfahren: Sie sind Animisten. In ihren Mythen betonen sie den lebendigen Zusammenhang der Natur, eine beständige Zwiesprache menschlicher und nichtmenschlicher Seelen.[2]

Die Mythen der Indianer kennen als spirituellen Ursprung ein menschenartiges Urwesen, von dem alles andere herkommt. Die Menschen stammen hier nicht von Tieren ab, sondern umgekehrt die Tiere von menschenähnlichen Wesen. Wie der südamerikanische Anthropologe Viveiros de Castro betont, ist diese traditionelle Ansicht in vieler Hinsicht der unseren entgegengesetzt. Für uns ist die menschliche Natur etwas ursprünglich Animalisches, das durch Kultur kontrolliert wird. Wir waren einmal Tiere und sind es »im Kern« noch immer. Im Gegensatz dazu sind laut de Castro »im indianischen Denken Tiere einmal menschlich gewesen und müssen es daher noch immer sein, wenn auch auf verborgene Weise«. Im Innersten sind alle Tiere mit uns wesensgleich, wenn ihre Körper auch nichtmenschliche Formen haben.

In den Mythen der Asháninka oder Campa aus den peruanischen Anden heißt es, ihr Volk sei in seiner ursprünglichen Gestalt unwiderruflich in die verschiedenen Pflanzen und Tiere verwandelt worden. Das Universum habe sich anfänglich zu einer immer größeren Vielfalt hin entwickelt, wobei die Menschheit der Urstoff war, aus dem alle Dinge hervorgegangen sind. Ein Teil dieses Urvolkes sei der Verwandlung entgangen, und das heutige Volk der Asháninka stelle dessen Nachkommen dar.[3]

Aus materialistischer Sicht dagegen ist der gesamte Kosmos ein unbewusstes Gebilde ohne Ziel und Bedeutung. Lebewesen sind genetisch programmierte Maschinen. Wir Menschen verdanken unser Dasein blinden physikalischen Vorgängen. Sonnensysteme, Planeten, Tiere und Pflanzen beruhen auf einer geistlosen Mechanik, die von physikalischen und chemischen Kräften angetrieben wird. Jeder Versuch, in der außermenschlichen Natur so etwas wie Geist, Seele oder Sinn zu finden, ist nichts anderes als eine Projektion des menschlichen Geistes auf die Welt, wie man sie bei gläubigen Menschen, schlichten Gemütern oder auch bei Kindern findet. Säkular, modern und fortschrittlich eingestellte Leute, die wissenschaftlich gebildet sind, haben diesen Glauben hinter sich gelassen – oder *sollten* ihn zumindest überwunden haben.

Diese unterschiedlichen Weltanschauungen führen zu sehr unterschiedlichen Einstellungen gegenüber der Natur. Wenn die Natur ohne Bewusstsein und etwas rein Mechanisches ist, dann ist unser wissenschaftliches Verständnis die höchste Bewusstseinsrealität. Unsere subjektiven Erlebnisse fallen dabei nur als Nebenprodukte der Gehirnaktivität an.

Der Evolutionsbiologe Edward O. Wilson, ein säkularer Humanist, meint jedoch, dass es ein Fehler sei, zwischen unseren subjektiven Erlebnissen und der Natur eine Barriere zu errichten. Er glaubt, dass der Mensch aufgrund seiner langen Geschichte als Jäger und Sammler ein instinktives Bedürfnis hat, sich mit Tieren und Pflanzen zu verbinden. Er nennt diese instinktive Naturverbundenheit »Biophilie« (nach den griechischen Wörtern *bíos* für »Leben« und *philía* für »Liebe, Freundschaft«). Angeborene Biophilie sei der Grund dafür, dass »der Mensch unbewusst nach einer Verbindung mit dem übrigen Leben strebt«.[4]

Sogar innerhalb unserer modernen Industriegesellschaft gibt es viele Menschen, die sich ihrer Verbindung mit der außermenschlichen Natur bewusst sind. Sie erleben sich im Kontakt mit einer umfassenderen Ebene oder Präsenz, ob man diese nun »Geist«, »Wesen«, »spirituelle Wirklichkeit« oder »Gott« nennt.

Für unsere Vorfahren – Hunderte Generationen von Jägern und Sammlern sowie viele von Bauern – war der tägliche Kontakt mit Tieren und Pflanzen, der Landschaft und dem Wetter ein wesentlicher Teil des Lebens. Obwohl oder gerade weil heute die meisten Menschen in städtischen Umgebungen leben, ist die Haustierhaltung weitverbreitet. Erst mit der im 19. Jahrhundert im großen Stil einsetzenden Industrialisierung und Verstädterung wurde es weithin üblich, Haustiere zu halten. Darin kann man sogar so etwas wie eine Wehklage über den Verlust der Nähe zur Natur erkennen.[5] Und auch wenn die meisten Menschen nicht mehr ihre eigenen Lebensmittel erzeugen müssen, haben viele Stadtbewohner einen Garten oder Schrebergarten oder zumindest Blumenkästen vor dem Fenster, halten sich Zimmerpflanzen oder kaufen Schnittblumen. Millionen von Städtern nehmen noch immer Kontakt mit der nichtmenschlichen Welt auf, indem sie zum Spazieren in den Park oder den Wald gehen, aufs Land fahren oder ihre Ferien am Meer verbringen. Viele Menschen genießen die Arbeit im

Freien, und nicht wenige arbeiten unentgeltlich auf Biobauernhöfen oder in Aufforstungs- und anderen Naturschutzprojekten.[6]

Positive Effekte der Kontaktaufnahme mit der mehr-als-menschlichen Natur

Die positiven Auswirkungen des Aufenthalts in der Natur sind sogar wissenschaftlich untersucht.[7] In einem relativ aktuellen Überblick zum Forschungsstand heißt es:

> Die Natur steigert das seelische Wohlbefinden – Menschen leiden weniger unter Depressionen, wenn sie Zugang zu Grünanlagen haben. Der Nutzen besteht dabei nicht allein in der körperlichen Bewegung, auch wenn dies ebenfalls ein wichtiger Aspekt ist. Der Aufenthalt in Naturräumen wirkt sich positiv auf das ganze Befinden des Menschen aus (…) Auf einen Nenner gebracht: Es fühlt sich einfach gut an, in der Natur zu sein.[8]

Japanische Studien zur Praxis des »Waldbadens« (Shinrin-Yoku) konnten zeigen, dass sich Waldspaziergänge beruhigend auf Körper und Psyche auswirken. Die Blutkonzentrationen des Stresshormons Cortisol gingen zurück,[9] und die Aktivität des Immunsystems nahm zu.[10] Kurz: »Der Aufenthalt im Wald fördert durch Stressabbau die körperliche und seelische Gesundheit.«[11]

In einer im kalifornischen Stanford durchgeführten Studie bildete man zwei nach dem Zufallsprinzip zusammengestellte Gruppen, deren Teilnehmer fünf Minuten lang spazieren gehen sollten, und zwar entweder in einer urbanen oder einer naturnahen Umgebung. Vor und nach dem Versuch wurden mehrere psychologische Tests durchgeführt. Teilnehmer, die im Grünen spazieren gegangen waren, litten anschließend weniger unter

Ängsten und Grübeleien als vor dem Spaziergang, während es bei den Stadtspaziergängern keine Veränderung gab. Auch das sogenannte Arbeitsgedächtnis wies bei den Teilnehmern, die in der Natur waren, eine Verbesserung auf.[12] Sie fühlten sich anschließend besser und waren achtsamer.

Eingefleischte Wissenschaftler geben sich aber mit subjektiven Eindrücken nicht zufrieden, sondern wollen wissen, was im Gehirn passiert. In einer Folgestudie maßen die Forscher aus Stanford außerdem die Gehirnströme der Probanden. Auch dieses Mal zeigten die Teilnehmer im Anschluss an einen Spaziergang in einer naturnahen Umgebung eine verminderte Neigung zu endlosen Grübeleien. Entsprechend war bei ihnen auch die Hirnregion, die am stärksten mit Grübeln in Zusammenhang steht, der subgenuale Cortex (Brodmann-Areal 25) weniger aktiv als bei den Teilnehmern, die an einer stark befahrenen Straße entlanggegangen waren.[13]

Diese Ergebnisse hätten die Pioniere des Naturschutzes im 19. Jahrhundert wohl kaum überrascht, ebenso wenig wie die Vordenker einer menschengerechten Stadtplanung, denen wir unsere Parks und anderen Grünanlagen zu verdanken haben. Sie verstanden sehr wohl den Bedarf an Erholungsgebieten.

Obgleich unsere Städte also viele Grünanlagen aufzuweisen haben, verbringen laut einer neueren Studie 60 Prozent der Bevölkerung keinerlei Zeit in einer »naturnahen Umgebung«[14] – und das, obwohl es beispielsweise in England zum offiziellen Regierungsprogramm gehört, »das Band zwischen Mensch und Natur zu stärken und zumal jedem Kind Erfahrungen und Lernschritte in einer naturnahen Umgebung zu ermöglichen«.[15] Als Schritt auf dem Weg zur Verwirklichung dieser Politik gab die Regierung in den Jahren 2013 und 2014 eine breit angelegte Studie zu den Outdoor-Aktivitäten englischer Kinder in Auftrag. Demnach hatten sich im vorausgegangenen Jahr die meisten von ihnen, nämlich 88 Prozent, mindestens einmal in einer »natürlichen Umgebung aufgehalten«, 70 Prozent mindestens einmal pro Woche. Kinder aus Familien mit höherem Einkommen verbrachten dabei mehr Zeit im Freien als solche aus Familien mit geringem Einkommen. Erwartungsgemäß suchten die Kinder aus der Altersgruppe der Dreizehn- bis Fünfzehnjährigen Parks, Spiel- oder Sportplätze meist ohne Begleitung von Erwachsenen auf. Rund 11 Prozent der Ausflüge galten Waldgebieten der Umgebung, und 7 Prozent führten an nahe gelegene Flüsse oder Seen. Allerdings verbrachten rund 12 Prozent der Kinder – das entspricht etwa 1,3 Millionen Kindern in ganz England – fast gar keine Zeit im Freien. Die Daten dürften auch für andere mitteleuropäische Länder repräsentativ sein.

Der amerikanische Autor Richard Louv nennt diese Entfremdung der Kinder von der Natur »Natur-Defizit-Syndrom«. In seinem Buch *Das letzte Kind im Wald – Geben wir unseren Kindern die Natur zurück!* bringt er diesen Mangel an Naturnähe mit der zunehmenden Zahl der Fälle von Aufmerksamkeitsstörungen, Depression und Fettleibigkeit bei Kindern in Zusammenhang. Er stellt fest, dass durchschnittliche Achtjährige Figuren aus Zeichentrickfilmen besser unterscheiden können als die Bäume und Tiere in ihrer Umgebung. Ein Viertklässler: »Ich spiele lieber drinnen, weil es da überall Steckdosen gibt.«[16]

Die von Louv zusammengetragenen Forschungsergebnisse zeigen, dass Schulkinder bei einer naturnahen Unterrichtsform mehr Kompetenzen in den Bereichen Problemlösung und Entscheidungsfindung entwickeln. Und sie haben mehr Spaß. Aber leider sind die Anreize, zu Hause zu bleiben, nach wie vor größer. Erhebungen aus dem Jahr 2016 zufolge verbrachten viele amerikanische Kinder zwischen fünf und sieben Stunden täglich vor dem Bildschirm,[17] in Großbritannien waren es bis zu sechs Stunden.[18] Die aktuellen offiziellen Empfehlungen lauten, dass Kinder unter zwei Jahren nicht vor dem Fernseher oder Monitor sitzen sollten. Die Realität sieht allerdings anders aus. Während schon Kinder sich in den sozialen Medien tummeln, werden bereits Kleinkinder in bisher ungekanntem Ausmaß in den Bann der virtuellen Welt der Computer und Tablets gezogen. Das bedeutet, in gewaltigem Umfang und auf unkontrollierte Weise mit der Zukunft der Menschheit zu experimentieren.

Kindliche Naturverbundenheit

Verstädterung, der Siegeszug der digitalen Medien und Elternängste sorgen dafür, dass die meisten Kinder heute weniger Zeit im Freien verbringen als sämtliche Generationen von Kindern vor ihnen. Aber zweifellos spüren viele von ihnen noch immer eine Verbindung mit der mehr-als-menschlichen Welt, wenn man ihnen denn die Gelegenheit dazu gibt.

Die Forschungsabteilung für religiöse Erfahrungen (Religious Experience Research Unit) in Oxford, in den Sechzigerjahren von dem Meeresbiologen Sir Alister Hardy gegründet, hat viele Tausende Berichte über spirituelle Erfahrungen gesammelt. Rund 15 Prozent der Berichte aus diesem großen Kontingent begannen mit entsprechenden Erlebnissen in der Kindheit.[19] Bei näherer Befragung erklärten die meisten ihrer Verfasser, dass diese Erlebnisse außergewöhnlich intensiv und bedeutungsvoll gewesen seien. Allerdings hätten sie darüber nicht mit Familienmitgliedern oder Lehrern sprechen können. Einer der Befragten meinte dazu: »Dieses innere Wissen war aufregend, ja fesselnd, aber ich behielt es für mich, denn selbst wenn ich in der Lage gewesen wäre, es auszudrücken, hätte mich ja doch niemand verstanden.«[20]

Hier als Beispiel ein solches Kindheitserlebnis aus der Sammlung der Religious Experience Research Unit:

> Als Kind hatte ich offenbar einen unmittelbareren Bezug zu Blumen, Bäumen und Tieren, und ich kann mich noch an die Glücksgefühle erinnern, die es in mir auslöste, wenn ich sah, wie sich die ersten Schwertlilien öffneten, oder wenn ich vor dem Frühstück auf dem von Tau benetzten Rasen Gänseblümchen pflückte. Zwischen den Blumen und mir schien es kein Hindernis zu geben, und das erfüllte mich mit einer unaussprechlichen Freude.[21]

Andere Teilnehmer sprechen von einem »Gefühl des zeitlosen Einsseins mit allem Leben«, einem »tiefen und überwältigenden Gefühl der Dankbarkeit« und einem »Gefühl unendlichen Friedens und Aufgehobenseins, das Teil der Schönheit des Morgens zu sein schien«.[22]

Aber geben diese Erinnerungen, die im mittleren oder höheren Alter niedergeschrieben wurden, die Kindheitserlebnisse wahrheitsgetreu wieder, oder erscheinen sie im Rückblick verklärt? Der britische Lehrer Michael Paffard hat versucht, diese Frage zu beantworten. Er bat seine jugendlichen Schüler, einen Fragebogen auszufüllen und über eigene beglückende oder ergreifende Naturerlebnisse zu berichten, falls sie sich an solche erinnern können. Von den 400 Schülern versuchten 55 Prozent, Erlebnisse zu beschreiben, die man als »naturmystisch« bezeichnen könnte. Häufig vorkommende Begriffe waren dabei »beglückend«, »rein«, »ekstatisch«, »heilig«, »selig«, »erhaben«, »zeitlos« und »friedvoll«.[23] Die geschilderten Erlebnisse ähnelten dabei stark denjenigen, an die sich auch viel ältere Menschen erinnern konnten.

Für einige der Befragten hatten diese beglückenden Erlebnisse angesichts des Nachthimmels, der Berge, des Meeres oder menschenleerer Landschaften zugleich etwas Beängstigendes. Ein sechzehnjähriger Internatsschüler schrieb:

> Ich lebe in Essex am Rande eines weit ausgedehnten Salzmarschgebiets. In den Herbstmonaten sitze ich abends oft auf der Strandmauer und blicke über das Marschland. Wenn ich in der Schule bin, sehne ich mich nach dieser wilden Einsamkeit und dem Gefühl von Freiheit und kraftvoller Natur, das es vermittelt. Aber es hat auch etwas schrecklich Einsames, wenn es dunkel wird und die Flut kommt, sodass ich mich auf den Weg mache. Aber immer wieder zieht es mich dorthin zurück.[24]

In 67 Prozent der Berichte waren die Jugendlichen allein, als sie diese Erlebnisse hatten, und meistens war es dabei Abend oder Nacht.[25] In der Mehrzahl wurden die Erfahrungen nicht bewusst gesucht, sondern ergaben sich spontan. Aber einige der Befragten machten es sich zur Gewohnheit, bestimmte Orte aufzusuchen, die sie für etwas Besonderes halten, wie Hügel, Wiesen, Seen, Wälder oder Strände.

Als Kind verbrachte ich viel Zeit im Freien, und ich spürte dabei eine tiefe Verbundenheit mit der Natur, ein Gefühl von Zugehörigkeit. Das war der Grund, warum ich mich für die Naturwissenschaft, vor allem die Biologie interessierte. In der Schule war ich gut in den wissenschaftlichen Fächern, aber was wir dort lernten, hatte nichts mehr mit der unmittelbaren Erfahrung eines lebendigen Organismus zu tun. So gut wie alle Pflanzen und Tiere, die wir in der Schule und später in der Universität untersuchten, waren tot. Wie gesagt, brachten wir um, was wir erforschten, außer den Tieren, die wir zu Lebendexperimenten benutzten, die wir aber anschließend töteten. Wir sezierten Regenwürmer, Frösche, Hundshaie und Kaninchen. Wir zerschnitten Blumen und untersuchten ihre Bestandteile. Unter dem Mikroskop sahen wir uns die Gewebe an. Tiere im Dienst der Forschung zu töten galt als verdienstvoll. Wir opferten sie auf dem Altar der Wissenschaft.

Diese Art von Forschung hatte wenig mit meinen eigenen Erlebnissen zu tun. Ich versuchte, meine Gefühle gegenüber der lebendigen Natur als subjektiv und unwissenschaftlich abzutun, aber davon gingen sie nicht weg. Später wurde mir dann klar, dass viele Menschen die Natur als zutiefst lebendig erleben, solange sie Kinder sind, worin sie vor allem auch bestärkt werden durch Geschichten und Kinderbücher, in denen Tiere sprechen können. Als Kind lebte ich in einer von den Erwachsenen unterstützten animistischen Welt. Als ich aber größer wurde, gab man mir sehr deutlich zu verstehen, dass ich diese kindliche Betrachtungsweise hinter mir lassen müsse. In Tieren und Pflanzen mehr als komplexe Maschinen zu sehen und die Natur für etwas Lebendiges zu halten sei reiner Märchenglaube.

Durch unsere gesamte Kultur zieht sich diese Kluft zwischen dem Erlebnis einer unmittelbaren Naturverbundenheit, das häufig in der Kindheit wurzelt, und der mechanistischen Theorie der Natur, die in den Wissenschaften und der säkularen Gesellschaft vorherrscht. Wir alle sind die Erben dieser Spaltung. Montags bis freitags von neun bis siebzehn Uhr wird in der offiziellen Welt von Arbeit und Bildung, Geschäft und Politik die Natur in mechanistischer Weise aufgefasst, als eine unbelebte Rohstoffquelle, die man zugunsten wirtschaftlicher Entwicklung ausbeutet. In der inoffiziellen privaten Welt dagegen wird Natur mit dem Landleben gleichgesetzt und vor allem mit unberührter Landschaft.[26]

Seit dem 19. Jahrhundert – und bis auf den heutigen Tag – wollen viele notfalls durch die Ausbeutung natürlicher Ressourcen zu Geld kommen, damit sie sich ein Haus auf dem Land leisten können, um »dem Ganzen zu entfliehen«. Am Freitagabend sind die Ausfallstraßen der Städte in der westlichen Welt verstopft, weil Millionen von Menschen mit dem Auto zurück in die Natur wollen. Es treibt sie dabei ein starkes Motiv, in dem ein elementares Bedürfnis zum Ausdruck kommt.

Die Trennung von Natur und Gott

Wie kam diese Spaltung zustande? Einer der Gründe liegt in der Beziehung des jüdischen Volkes zum Heiligen Land, in dem es lebte. Die vorjüdischen Religionen Palästinas waren polytheistisch mit Göttinnen und Göttern, in denen Bäume und viele Orte in der Natur wie Haine, Menhire, Berge, Quellen und Flüsse verehrt wurden. In den frühen Phasen seines Lebens im Heiligen Land führte das jüdische Volk diesen Kult um die alten heiligen Stätten fort.[27] Das änderte sich mit dem Bau von König Salomons Tempel in Jerusalem, dem Versuche folgten, alle anderen Heiligtümer zu verdrängen und dem Tempel eine Alleinstellung zu verschaffen. Der eine Gott sollte *ein* spirituelles Zentrum haben. Gottesdiensten auf Hügeln, in heiligen Hainen oder an anderen traditionellen Kultstätten begegnete man nun mit Argwohn, wenn nicht mit Feindseligkeit und Gewalt.

Wie die vorjüdischen Religionen Palästinas waren auch die vorchristlichen Religionen Europas polytheistisch, und auch sie kannten viele heilige Stätten. Aber anders als die jüdischen Propheten und Könige, die versuchten, alle rituellen Gottesdienste auf einen heiligen Ort zu vereinen, erzwangen die Christen kein derartiges Monopol. Während der Ausbreitung des Monotheismus im Nahen Osten und in Europa, in deren Verlauf die alten Götter und Göttinnen verdrängt wurden, blieben viele der alten heiligen Orte und jahreszeitlichen Feste in christianisierter Form bestehen. In der keltischen Kirche Irlands und Großbritanniens erreichten einheimische Mönche sogar eine erstaunliche Eintracht zwischen der druidischen Vergangenheit und der neuen monotheistischen Religion. Einer von ihnen war der heilige Cuthbert (um 635–687), Bischof von Lindisfarne, der es jedoch vorzog, als Einsiedler zu leben. Laut Beda dem Ehrwürdigen (um 672–735), der eine Biografie über Cuthbert verfasste, sagte dieser viele künftige Ereignisse voraus und beschrieb, »welche Dinge sich an anderen Orten zutrugen«. Seine Nächte verbrachte er im Meer stehend. Ein Mönch, der ihm nachts nachgeschlichen war, um ihn heimlich zu beobachten, berichtet:

> Wenn er das Kloster verließ, ging er hinunter zum nahe gelegenen Meer und stieg in die Fluten, bis das Wasser seine Arme und seinen Hals erreichte, und verbrachte so die Nacht mit der Lobpreisung Gottes. Sobald der Tag heraufdämmerte, kam er heraus aus dem Wasser und begann erneut zu beten, während er auf die Knie fiel. Als er so tat, tauchten zwei Otter aus dem Meer auf, und während sie sich vor ihn auf den Sand legten, atmeten sie zu seinen Füßen und trockneten diese mit ihrem Fell, woraufhin sie, nachdem sie seinen Segen empfangen hatten, wieder in ihr angestammtes Element zurückkehrten. Cuthbert selbst aber ging zurück zum Kloster, um sich zur rechten Zeit bei den anderen Brüdern zu den gewohnten Chorälen einzufinden.

Es war bewusste Kirchenpolitik, die Bräuche der alten Religionen zu assimilieren.[28] Zu den alten sakralen Orten gesellten sich neue, die mit den Kirchenheiligen in Beziehung standen: Orte, an denen sie Visionen empfingen, wo sie ihr Leben verbrachten, gestorben waren und ihre Reliquien aufbewahrt wurden.[29] Im 7. Kapitel komme ich im Zusammenhang mit der Pilgerschaft noch darauf zu sprechen. Diese Übernahme archaischer religiöser Elemente durch das Christentum ist in Ländern, in denen die römisch-katholische und orthodoxe Kirche vorherrschen, noch heute deutlich erkennbar. Man denke dabei nur an die heiligen Quellen und den heiligen Berg Croagh Patrick in Irland oder die vielen Marien-Heiligenstätten.

In der frühen christlichen Theologie und in den auf Aristoteles und Thomas von Aquin beruhenden orthodoxen Lehren des Mittelalters galt die Natur noch als lebendig. Die Sonne und die Planeten, die Erde mit ihren Pflanzen und Tieren – sie alle waren beseelt. Der lebendige Gott war der Ursprung dieser lebendigen Welt und stand mit ihr in steter Wechselbeziehung. Die Mystikerin, Dichterin, Komponistin und Äbtissin Hildegard von Bingen (1098–1179) drückte das so aus: »Denn durch Gottes Wort ist alle Schöpfung, sichtbar oder nicht, gemacht worden, jedwede Kreatur, die in jener Wesenheit existiert, im lebendigen Geist nämlich, sei es in Grünkraft, sei es in Wirkkraft.«[30] Die christliche Theologie des Mittelalters war animistisch, und Gottes Sein lag dem Sein der Natur zugrunde. Gott war in der Natur, und die Natur war in Gott.[31] Natur war lebendig, nicht unbelebt und mechanisch. Der Gott des mittelalterlichen Christentums, dem wir die großen Kathedralen Europas verdanken, war der Gott einer lebendigen Welt.

Im 16. Jahrhundert führte die protestantische Reformation zu einem radikalen Bruch mit dieser christlichen Beziehung zu heiligen Epochen und Orten und zur Natur. Die Reformation versuchte, eine reinere Form des Christentums zu begründen, die frei war von der Korruption und dem Machtmissbrauch der römisch-katholischen Kirche. Was allein zählen sollte, waren der Glaube und die Buße des Einzelnen. Jahreszeitliche Feste, Pilgerschaften, die Verehrung der heiligen Mutter Maria und der Heiligenkult gerieten als heidnischer Aberglaube in Verruf. So heißt es bei Johannes Calvin (1509–1564): »Nonnen traten an die Stelle von Vestalinnen, die Allerheiligen-Kirche folgte auf das Pantheon, und den Bräuchen wurden nicht unähnliche Bräuche entgegengesetzt.«[32]

Den Reformern ging es darum, einen endgültigen Gesinnungswandel herbeizuführen. Dazu versuchten sie, die herkömmliche Vorstellung auszumerzen, die Natur sei von einer spirituellen Kraft durchdrungen, die insbesondere an heiligen Orten und in sakralen Gegenständen wirksam ist. Sie wollten die Religion läutern, und zu dieser Läuterung gehörte die Entzauberung der Welt.[33] Die spirituelle Dimension gebührte allein dem Menschen. Umgekehrt war die von göttlichem Gesetz durchwaltete Natur außerstande, auf menschliche Zeremonien, Beschwörungen und Kulte zu reagieren; in spiritueller Hinsicht war sie neutral oder indifferent und trug keine spirituelle Kraft in sich, die von ihr hätte ausgehen können.

Auf diese Weise wurde die protestantische Reformation zur Wegbereiterin der mechanistischen Revolution des nachfolgenden Jahrhunderts. Die Natur war nun entzaubert und die materielle Welt vom lebendigen Geist getrennt. Die Vorstellung vom Universum als einer gigantischen Maschinerie passte ebenso ins Konzept der protestantischen Theologie wie die Reduktion des Seelenreichs auf einen kleinen Bezirk im menschlichen Gehirn. Wissenschaft und Religion konnten fortan getrennt agieren: Die Wissenschaft beanspruchte für sich die gesamte Naturwelt einschließlich des menschlichen Körpers, während sich die Religion der moralischen und spirituellen Seite der menschlichen Seele annahm.

Mit der wissenschaftlichen Revolution des 17. Jahrhunderts wurde die Natur maschinengleich, bewusstlos, unbelebt und büßte jeden ihr innewohnenden Sinn ein. Die Welt-Maschine war ursprünglich von Gott geschaffen, und nachdem sie einmal in Gang gesetzt war, lief sie automatisch weiter. Gottes Hauptaufgabe lag im Bereich des Übernatürlichen, in der Welt der Engel, Geistwesen und der menschlichen Seele, wobei er gelegentlich in die Abläufe der Natur eingriff, indem er deren Gesetze aufhob und Wunder wirkte. Sogar Isaac Newton glaubte, dass die Umlaufbahnen der Planeten hin und wieder der Korrektur durch übernatürliche Maßnahmen bedürften.

Gegen Ende des 18. Jahrhunderts wurde die Himmelsmechanik präziser. Ihre Theoretiker mussten sich nun nicht mehr auf numinose Nachbesserungen an deren Konstruktion berufen, und Gott wurde für das Verständnis der Funktionsweise der Natur entbehrlich. Seine Rolle beschränkte sich immer mehr auf den Beginn und das Ende der Zeiten. An deren Anfang stand er als ihr Schöpfer und am Ende als Vertreter des Jüngsten Gerichts. Seine religiöse Funktion war vor allem moralischer Natur.

Gott wurde zunehmend weltentrückt. Im 18. Jahrhundert übernahmen viele Vertreter der Aufklärung wie Voltaire oder Thomas Jefferson und Benjamin Franklin die Philosophie des Deismus, in der die Weltabgeschiedenheit Gottes explizit zum Ausdruck kam. Zwar hatte er ursprünglich die Maschinerie der Natur nach rationalen Plänen und Gesetzen geschaffen, aber er reagierte nicht auf die menschlichen Andachten und Gebete. Für die regelmäßigen Gottesdienste der christlichen oder irgendeiner anderen Religion bot er keinerlei Grundlage. Von hier aus war es nur noch ein kleiner Schritt zum Atheismus. Mit der Annahme, dass das Universum ewig war und keines Schöpfers bedurfte, wurde auch noch der deistische »Restgott« überflüssig.

Die romantische Gegenbewegung

In ihren Anfängen wurde die mechanistische Vision der Natur freudig begrüßt. Für die Rationalisten des 18. Jahrhunderts war die Natur ein vernunftgemäßes Ordnungssystem, wie es sich am deutlichsten in den von Newton beschriebenen Bewegungen der Planeten zeigte. Die Natur war einheitlich, symmetrisch und harmonisch. Sie konnte durch den Verstand ergründet werden, und tatsächlich war sie die eigentliche Basis von Vernunft und Ästhetik:

> Zuerst folge der Natur, und bilde dein Urteil
> Nach ihrem Maß, das sich von jeher gleicht:
> Unfehlbare Natur, stets von göttlichem Glanz,
> Ein hell und unwandelbar strahlend' Licht.
> *(Alexander Pope, 1711)*

Gegen Ende des 18. Jahrhunderts verkehrte sich diese Naturauffassung nahezu ins Gegenteil. Von unbekannten, mitunter dunklen und beunruhigenden Seinskräften getragen, galt die Natur nun als regellos, asymmetrisch und unabsehbar vielgestaltig. In England kam dieser Wandel der Perspektive auch in der Landschaftsgärtnerei zum Ausdruck. Anstelle geometrisch zurechtgestutzter Ziergärten war das Ideal jetzt die Natur in ihrer ursprünglichen Wildheit, die man in der Gartenkunst zu imitieren versuchte. Modelle für diesen neuen Gartenstil fand man in der Landschaftsmalerei, aber auch in chinesischen Gärten.

Auch die Einstellung gegenüber der ungezähmten Natur selbst veränderte sich radikal. Unseren Vorfahren galten Wälder, Gebirge und ursprüngliche Landschaften meist als gefährliche Orte. Im 17. Jahrhundert beschrieben Reisende das Gebirge häufig als »furchtbar«, »abscheulich« und »garstig«.[34] Noch bis zum Ende des 18. Jahrhunderts erregte die wilde, ungezähmte Natur das Missfallen der meisten Europäer: »Es gibt wohl nur wenige, die nicht die emsig bestellten Landstriche den erhabensten unter den groben Hervorbringungen der Natur vorziehen werden«, schrieb William Gilpin (1724–1804) im Jahr 1791.[35] Auch Samuel Johnson (1709–1784) teilte die allgemeine Ansicht und sagte über das schottische Hochland: »Wessen Auge an blumige Weiden und wogende Felder gewöhnt ist, der ist befremdet und abgestoßen vom Anblick dieser trostlos unfruchtbaren Weiten.«[36]

Das neue Gefallen an der wilden Natur war ein Bildungsphänomen, das von literarischen und künstlerischen Vorbildern inspiriert war. Landschaften waren malerisch, weil sie Gemälden glichen, und sie waren romantisch, weil sie Fantasien von der romanhaften Welt längst vergangener Zeiten weckten.

Zu Beginn des 19. Jahrhunderts führte die romantische Vorliebe für unberührte Natur zu einer Abneigung gegen menschliche Eingriffe. Der Landschaftsmaler John Constable schrieb 1822: »Ein Herrenpark ist mir ein Gräuel. Darin ist keine Schönheit, weil keine Natur.«[37] Romantische Natur erlebte man am besten in der Einsamkeit, und ein Teil ihrer Anziehung machte ihre Abgeschiedenheit aus, die Entfernung von der lärmenden Geschäftigkeit der Städte. Als das Reisen bequemer wurde, legten viele wohlhabende Engländer neuerdings Wert auf den Besuch wildromantischer Orte. Der englische Dichter Robert Southey (1774–1834) schrieb 1807:

> Innerhalb der letzten dreißig Jahre ist eine Vorliebe für das Pittoreske aufgekommen, und es wird nun als unverzichtbar angesehen, sich während der Sommermonate auf Reisen zu begeben (...) Während ein Teil der von der neuen Mode beseelten Scharen der Küste zustrebt, zieht es andere in die walisischen Berge, zu den Seen der nördlichen Provinzen oder nach Schottland (...) und all das, um das Pittoreske zu erforschen, eine neue Wissenschaft, für die eine neue Sprache geschaffen wurde und für welche die Engländer einen neuen Sinn in sich entdeckt haben, den ihre Väter gewiss nicht besessen hatten.[38]

In der Mitte des 19. Jahrhunderts glaubten viele Menschen, das Alleinsein in einer natürlichen Umgebung sei der spirituellen Erholung von Städtern zuträglich. Etwas unberührte Natur müsse für das seelische Wohlbefinden des Einzelnen wie der Gesellschaft als Ganzes erhalten bleiben.

William Wordsworth (1770–1850) war der einflussreichste

unter den romantischen Dichtern Englands. Immer wieder beklagte er den Verlust der Verbindung mit dem göttlichen, überweltlichen Reich, zu dem kleine Kinder noch Zugang haben. In seiner Ode »Hinweise auf die Unsterblichkeit aus Erinnerungen an die frühe Kindheit« heißt es:

Es gab die Zeit, da Wiese, Fluss, des Waldes Saum,
auch wenn es ungewöhnlich nicht,
was ich da konnte schau'n,
gekleidet schien mir in ein Himmelslicht ...

Die Schatten des Gefängnisses sich langsam schließen,
sobald der Junge wächst heran,
noch nimmt er wahr das Licht und sieht's vom Ursprung fließen
in seiner Freude Überschwang.
Dem jungen Mann von Osten täglich länger wird die Spur,
noch ist er Priester der Natur
und jene visionäre Kraft
begleitet seine Wanderschaft.
Wie schwach und schwächer sie ihm wird, der Mann noch spürt,
bis sich der Glanz im Licht des Alltags ganz verliert.[39]

Wie in Europa entwickelte sich unter dem Einfluss von Literatur und Kunst auch in Amerika ein romantischer Natursinn. Es war vor allem Ralph Waldo Emerson (1803–1882), der 1836 in seiner Essaysammlung *Nature* eine neue Vision von der Beziehung des Menschen zur Natur vermitteln wollte. Anstatt zu versuchen, der Natur ihr historisch bedingtes Bewusstsein aufzuprägen, sollten die Amerikaner ihr wahres, lebendiges Verhältnis zum Land entdecken. Dabei wusste Emerson, dass diese ehrfürchtige Haltung gegenüber der Natur etwas Seltenes war:

> Um die Wahrheit zu sagen, wenige Erwachsene können die Natur sehen (…) Derjenige ist ein Naturliebhaber, dessen innere und äußere Sinne noch wahrhaft übereinstimmen; wer sich den Geist der Kindheit noch bis hinein in die Jahre des Mannesalters erhalten hat (…) In den Wäldern streift der Mensch seine Jahre ab wie die Schlange ihre Haut und ist, in welchem Jahre seines Lebens er auch stehen mag, doch immer ein Kind. In den Wäldern ist immerwährende Jugend (…) Auf der bloßen Erde stehend, durchfluten mich die Ströme des universalen Seins; ich habe teil an Gott.[40]

Durch den Bau von Eisenbahnlinien und die wirtschaftliche Entwicklung wurden um 1850 die unbesiedelten Landstriche Amerikas immer weiter erschlossen. Die Wildnis war nun nichts Selbstverständliches mehr. Der Schriftsteller und Philosoph Henry David Thoreau (1817–1862), ein Schüler Emersons, war einer der Ersten, die darin eine Bedrohung für die unberührte Natur sahen. Er schlug, wenn auch vergeblich, vor, dass jede Stadt in Massachusetts ein 500 Morgen großes Waldgebiet für alle Zeiten in seiner Ursprünglichkeit bewahren solle. Der bedeutendste unter den von Emerson inspirierten Naturliebhabern und -schützern war John Muir (1838–1914). Er war Mitbegründer des Sierra Club, der ältesten und größten Naturschutzorganisation der Vereinigten Staaten, und setzte sich erfolgreich für die Schaffung des Yosemite-Nationalparks ein (siehe 4. Kapitel).

Ein Grundzug der romantischen Naturauffassung war ihre Ablehnung mechanischer Metaphern. Natur war lebendig, nicht tot und maschinenmäßig. Der Dichter Percy Shelley (1792–1822) war ein romantischer Atheist, der sich als solcher mehr gegen die Religion als gegen die Spiritualität wandte. Er zweifelte nicht an einer lebendigen Kraft in der Natur, die er »Seele des Universums«, »allgenügende Kraft« oder »Geist der Natur«

nannte. Darüber hinaus war er einer der ersten Befürworter des Vegetarismus, weil er Tiere als fühlende Wesen achtete.[41]

Es gab auch romantische Deisten, unter ihnen führende Vertreter der Evolutionstheorie. Charles Darwins Großvater, Erasmus Darwin (1731–1802), vertrat die Ansicht, dass Gott das Leben oder die Natur mit einer schöpferischen Kraft versehen habe, die fortan keiner göttlichen Führung oder Intervention bedürfe. In seinem 1794 erschienenen Buch *Zoonomia* stellte er die rhetorische Frage:

> (...) sollte es wohl zu kühn sein, sich da vorzustellen, dass alle warmblütigen Tiere aus einem einzigen lebenden Filamente entstanden sind, welches die erste große Ursache mit Animalität begabte, mit der Kraft, neue Teile zu erlangen, begleitet mit neuen Neigungen, geleitet durch Reizungen, Empfindungen, Willen und Assoziationen, und welches so die Macht besaß, durch seine ihm eingepflanzte Tätigkeit sich zu vervollkommnen, diese Vervollkommnungen durch Zeugung der Nachwelt zu überliefern! Eine Welt ohne Ende![42]

Für Erasmus Darwin waren lebende Wesen also der Selbstvervollkommnung fähig, wobei die Errungenschaften der Elterngeneration auf deren Nachkommen übergingen. Auch Jean-Baptiste de Lamarck (1744–1829) vertrat 1809 in seiner *Zoologischen Philosophie* die Ansicht, dass Tiere in der Anpassung an ihre Umwelt neue Verhaltensweisen entwickeln, die sie dann an ihre Nachkommen weitergeben. Eine dem Leben innewohnende Kraft schafft ihm zufolge immer komplexere Organismen, was deren Höherentwicklung zur Folge hat. Nach Lamarck hat die Lebenskraft einen »höchsten Urheber«, und dieser schuf »eine Ordnung der Dinge, die allem, was wir sehen, nach und nach seine Existenz gab«.[43] Wie Erasmus Darwin war auch Lamarck ein romantischer Deist. Dasselbe gilt für den schottischen

Schriftsteller und Verleger Robert Chambers (1802–1871), der in seinem erfolgreichen, 1844 anonym veröffentlichten Buch *Natürliche Geschichte der Schöpfung des Weltalls, der Erde und der auf ihr befindlichen Organismen, begründet auf die durch die Wissenschaft errungenen Thatsachen*[44] eine deistische Evolutionstheorie vertrat. Ihr zufolge entwickelt sich alles in der Natur aufgrund eines gottgegebenen »Schöpfungsgesetzes« auf eine höhere Ebene hin.[45] Seine Thesen waren sowohl innerhalb der Kirche als auch der Wissenschaft umstritten, aber ebenso wie die Theorie von Lamarck wirkten sie auf Atheisten anziehend, weil es darin keinen göttlichen Weltenformer mehr gab.

Manche Menschen setzen ihre Erfahrung der mehr-als-menschlichen Welt mit Gott gleich, andere sehen darin die Natur im Gegensatz zu Gott, und wieder andere (ich selbst eingeschlossen) sehen Gott in der Natur und Natur in Gott – ein Weltbild, das man »Panentheismus« nennt. Die unterschiedlichen Weltbilder lassen sich in eine Übersicht bringen (siehe Tabelle).

WELTBILD	**GOTT**	**NATUR**	**EVOLUTION**
Christliches Mittelalter	Wechselbeziehung	Lebender Organismus	Nein
Früh-mechanistisch	Wechselbeziehung	Maschine	Nein
Deismus der Aufklärung	Nur Schöpfer	Maschine	Nein
Romantischer Deismus	Nur Schöpfer	Lebender Organismus	Ja
Romantischer Atheismus	Kein Gott	Lebender Organismus	Ja
Materialismus	Kein Gott	Maschine	Ja
Panentheismus	Wechselbeziehung	Lebender Organismus	Ja

Die heimlichen Göttinnen des Materialismus

Die Natur ist weiblich und wird in ihrer personifizierten Form zur »Mutter Natur«. Das lateinische *natura* bedeutet so viel wie »Geburt« oder »(natürliche) Beschaffenheit«. Viele Menschen, die mit dem »Gottvater« etwas Negatives verbinden, wenden sich der Großen Mutter zu, weil sie sich hier besser aufgehoben fühlen. Andere – wie auch ich selbst – sehen keine Notwendigkeit, zwischen »Vater« und »Mutter« zu wählen, und schon die explizite Verwendung beider geschlechtlicher Metaphern spricht dafür, dass sie gleichermaßen von Bedeutung sind. »Vater« und »Mutter« sind korrelierende, aufeinander angewiesene Begriffe.

Wenn die Natur der alleinige Ursprung des Lebens und seiner Evolution war, dann musste man Mutter Natur immer mehr Freiheit und Schöpferkraft zugestehen. Charles Darwin (1809–1882) gelang es, diese romantische oder poetische Vision von der Schöpferkraft der Natur in eine wissenschaftliche Theorie zu verwandeln. Gleich den Romantikern sah Charles Darwin in Mutter Natur den Ursprung aller Lebensformen. Dank ihrer ungeheuren Fruchtbarkeit, ihrer Fähigkeit zur spontanen Verwandlung und Auslese schuf sie eine Lebensfülle, die den intelligenten Entwurf eines göttlichen Maschinenbauers zu erfordern schien. Mit der ihm eigenen Aufrichtigkeit bemerkte Darwin: »Um der Kürze willen spreche ich von der natürlichen Auslese manchmal als einer intelligenten Kraft (...) Auch habe ich vielfach das Wort Natur in personifizierender Weise gebraucht; denn ich habe es für schwierig befunden, diese Zweideutigkeit zu vermeiden.«[46] Seinen Lesern rät er, die Konsequenzen zu ignorieren, die sich aus dieser wechselnden Wortwahl ergeben.

Wenn wir jedoch im Auge behalten, was aus der Personifizierung der Natur folgt, dann sehen wir in ihr die Mutter, aus deren Schoß alles Leben hervorgeht und in den alles Leben zurückkehrt. Sie ist von unermesslicher Fruchtbarkeit, aber nicht minder grausam und fürchterlich, da sie ihre eigenen Kinder verschlingt. Von dieser Fruchtbarkeit tief beeindruckt, sah Darwin gleichwohl in ihrem destruktiven Anteil die ursprüngliche Schöpferkraft der Natur. Die natürliche Selektion, deren Werkzeug der Tod ist, war für ihn »eine unaufhörlich wirkbereite Kraft«.[47] In Indien verkörpert die »schwarze« Göttin Kali diesen zerstörerischen Aspekt der Großen Mutter.

Auch für moderne Materialisten ist die Natur – oder die Materie – der Ursprung aller Dinge: Jegliches Leben geht aus ihr hervor, und alles Leben kehrt in sie zurück. Tatsächlich stammt das Wort »Materie«, von dem der Materialismus seinen Namen hat, vom lateinischen *materia*, das mit *mater* verwandt ist, dem lateinischen Wort für »Mutter«. Die Natur gebiert uns, umfängt und erhält uns; sie bietet uns Nahrung, Wärme und Schutz. Aber letztendlich sind wir ihr auf Gedeih und Verderb ausgeliefert, denn sie ist ebenso grausam, gleichgültig und gnadenlos, indem sie uns vernichtet und verschlingt. Der Materialismus ist nicht bloß eine philosophische Theorie. Hinter seiner Fassade ist er ein unbewusster Kult der Großen Mutter.

Der neue Animismus

Inzwischen wird die materialistische Theorie der Natur selbst von einigen atheistischen Philosophen infrage gestellt. Diese Theorie geht ja davon aus, dass Materie bewusstlos ist und die einzige Realität darstellt – oder in der allgemeineren Fassung des Physikalismus, einer Variante des Materialismus: Die physische Welt ist bewusstlos und die einzige Realität.

Unter dieser Voraussetzung ist es nahezu unmöglich, die Existenz des menschlichen Bewusstseins zu erklären. Wie kann im Gehirn aus bewusstloser Materie Bewusstsein entstehen? In der modernen Geistesphilosophie nennt man die Existenz des menschlichen Bewusstseins daher das »harte Problem«. Einige ihrer Vertreter sehen im Bewusstsein nur eine »Begleiterscheinung« der Gehirnaktivität, etwas Schemenhaftes, was nichts bewirkt. Andere gehen so weit, die Existenz des Bewusstseins ganz zu leugnen oder als Illusion abzutun.[48] Demgegenüber vertritt eine Minderheit eine traditionell dualistische Position, in der Materie und Bewusstsein als vollkommen verschiedenartig betrachtet werden: Das Bewusstsein ist immateriell und außerhalb von Raum und Zeit. Daraus ergibt sich allerdings das Problem, wie das Zusammenwirken von Geist und Materie zu erklären ist.

Angesichts dessen kommt eine wachsende Zahl von Philosophen zu dem Schluss, dass es nur einen Ausweg aus dem materialistisch-dualistischen Dilemma gibt – so auch der britische Philosoph Galen Strawson[49] und der amerikanische Philosoph Thomas Nagel.[50] Dieser Ausweg heißt »Panpsychismus«, dem zufolge es auch bei Atomen und Molekülen eine primitive Form von Bewusstsein oder Erfahrung gibt (vom griechischen *pãn* für »ganz, all, jeder« und *psychḗ* für »Hauch, Atem, Seele«). Der Panpsychismus meint nicht, dass Atome über Bewusstsein im menschlichen Sinne verfügen, sondern nur, dass es bei ihnen Ansätze von Bewusstsein oder Erfahrung gibt. Vielschichtige Formen von Bewusstsein oder Erfahrung entstehen erst in komplexeren Systemen.[51]

Diese Philosophen behaupten also nicht, dass alle materiellen Objekte wie Tische oder Autos über Bewusstsein, Erfahrungen und eigene Ziele verfügen. Tische und Autos formen, organisieren und erhalten sich nicht selbst, sie kennen keine eigenen Zwecke, sondern werden in Fabriken von Menschen hergestellt, um menschlichen Zwecken zu dienen. Nur sich selbst organisierende Systeme – solche also, die sich selbst formen, organisieren und erhalten wie Atome, Moleküle, Kristalle, Zellen, Pflanzen und Tiere – weisen geistähnliche Aspekte auf. Und diese Aspekte müssen deshalb keineswegs bewusst sein. Unsere eigene mentale Aktivität läuft ebenfalls großenteils unbewusst ab, weshalb wir auch von unserem »Unterbewusstsein« sprechen.

Laut der Philosophie des Panpsychismus kommt es in sich selbst organisierenden Systemen spontan zu komplexeren Formen von Erfahrung. Diese Systeme sind sowohl materiell, das heißt erfahrungslos, als auch zu Erfahrungen fähig. In den Worten von Strawson: »Einstmals gab es relativ schwach organisierte Materie, die sowohl grundsätzlich erfahrungslos als auch erfahrungsfähig war. Aufgrund einer Vielzahl von Prozessen, zu denen auch die Evolution und die natürliche Auslese zählten, organisierte sie sich zu immer komplexeren erfahrungslosen und erfahrungsfähigen Formen.«[52]

Im Unterschied zum gängigen materialistischen Erklärungsversuch, der im Bewusstsein eine aus vollständig unbewusster Materie hervorgegangene Begleiterscheinung oder Illusion sieht, vertreten Strawson und Nagel demnach die Auffassung, dass komplexere Formen von Erfahrung aus weniger komplexen entstehen. Dabei gibt es einen graduellen, aber keinen prinzipiellen Unterschied.

Der Panpsychismus ist kein neues Konzept und im Grunde nur ein anderes Wort für »Animismus«, an den früher die meisten Menschen glaubten und der noch immer viele Anhänger hat. Im mittelalterlichen Europa nahmen Philosophen und Theologen ganz selbstverständlich an, dass die Welt voller beseelter Wesen sei. Pflanzen und Tiere hatten Seelen, Sterne und Planeten waren von Intelligenz gelenkt. Da ist es umso erstaunlicher, dass Strawson den Panpsychismus als Erneuerung des Materialismus betrachtet. Wie Nagel ist auch er weiterhin ein Atheist, der in der Materie die einzige Realität sieht; doch er hat die Definition von Materie so erweitert, dass sie nun auch den Geist mit umfasst. Mit dieser erweiterten, animistischen Form von Materialismus gelangt man aber schon bald weit über die Grenzen des althergebrachten Materialismus hinaus.

Wenn die Natur lebendig ist und wenn das Universum eher einem Organismus als einer Maschine gleicht, dann muss es auf allen Ebenen mit Geist begabte sich selbst organisierende Systeme geben, einschließlich der Erde, des Sonnensystems und der Galaxis – und letztendlich des gesamten Kosmos. Die mehr-als-menschliche Welt schließt dann alle diese Bewusstseinsebenen mit ein.

Lenken wir unser Augenmerk von der Erde zum Firmament, dann erblicken wir als den bedeutsamsten aller Himmelskörper die Sonne. Von unserem Zentralgestirn hängt jegliches Leben auf der Erde ab. Und nehmen wir den Panpsychismus beim Wort, wirft das zwangsläufig neue Fragen auf wie: Ist die Sonne ein Lebewesen? Hat sie Bewusstsein?

Das Bewusstsein der Sonne

Sobald man die Frage danach stellt, ob die Sonne ein Bewusstsein hat, wird einem klar, damit gegen ein wissenschaftliches Tabu zu verstoßen, das uns davon abhalten soll, den Glauben unserer Vorfahren ernst zu nehmen. Während des größten Teils der menschlichen Geschichte hat die Mehrzahl unserer Vorfahren die Sonne für ein bewusstes Wesen gehalten. In einigen Ländern wie Indien und dem antiken Griechenland sah man in der Sonne einen Gott, in anderen wie Japan eine Göttin. Auch in Nordeuropa wurde sie als Göttin verehrt, in der baltischen Mythologie hieß sie »Saule«.

Dieser mythologische Hintergrund spiegelt sich im Geschlecht der Namen für die Sonne wider. In den germanischen Sprachen und so auch im Deutschen ist sie weiblich. In den Mythologien des südlichen Europa und den romanischen Sprachen ist sie männlich – wie im Französischen, wo sie *le soleil* heißt.

Kinder betrachten die Sonne noch ganz unbefangen als bewusstes Wesen und malen sie mit einem Smiley-Gesicht. Wenn von Menschen auf der ganzen Welt die Vorstellung geteilt wurde, die Sonne sei ein lebendiges, göttliches und bewusstes Wesen, so ist das vom modernen materialistischen Standpunkt aus betrachtet keiner ernsthaften Erwägung wert. Dabei handelt es sich um nichts anderes als kindischen Aberglauben, eine animistische Projektion menschlicher Gefühle auf ein seelenloses Objekt – und wenn diese Vorstellung kindlichem Denken entspricht, ist das fast schon ein Beleg für ihre Unhaltbarkeit.

Dessen ungeachtet, gibt es einen unbewusst betriebenen Sonnenkult, der seit Beginn des 20. Jahrhunderts einen ständig wachsenden Zulauf zu verzeichnen hat und damit eine Milliardenindustrie am Leben hält. Sonnenverwöhnte Strände wurden zu Zielen eines Massenansturms von Touristen, die man auch »Sonnenanbeter« nennt. Es ist ein Aspekt unseres modernen Lebens, der sich in den Ferien und an Wochenenden abspielt und einen Teil der romantischen Seite unserer kulturellen Spaltung ausmacht.

Das Dogma von einer Sonne ohne Bewusstsein gehört seit dem 17. Jahrhundert zum eisernen Bestand der Wissenschaft. Der Philosoph René Descartes (1596–1650) *definierte* Materie geradezu als bewusstlos. Das Bewusstsein verbannte er in ein immaterielles Reich, das aus Gott, Engeln und dem menschlichen Geist bestand. Alles andere in der Natur – Sonne, Sterne, Planeten, Tiere und alle menschlichen Körper – war mechanisch und ohne Bewusstsein. Die Sonne und andere Sterne waren also definitionsgemäß bewusstlos, und vom wissenschaftlichen Standpunkt aus gesehen hat sich daran seither nichts geändert.

Wenn aber das Universum mehr einem Organismus als einer Maschine gleicht, dann gilt das auch für unsere Galaxis und unsere Sonne. Im Inneren und auf der Oberfläche weist die Sonne hochkomplexe Muster elektromagnetischer Aktivität auf, weit komplexer als diejenigen im menschlichen Gehirn.

Die meisten Wissenschaftler glauben, dass die elektromagnetische Gehirnaktivität die Schnittstelle zwischen Körper und Geist darstellt. Ebenso könnte die komplexe elektromagnetische Aktivität der Sonne die Schnittstelle zwischen ihrem Körper und ihrem Geist sein. Möglicherweise hat sie ein Bewusstsein, dessen Aktivität physikalisch messbar ist, so wie die elektromagnetischen Muster unserer eigenen Gehirnaktivität messbar sind. Ich kann nicht beweisen, dass die Sonne ein Bewusstsein hat. Andererseits kann ein Skeptiker auch nicht das Gegenteil untermauern.

Undogmatisch betrachtet, ist das Bewusstsein der Sonne eine offene Frage, die weitere Fragen nach sich zieht. Wenn sie ein Bewusstsein hat, warum dann nicht alle Sterne? Und wenn Sterne ein Bewusstsein haben, wie ist es dann mit ganzen Galaxien? Auch Galaxien sind komplexe elektromagnetische Systeme. Das Plasma der Spiralarme wird von gewaltigen elektrischen Strömen und magnetischen Kraftlinien durchzogen, die sich über Millionen von Lichtjahren erstrecken. Möglicherweise stellt das galaktische Zentrum so etwas wie das Gehirn der Galaxie dar, während die Sterne die Zellen des Galaxienkörpers sind. Vielleicht gibt es einen immensen galaktischen Geist, der den vergleichsweise begrenzten Umfang des solaren Bewusstseins bei Weitem überschreitet und dessen Aktivität sich in den elektromagnetischen Feldern bekundet, von denen die Spiralarme durchzogen sind.

Im Jahr 1997 war ich einer der Organisatoren eines Symposiums mit dem Titel »Hat die Sonne Bewusstsein?«, das in den Tagen der Sommersonnenwende in der Grafschaft Devon stattfand.[53] In unserem Tagungshotel kam ein kleiner Kreis zusammen, zu dem ein Kosmologe, ein Physiker, ein Mythologe, ein indischer Philosoph und mehrere Psychologen gehörten. Am Tag der Sonnenwende selbst, also am 21. Juni, standen wir in aller Frühe auf, um dem Sonnenaufgang über Dartmoor beizuwohnen. Während der Dämmerung war es bedeckt und regnerisch, bis die Sonne am Horizont durch die Wolken brach und hinter uns ein vollkommener Regenbogen erschien.

Wenn die Sonne ein Bewusstsein hat, was denkt sie dann? Welche Art von Entscheidungen kann sie treffen? Wir waren der Meinung, dass sich ein Teil ihrer Entscheidungen auf die äußeren Grenzen ihres Körpers, das Sonnensystem beziehen müsse. Das Sonnensystem ist nicht nur vom Sonnenlicht, sondern auch vom Sonnenwind erfüllt – ein Strom energetisch geladener Teilchen, der ständig von den äußeren Schichten der Sonne ausgeht. Schwankungen der Sonnenaktivität wirken sich auch auf die Intensität des Sonnenwinds aus. Sie haben nicht nur Einfluss auf Polarlicht, Ionosphäre und Funkwellen, sondern auch auf die Häufigkeit von Gewittern. Bei besonders starken Eruptionen in Richtung Erde können die gewaltigen Ströme geladener Teilchen zu Stromausfällen führen und einen katastrophalen Zusammenbruch elektrischer Anlagen zur Folge haben. Die amerikanische Raumfahrtbehörde NASA veröffentlicht daher regelmäßig »Weltraum-Wetterberichte«, um vor Sonnenaktivitäten zu warnen, die uns auf der Erde betreffen könnten.[54]

Wenn die Sonne Bewusstsein und Einfluss auf ihren Körper hat, könnte sie das ganze Sonnensystem einschließlich der Erde beeinflussen, indem sie darüber bestimmt, wann und wo sie es zu Sonneneruptionen und koronalen Masseauswürfen kommen lässt. Wenn sie es wollte, könnte die Sonne durch gezielte Eruptionen in Richtung Erde ganze Technologiezweige lahmlegen und gigantische Stromausfälle bewirken. Wir haben weit gespannte Stromnetze, die wie Antennen für die Sonnenimpulse fungieren können. Indem sie Transformatoren durchbrennen lässt, könnte ein starker Anstieg der Sonnenaktivität zu einem weiträumigen Zusammenbruch der Energieversorgung führen, und die Reparaturen würden Monate in Anspruch nehmen.

Die Sonne wirkt sich aber auch in subtilerer Form auf das Leben auf der Erde aus, etwa durch den Elf-Jahres-Zyklus, in dessen Verlauf die Zahl der Sonnenflecken periodisch zu- und abnimmt und sich das Magnetfeld umpolt.

Die Sonne könnte ebenso mit ihren Schwestergestirnen in Beziehung stehen, also den anderen Sternen in unserer Galaxis. Wir wissen so gut wie nichts über interstellare Kommunikation oder darüber, auf welche Weise die Milchstraße als Ganzes auf die Sterne Einfluss nimmt. Dies ist ein weiterer Bereich, in dem das solare Bewusstsein vermutlich eine Rolle spielt.

Wir wissen ebenfalls nicht, welchen Grad von Bewusstsein die Sonne hat. Erstreckt es sich nur auf die Funktionen des Sonnenkörpers selbst? Oder handelt es sich um eine Art von Bewusstsein, das über die Vorgänge im Sonnensystem Bescheid weiß, bis hin zu den menschlichen Aktivitäten in jedem beliebigen Moment? Vielleicht ist die Sonne in der Lage, die Vorgänge auf der Erde unmittelbar über das elektromagnetische Feld zu spüren. Die elektrischen Modulationen in unseren Radio- und Fernsehübertragungen, in unseren Handys und Computern, in unseren Gehirnen und Körpern spielen sich alle innerhalb des elektromagnetischen Feldes der Erde ab, das wiederum in das elektromagnetische Feld der Sonne eingebettet ist – das größere Umgebungsfeld, in das alle Vorgänge auf der Erde eingebunden sind. Wenn das solare Bewusstsein die Vorgänge über dieses Feld erspüren kann, dann könnte es folglich um die Geschehnisse auf der Erde und überall sonst im Sonnensystem wissen.

Können wir mit der Sonne kommunizieren? Gewiss gibt es viele Menschen, die die Sonne verehren, zu ihr beten oder ihr Opfer darbringen, sei es um ihrer selbst willen, sei es, weil sie ein Symbol des göttlichen Lichts darstellt – oder auch aus beiden Gründen.

Im Yoga gibt es eine Übungsfolge namens »Surya Namaskar«

oder »Sonnengruß«. Seit mehr als vierzig Jahren führe ich sie fast jeden Morgen aus, und das ist einer der Gründe für mein besonderes Interesse an der Sonne. Eine andere indische Form der Sonnenverehrung ist das Gayatri-Mantra, das ich schon oft gesungen habe. Es ist ein Gebet, in dem das göttliche Licht der Sonne angerufen wird, mit der Bitte, unserer Meditation Erleuchtung zu schenken.

Aus spiritueller Sicht ist das Sonnenlicht das Licht des All-Geistes, das in der Sonne und allen anderen Sternen erstrahlt. Außer bei Sonnenauf- und -untergang oder wenn wir durch eine spezielle Schutzfolie blicken, sind wir von diesem Licht geblendet und überwältigt. Bei vielen spirituellen Autoren, so auch bei Anselm von Canterbury (um 1033–1109), erscheint die Sonne als gottgleich und Gott als sonnengleich:

> Wahrlich, Herr, dies ist das unzugängliche Licht, in dem du wohnst. Wahrlich, nichts anderes kann es durchdringen, um dich dort vollends zu schauen (...) Mein Verstand kann nicht an dieses Licht herankommen. Zu hell erstrahlt es, er fasst es nicht, und das Auge meiner Seele erträgt es nicht, sich lange darauf zu richten. Es wird geblendet durch den Glanz, überwältigt durch die Fülle, überschüttet durch die Unermesslichkeit, verwirrt durch die Fassungskraft.[55]

Unsere neue Situation

Nie zuvor waren wir in einer vergleichbaren Lage. Während Gott, Bewusstsein und Sinnhaftigkeit im Universum der mechanistischen Wissenschaft keinen Platz mehr haben, hat unsere Vision von der in Raum und Zeit ausgebreiteten Natur eine gewaltige Erweiterung erfahren – von der verschwindend kleinen Welt subatomarer Teilchen, wie sie sich in Teilchenbeschleunigern für einen Augenblick zeigen, bis hin zu den

Abermilliarden von Galaxien in einem Universum, das sich seit mehr als dreizehn Milliarden Jahren entwickelt. Mit der Renaissance des Panpsychismus können diese unermesslichen Weiten des Universums jedoch eine neue, lebendige Bedeutung gewinnen. Die unmittelbare Erfahrung der nichtmenschlichen Natur ermöglicht es uns, über unser begrenztes Selbst hinauszuwachsen, um mit der mehr-als-menschlichen Welt und dem mehr-als-menschlichen Bewusstsein, das ihr zugrunde liegt, in Verbindung zu treten.

Aber bevor wir uns dabei fernen Galaxien oder der Welt subatomarer Teilchen zuwenden, sollten wir mit etwas Näherliegendem beginnen.

Zwei Übungen zur Kontaktaufnahme mit der außermenschlichen Natur

Ein Platz in der Natur

Suchen Sie sich einen Platz im Freien, an dem Sie sich in Ruhe niederlassen können, wo Sie allein und ungestört sind. Wenn Sie in der Nähe eines Waldes, einer Wiese oder eines Flusslaufs wohnen, suchen Sie sich dort ein passendes Fleckchen. Aber auch der eigene Garten oder eine Dachterrasse kommen infrage. Der Platz sollte jedenfalls nicht zu weit von Ihrem Zuhause entfernt sein, weil Sie es sonst wahrscheinlich nicht schaffen werden, sich regelmäßig dorthin zu begeben.

Die Übung selbst ist einfach: Seien Sie ganz da. Machen Sie sich zu verschiedenen Tages- und Nachtzeiten mit dem Ort vertraut, bei unterschiedlichen Wetterverhältnissen und zu verschiedenen Jahreszeiten. Machen Sie die vier Himmelsrichtungen aus, und beobachten Sie den Sonnenlauf. Lernen Sie die Pflanzen kennen, die dort wachsen, und die Tiere, die dort leben oder sich dort aufhalten. Horchen Sie auf den Wind. Lauschen Sie den Vögeln, und lernen Sie, ihre Gesänge zu unterscheiden.

Der Fährtensucher Jon Young sagt, dass es zwanzig Minuten dauert, bis sich die Tiere der Umgebung an einen Menschen gewöhnen. Wenn er so lange still dasitzt, nehmen sie ihn nicht mehr als Gefahr wahr, und er kann ihre Laute oder Warnrufe hören, vor allem die der Vögel. Wenn Sie im Garten sitzen, werden Sie dadurch vielleicht auf eine umherstreifende Katze aufmerksam. Im Wald verraten Ihnen die Warnrufe der Tiere die Bewegungen oder die Position eines Menschen oder eines anderen Tiers.[56]

Indem Sie sich so auf das lebendige Geschehen an Ihrem Platz in der Natur einlassen, verbinden Sie sich mit der mehr-als-menschlichen Welt, und schon bald werden Sie ein intensiveres Gefühl von Verbundenheit und Zugehörigkeit verspüren.

Die Sonne begrüßen

Begrüßen Sie am Morgen die aufgehende Sonne. Sollte der Himmel bedeckt sein, wenden Sie sich der hinter den Wolken verborgenen Sonne zu. Wenn Ihr Haus oder Garten keine freie Sicht nach Osten zulässt, begrüßen Sie das durch die Fenster einströmende Tageslicht.

Wenden Sie sich, falls dazu Gelegenheit ist, auch im Tagesverlauf der Sonne zu. Blicken Sie dabei niemals direkt in sie hinein. Bei Sonnenauf- oder -untergang können Sie auch direkt zur Sonne schauen, sobald sie nicht mehr zu hell ist. Danken Sie ihr für ihr Licht, und danken Sie dem Ursprung allen Lichtes, der im Sonnenlicht erscheint. Bitten Sie darum, dass Ihre Meditation vom göttlichen Glanz der Sonne erfüllt wird.

4 Unsere Beziehung zu Pflanzen

Mein Vater, der ja ein kräuterkundiger Apotheker war, machte mich mit vielen Pflanzenarten bekannt. Meine erste Aufgabe als Kind bestand darin, Kräuter abzuwiegen und in Beutel zu füllen. Wenn ich als Junge von den meisten Baumarten und häufigen Wildkräutern den Namen kannte, dann habe ich es meinem Vater zu verdanken.

Außerdem war ich in der glücklichen Lage, dass wir nicht nur einen, sondern zwei hübsche Gärten hatten, den ersten schon seit meiner frühen Kindheit. Nahe dem Stadtzentrum meiner Heimatstadt Newark-on-Trent in der Grafschaft Nottinghamshire gab es ein großes, von einer Mauer umgebenes Grundstück, das etwa sechs Gartenparzellen umfasste, von denen wir eine anmieteten. Zur Straße hin war es von der hohen Steinmauer begrenzt, an den anderen Seiten von einer dichten, hohen Hecke. Es gab einige Obstbäume, sodass wir Äpfel, Birnen und Pflaumen ernten konnten. Wir hatten auch Himbeeren und Stachelbeeren, Gemüse- und Blumenbeete. Es gab ein drehbares Gartenhäuschen mit Veranda, das sich auf kreisförmigen Schienen zur Sonne ausrichten ließ. Im Frühling und Sommer war der Garten voller Schmetterlinge und vom Gesang der Vögel erfüllt. Und anders als der Garten vor unserem Haus war dieser lauschige Ort weitab von den Sorgen des Alltags; obwohl nur ein paar Minuten zu Fuß von daheim entfernt, war es eine andere Welt.

Ich habe dort viele Stunden mit meinem Vater und meinem Bruder verbracht und später dann auch allein. In dem Garten konnte ich arbeiten, spielen, Pflanzen betrachten, Vögel beobachten, lesen oder meinen Tagträumen nachhängen. Oft war ich hier glücklich. Aber dann wurde das Gelände als Sportplatz für eine nahe gelegene Schule benötigt. Die Gärten mussten einer getrimmten Rasenfläche weichen, die nun von einem Maschendrahtzaun umgeben war.

Bald darauf starb eine Großtante und vermachte uns ihr Haus in Newark, zu dem ein Garten gehörte, der etwa 100 Meter entfernt war. Auch er lag hinter einer hohen Steinmauer und war an den anderen Seiten von Zäunen und Hecken begrenzt. Er war größer als unser erster Garten, etwa 2000 Quadratmeter, und von einer eigenen tiefen Stille. Es gab Obstbäume und -sträucher, Gemüse- und Blumenbeete und einen großen Rasen, auf dem wir Tennis und Krocket spielten. Ich mochte es, in diesem Garten zu sein, verbrachte aber auch viel Zeit in Wäldern oder an Flüssen und Teichen in der ländlichen Umgebung von Newark, wobei ich ziellos mit meinem Fahrrad umherstreifte. Meine Freunde und ich genossen damals eine Freiheit, wie sie heute nur wenigen Kindern vergönnt ist.

Wie gesagt, hatte ich schon immer eine enge Beziehung zu Pflanzen. In der Schule bevorzugte ich die wissenschaftlichen Fächer und studierte später Biologie und Biochemie in Cambridge, wo ich den Botanikpreis der Universität gewann.[1] In Cambridge verbrachte ich zehn Jahre mit der Erforschung der Pflanzenentwicklung. Später ging ich bekanntlich nach Malaysia, wo ich am Botanischen Institut der Universität Malaya an Pflanzen des Regenwaldes forschte. Und von 1974 bis 1985 arbeitete ich in Indien als leitender Pflanzenphysiologe in einem Institut für landwirtschaftliche Forschung, dem International Crops Research Institute for the Semi-Arid Tropics (ICRISAT) in der Nähe von Hyderabad. Außerdem bin ich Gärtner. Ich habe Dutzende wissenschaftlicher Artikel über Pflanzen verfasst,[2] in diesem Kapitel beschränke ich meine Betrachtungen jedoch auf Blumen und Bäume.

Eine Beziehung zu Pflanzen herzustellen scheint ein menschliches Urbedürfnis zu sein, das in Jahrmillionen evolutionärer und kultureller Entwicklung gewachsen ist. In erster Linie hat das Sammeln oder die Pflege von Pflanzen rein praktische Gründe, die weltlicher und nicht überweltlicher Art sind. Aber Pflanzen können uns die Tür zu einer anderen Dimension des Seins öffnen. Ihre Schönheit verbindet uns mit dem Reichtum und der Vielfältigkeit der Natur, und sie erinnert uns an die schöpferische Kraft des Lebens. Wenn wir wollen, können wir versuchen, uns einzureden, dass all dies eine Frage unbewusster evolutionärer Mechanismen ist. Aber das unmittelbare Erleben der verschiedenen Pflanzenformen kann uns über die Ebene des Denkens hinaustragen und direkt mit der mehr-als-menschlichen Welt verbinden.

Blumen gab es bereits etwa hundert Millionen Jahre, bevor der Mensch in Erscheinung trat, und es waren Insekten, die zuerst ihre Schönheit zu würdigen wussten. Aber entwickelte sich dieser Schönheitssinn in einfachen Nervensystemen als bewusstlose mechanistische Anpassung durch die Kräfte der natürlichen Selektion? Oder haben Insektengehirne und Blumen Zugang zu einer Quelle der Schönheit, die die Natur sowohl durchdringt als auch transzendiert?

Blumen

Die meisten Menschen erfreuen sich an Blumen, und jahrtausendelang hat man in vielen Kulturen geglaubt, dass Götter und Göttinnen ebenso Gefallen an ihnen finden.

Die ägyptischen Säulenkapitelle vieler Tempel von Luxor haben die Form einer Lotosblüte. Trotz des alttestamentlichen Verbots, sich ein »geschnitztes Bild«* zu machen, war der Tempel Salomons mit Pflanzen- und Blumenreliefs geschmückt:

* Zweites Gebot nach der Elberfelder Bibel von 1905 (Anm. d. Übers.).

»Und an allen Wänden des Hauses ringsum schnitzte er eingegrabenes Schnitzwerk von Cherubim und Palmen und aufbrechenden Blumen innerhalb und außerhalb« (1. Könige 6, 29). Auch das Bildverbot in der islamischen Kunst erstreckt sich nicht auf Blumen, und viele Moscheen, Mausoleen und andere Sakralbauten sind mit Blumenmotiven geschmückt, so auch der Tadsch Mahal.

Zahlreiche buddhistische Tempel weisen ebenfalls Darstellungen von Lotosblumen auf, und Buddha selbst wird häufig auf einer Lotosblüte sitzend dargestellt. In buddhistischen Tempeln werden Lotosblüten und andere Blumen als Opfergaben abgelegt. Auch in hinduistischen Tempeln bringt man Göttern und Göttinnen Blumenopfer dar. Christliche Kirchen werden regelmäßig mit Blumenschmuck versehen. Eine wichtige Rolle unter den Aushängen in der Vorhalle vieler englischer Landkirchen spielt der Blumendienst, der angibt, wer an den Sonntagen für die Beschaffung und Anordnung des floralen Schmucks zuständig ist.

In der Bergpredigt sagt Jesus: »Betrachtet die Lilien des Feldes, wie sie wachsen: Sie mühen sich nicht, auch spinnen sie nicht. Ich sage euch aber, dass selbst nicht Salomon in all seiner Herrlichkeit bekleidet war wie eine von diesen« (Matthäus 6, 28–29). Diese Worte sind Teil einer Reihe von Aussagen Jesu über das Vertrauen in Gott, das uns dazu verhilft, im Heute zu leben, anstatt uns über das Morgen Gedanken zu machen.

Die meisten Gelehrten sind sich darin einig, dass Jesus von Feldblumen im Allgemeinen sprach, nicht nur von Lilien. Das Besondere an Feldblumen ist, dass sie von allein wachsen, wie sie es seit Jahrmillionen getan haben. Die meisten Gartenblumen dagegen sind das Ergebnis von Züchtungen. In ihnen kommt das verborgene Potenzial der Wildformen zum Vorschein. Aber wenn sie auch prächtiger als ihre Stammformen sind, so verlangen sie als Produkt menschlicher Auslese doch eine besondere Pflege. Schon zu Jesu Zeiten waren Feldfrüchte, Feigenbäume und Weinreben das Ergebnis jahrtausendealter Anbau- und Ausleseverfahren.

Ein Vorzug bei der Betrachtung von Wildblumen besteht darin, dass sie uns unmittelbar aus der Sphäre menschlicher Arbeitsleistung – des Mühens und Spinnens – herausführt, was der Anblick gezüchteter Blumen nicht unbedingt vermag. Als Gärtner kann auch ich mich an der Schönheit der Gartenblumen erfreuen, und ich verwende viel Zeit auf ihre Pflege. Es gelingt mir aber leichter, mich in den Anblick von Wildblumen zu vertiefen, weil im Garten mein Blick alsbald auf Dinge fällt, die zu tun sind, wie das zu jätende Unkraut. Ein Unkraut ist eine Pflanze, die am falschen Platz wächst, während Wildblumen immer am richtigen Ort stehen. Sie geben mir nicht das Gefühl, dass ich aktiv werden müsste.

Blumen wirklich zu betrachten heißt nicht, ihren Anblick passiv auf sich wirken zu lassen. Dabei ist es hilfreich, mehr über sie zu wissen. Sobald man sich eingehender mit ihnen befasst, wird einem bewusst, dass jede Gattung ihre eigene Art von Blüte hat. Als der schwedische Naturforscher Carl von Linné (1707–1778) die Grundlagen für die moderne Pflanzenklassifizierung schuf, erkannte er, dass Blumen eine Handhabe boten, Pflanzen in Familien einzuteilen. Er klassifizierte sie anhand des sogenannten Sexualsystems, also des Blütenaufbaus mit den männlichen, pollenbildenden Staubblättern und den weiblichen Fruchtblättern mit den Samenanlagen. Um diese Sexualorgane der Blüte sind die Kron- und Kelchblätter angeordnet. Dieses System wirkt auf den ersten Blick wenig plausibel, weil es Pflanzen sehr unterschiedlichen Aussehens zusammenbringt. So gehören zum Beispiel Erbsen und Bohnen zur Familie der Hülsenfrüchtler *(Fabaceae oder Leguminosae)*, die Pflanzenarten ganz verschiedener Größe, Gestalt und Blattform umfasst. Einige sind einjährige krautige Pflanzen wie die Kichererbse, andere sind Schlingpflanzen wie die Feuerbohne, wieder andere Sträucher wie die Straucherbse, noch andere Bäume wie Goldregen oder Akazie. Aber alle haben ähnliche Blüten und bilden Samenhülsen aus.

Pflanzen lassen sich anhand ihrer Blütenstände in wenige Hauptklassen einteilen:

Eine große Pflanzengruppe bilden die Monokotyledonen oder Einkeimblättrigen, zu denen Süßgräser, Bambusgewächse, Palmen, Orchideen, Lilien, Hyazinthen, Hasenglöckchen und Schwertlilien gehören. Trotz ihrer unterschiedlichen Formen haben ihre Blüten einen dreizähligen Grundaufbau mit dreifachem Blütenblatt oder einem Vielfachen davon. Zum Beispiel haben Lilien zweimal drei, also sechs Blütenblätter.

Die andere große Gruppe von Blütenpflanzen bilden die Dikotyledonen oder Zweikeimblättrigen. In einigen Pflanzenfamilien haben die Blüten einen vierzähligen Grundaufbau mit vierfachem Blütenblatt oder einem Vielfachen davon. Zu ihnen zählen die Kreuzblütler (Brassicaceae oder Cruciferae) wie Gemüsekohl, Goldlack und Senfarten. Andere Zweikeimblättrige haben einen fünfzähligen Blütenaufbau mit fünffachem Blütenblatt oder einem Vielfachen davon wie die Rosengewächse (Rosaceae), zu denen auch Apfelbäume, Erdbeeren und Brombeeren gehören. In anderen Pflanzenfamilien bestehen die Blüten aus einer Vielzahl von Einzelblüten, die Gesamtblütenstände bilden wie die Korbblütler oder Asterngewächse (Compositae oder Asteraceae). Zu ihnen gehören zum Beispiel Gänseblümchen und Sonnenblumen.

Zum Glück machen es botanische Gärten heute jedem leicht, bei aller Formenvielfalt die jeweilige Pflanzenfamilie mit den Familienähnlichkeiten zu erkennen. Die meisten dieser Gärten verfügen über systematisch angelegte Beete, in denen verschiedene Pflanzenarten aus derselben Familie zusammenstehen – in einem Beet Hülsenfrüchtler (Fabaceae), in einem anderen Pfingstrosengewächse (Paeoniaceae), in einem weiteren Mitglieder der Familie der Steinbrechgewächse (Saxifragaceae) und so weiter. Auch wenn diese Beete künstlich angelegt sind, stammen doch die meisten Pflanzen aus Wildsammlung. Ich habe viele Stunden damit zugebracht, diese Pflanzensammlungen in meinen Lieblingsgärten zu betrachten: im Botanischen Garten von Kew südwestlich von London und in den Botanischen Gärten der Universitäten von Cambridge und Oxford. In der *Entstehung der Arten* schrieb Charles Darwin:

> Wären schöne Objekte allein zur Befriedigung des Menschen erschaffen worden, so müsste gezeigt werden, dass es, ehe der Mensch erschien, weniger Schönheit auf der Oberfläche der Erde gegeben habe, als seitdem er auf die Bühne gekommen ist (...) Die Blüten rechnet man zu den schönsten Erzeugnissen der Natur; sie sind indessen im Kontrast zu den grünen Blättern auffallend und infolge davon gleichzeitig schön gemacht worden, damit sie leicht von Insekten bemerkt würden. Ich bin zu diesem Schlusse gelangt, weil ich es als eine unwandelbare Regel erkannt habe, dass, wenn eine Blüte durch den Wind befruchtet wird, sie nie eine lebhaft gefärbte Blütenkrone hat (...) Wir können hieraus schließen, dass, wenn Insekten niemals auf der Erdoberfläche existiert hätten, die Vegetation nicht mit schönen Blüten geziert worden wäre, sondern nur solche armselige Blüten erzeugt hätte, wie sie jetzt unsere Tannen,

> Eichen, Nussbäume, Eschen, Gräser, Spinat, Ampfer und Nesseln tragen, welche sämtlich durch die Tätigkeit des Windes befruchtet werden.[3]

Darwin hatte sicherlich recht. In der längsten Zeit ihrer Entwicklungsgeschichte hatten Blumen keinerlei Berührung mit dem Menschen. Die ersten Blumen erschienen vor hundert Millionen Jahren, zur Zeit der Dinosaurier, und sie müssen sich entwickelt haben, weil Insekten und andere Tiere sich an ihrem Anblick erfreut haben. Die Schönheit der Blumen ist abhängig von den Augen der Tiere, was bedeutet, dass sie einen Sinn für Farben und Formen, einen Schönheitssinn haben müssen. Wie sonst lässt sich die Evolution der Blumen erklären?

Die Evolution des Schönheitssinns

Der Schönheitssinn von Tieren kann sich ursprünglich sehr wohl in Bezug auf Mitglieder der eigenen Spezies entwickelt haben. Die meisten Arten zeigen wenig Interesse an Blumen, und gegengeschlechtliche Exemplare der eigenen Gattung stehen bei ihnen im Zentrum der ästhetischen Orientierung. Nehmen wir etwa einen Pfauenhahn. Sein Federschmuck hat sich lange vor dem Erscheinen des Menschen auf der Erde entwickelt. Es gibt ihn, weil weibliche Pfauen ihn schön finden und weil männliche Pfauen damit um die Gunst der Weibchen werben. Im Übrigen ist er allerdings sehr hinderlich. Als ich in Indien lebte, habe ich einmal beobachtet, wie ein Hund immer wieder einem Pfau nachstellte. Der Pfau ergriff die Flucht, erhob sich dabei schwerfällig in die Luft und konnte so eine Zeit lang knapp entkommen. Aber eines Tages erwischte der Hund ihn bei seinen Schwanzfedern. Das Pfauengefieder ist folglich ein großer Nachteil bei der Flucht vor Hunden und anderen Raubtieren, aber es leistet gute Dienste bei der Balz.

Darwin nannte dieses Phänomen »geschlechtliche Auslese« und erklärte es anhand des Nützlichkeitsprinzips:

> Auf der anderen Seite gebe ich gern zu, dass eine große Anzahl männlicher Tiere, wie alle unsere prächtigst geschmückten Vögel, manche Fische, Reptilien und Säugetiere und eine Schar prachtvoll gefärbter Schmetterlinge, der Schönheit wegen schön geworden sind; dies ist aber nicht zum Vergnügen der Menschen bewirkt worden, sondern durch geschlechtliche Selektion, das heißt, es sind beständig die schöneren Männchen von den Weibchen vorgezogen worden. Dasselbe gilt auch von dem Gesang der Vögel.[4]

Während aber die darwinsche Evolutionstheorie den Überlebensvorteil erklären mag, bietet sie keine Begründung für den Schönheitssinn selbst. Was ist das für ein Schönheitssinn, den der Mensch mit vielen anderen Tierspezies teilt? Woher stammt er? Die Antwort darauf hängt vom weltanschaulichen Standpunkt ab.

Aus der Sicht des Materialismus kennt das Universum nur neuronale Mechanismen in Tiergehirnen, die im Fall von Bienen und Schmetterlingen sehr klein sind. Das wirft aber die Frage auf, wie sich die verschiedenen Erlebnisqualitäten entwickelt haben. Ist die Art und Weise, wie Tiere auf Farben, Formen und Gerüche reagieren, nichts anderes als das Resultat zufälliger Mutationen und natürlicher Auslese? Ist die anziehende oder abstoßende Wirkung, die von Sinnesreizen ausgeht, nichts weiter als das Ergebnis eines genetisch programmierten Nervenmechanismus? Materialisten beantworten diese Fragen mit »Ja«.

Glaubt man hingegen, dass der Natur Bewusstsein innewohnt, ergibt sich daraus ein anderer Ausgangspunkt. Aus der

Sicht des Panpsychismus sind Insekten und andere Tiere bewusst und haben einen Geist, der imstande ist, Schönheit wahrzunehmen. Unser eigener Geist hat teil an einem Schönheitssinn, der im ganzen Tierreich verbreitet ist, und viele der Formen und Farben, die auf andere Tiere anziehend wirken, sprechen auch uns an. Blumen und viele Tiere sind »der Schönheit wegen« schön, wie Darwin es ausdrückte. Aber was bedeutet »der Schönheit wegen«?

Hat Schönheit ihren Ursprung allein in der Natur, oder reicht sie über die Natur hinaus? Gibt es einen transzendenten Geist jenseits von Raum und Zeit? In der auf Plato zurückgehenden philosophischen Tradition umfasst diese letzte Wirklichkeit den urbildlichen Ursprung des Wahren, Guten und Schönen. Alle Schönheit der Natur stammt von diesem überweltlichen Geist her, dem letzten Ursprung aller Formen. In der christlichen Theologie ist dieser überweltliche Geist der Geist Gottes. Im katholischen Katechismus heißt es: »Darum widerspiegeln die vielfältigen Vollkommenheiten der Geschöpfe (ihre Wahrheit, ihre Güte, ihre Schönheit) die unendliche Vollkommenheit Gottes.«[5]

Aber nicht nur innerhalb der katholischen Kirche, sondern auch in den meisten, wenn nicht allen religiösen Traditionen hat der Geist der Tiere und Menschen seinen letzten Ursprung im Bewusstsein, das dem Universum zugrunde liegt und in der gesamten Natur präsent ist. Der Geist eines Insekts entstammt also letztlich diesem Ursprung allen Bewusstseins, und nicht anders verhält es sich mit dem menschlichen Geist in all seiner Verschiedenheit. Die gesamte Natur ist ein Abbild des Schöpfergeistes. Das ist eine traditionelle Sichtweise im Christentum, im Islam und im Hinduismus.[6] Alle Erlebnisqualitäten, die wir erfahren – die Farbe Grün etwa oder der Lavendelduft –, sind im Geist Gottes präsent. Wir haben Anteil an der göttlichen Erfahrung der Erlebnisqualitäten.

Für den Mystiker und Theologen Anselm von Canterbury, von 1093 bis zu seinem Tod im Jahre 1109 Erzbischof von Canterbury, war Gott »dasjenige, über das hinaus nichts Größeres gedacht werden kann«. In Gott sind alle denkbaren Möglichkeiten eingeschlossen. Ein Gott, der einen Rosenduft nicht wahrnehmen könnte, wäre ein geringerer Gott als einer, der dazu in der Lage ist. Gott fasst also alle Rosendüfte in sich, alle Farben und Formen und alle anderen Eigenschaften, die vom Menschen und von Tieren erlebt werden. Alle Eigenschaften sind im göttlichen Geist.[7]

Nach dieser Art zu denken ist der Geist der Tiere, einschließlich der Insekten, die Seinsgrundlage für die Schönheit der Blumen. Mit ihrem Geist haben sie teil am göttlichen Sein und helfen somit auch, die Schönheit der Blumen hervorzubringen. Mit ihrem Geist und Schönheitssinn haben sie teil am Wesen Gottes als dem letzten Ursprung des Wahren, Schönen und Guten. Gott ist kein Ingenieur, der eine für sich bestehende mechanische Welt erschaffen hat, wie es einige mechanistisch denkende Theologen vertreten haben. Gott ist in der Natur, in jedem Teil von ihr, so wie die Natur in Gott ist und an Gottes Sein und Bewusstsein teilhat.

Als Jesus uns aufforderte, »die Lilien des Feldes zu betrachten«, lud er uns damit ein, durch den Anblick der Feldblumen in der göttlichen Präsenz zu leben. Wildblumen ermöglichen es uns, unmittelbar Gott in der Natur und die Natur in Gott zu erfahren.

Heilige Haine und Nationalparks

Lange bevor Menschen Gärten angelegt haben, gab es heilige Haine, in denen etwas vom paradiesischen Urzustand bewahrt blieb, und in vielen Teilen der Welt gibt es sie heute noch. Als unsere Ahnen das Land urbar machten, um Siedlungen oder Ackerflächen anzulegen, blieben einige Areale unberührt und dienten so als Zuflucht für Wildtiere, aber auch für Geistwesen, Götter und Göttinnen. In Indien gibt es noch heute Tausende von heiligen Hainen, in deren Mitte oft Tempel oder Heiligtümer stehen. Einige scheinen so alt zu sein wie die Induskultur der Bronzezeit, die sich etwa zwischen 2800 und 1800 v. Chr. entwickelte. Andere gehen auf die Zeit der ersten Stammessiedlungen zurück.[8] Viele dieser Haine sind von einer artenreichen Flora und Fauna und einige von ihnen letzte Rückzugsgebiete für bedrohte Arten. Auch in Europa gibt es viele solcher Orte, und an manchen hat man Kirchen errichtet.

Im Heiligen Land boten heilige Haine, die nicht selten auf Hügeln standen, Zufluchtsstätten, die »vom dichten Laub ehrwürdiger Bäume beschattet« waren. Viele Generationen nachdem sich die Israeliten in Palästina niedergelassen hatten, nahmen Menschen dort »Zuflucht, um Opfer darzubringen; und dort unter dem Schatten alter Eichen oder Terebinthen [eine Art Pistazienbaum] wurden sie in ihrem Gottesdienst von frommen Propheten und Königen angeleitet, nicht allein ohne sich damit gegen Gott zu vergehen, sondern mit der inneren Gewissheit des göttlichen Beifalls und Segens«, schrieb James Frazer in seinem faszinierenden Buch *Die Arche: Biblische Geschichten im Lichte der Völkerkunde*.[9] Zunächst wurde diese Form von Gottesdienst auch nach Errichtung des Jerusalemer Tempels im 10. Jahrhundert v. Chr. fortgeführt. Seit dem 7. Jahrhundert v. Chr. jedoch war der Gottesdienst in den Hainen von den hebräischen Propheten geächtet, die nun bestrebt waren, den Stadttempel zum Zentrum der jüdischen Religion zu machen.

Unter den heiligen Hainen Europas ist mir das Heiligtum von Sainte-Baume im Süden Frankreichs der liebste. In einer hohen Felswand liegt der Eingang zu einer tiefen Grotte, in der Maria Magdalena die letzten dreißig Jahre ihres Lebens verbracht haben soll. Neben der Höhle gibt es ein kleines Kloster und in ihrem Inneren eine Quelle, einen Heiligenschrein und einen Altar. Umgeben ist der Ort von einem Laubwald aus Buchen, Eichen und anderen Baumarten, der für ein feuchtes und kühles Mikroklima sorgt, das für die Provence mit ihrer ansonsten trockenen und struppigen Vegetation eher ungewöhnlich ist. Dieser heilige Hain muss schon lange vor seiner Christianisierung bestanden haben, der er seine Bewahrung verdankt, und ist bis heute ein wichtiger Wallfahrtsort.

Die kleinste Form eines heiligen Haines, so könnte man sagen, ist ein heiliger Baum. In Indien stehen in vielen Dörfern und Tempeln heilige Bäume, häufig handelt es sich dabei um einen Banyan-Baum (Ficus benghalensis), eine Feigenart und der Nationalbaum Indiens, oder eine Pappelfeige (Ficus religiosa), auch bekannt als Bodhi-Baum – der Baum, unter dem Buddha Erleuchtung erlangte. In Japan stehen Kirschbäume im Zentrum des Hanami (wörtlich »Blütenbetrachtens«), des traditionellen Kirschblütenfests im Frühling.

Im Heiligen Land zählten Eichen und Terebinthen zu den heiligen Bäumen. Als Gott zum ersten Mal Abraham erschien, war dies unter einem Baumorakel, einer Eiche oder Terebinthe bei Sichem, wo Abraham einen Altar errichtete (Genesis 12, 6–9). Später lagerte er bei den Eichen oder Terebinthen von Mamre, wo er einen weiteren Altar errichtete (Genesis 13,18). Wieder erschien ihm Gott unter diesen Bäumen und verhieß ihm, dass sein betagtes Weib Sara ihm einen Sohn gebären werde (Genesis 18,1–10). Die abrahamitischen Glaubenslehren haben ihre Wurzeln also in heiligen Hainen.

In Großbritannien zählten Eichen zu den heiligen Bäumen der vorchristlichen druidischen Religion, und vielen alten Eichen begegnet man hier noch immer mit Ehrfurcht. Die ältesten Bäume in Großbritannien sind Eiben, die zur Zeit der Druiden ebenfalls als heilig galten und von denen die imposantesten Exemplare in Kirchhöfen stehen. In Compton Dundon, einem Dorf in der Grafschaft Somerset, gibt es eine etwa

1700 Jahre alte Eibe, die damit fast tausend Jahre älter ist als die Kirche, die man ihr vor etwa 750 Jahren zur Seite gestellt hat.

Die ersten griechischen Tempel waren Bauten aus Lehm und Holz mit Baumstämmen als Säulen. Als man später Tempel aus Stein errichtete, trugen die korinthischen Säulen Kapitelle mit stilisierten Blättern. Auch römische, byzantinische und gotische Säulen waren häufig mit Blattornamenten verziert, worin man eine Reminiszenz an die ursprüngliche Verwendung von Baumstämmen als Säulen sehen kann. Und in vielen gotischen Kathedralen erinnern die Säulen mit den Gewölbebögen nicht nur an heilige Haine, sondern aus den steinernen Ornamenten lugen auch geheimnisvolle »grüne Männer« hervor, Pflanzenwesen mit Gesichtern aus Laub oder Mündern, aus denen Blätter wachsen, wie bei Waldgeistern.[10] Und so ergibt sich eine doppelte Metaphorik, nach der man heilige Haine als Kathedralen und Kathedralen als heilige Haine betrachten kann.

Auch wenn die Wildnis Nordamerikas im Zuge der Besiedlung durch protestantische Einwanderer entweiht wurde, setzte sich seit dem 19. Jahrhundert doch eine zunehmend einflussreiche Minderheit für ihren Schutz in Naturreservaten ein. Die Idee der heiligen Haine erlebte eine Renaissance. Der schon erwähnte Henry David Thoreau beschrieb in *Walden* seine Naturerlebnisse in den Wäldern um den See Walden Pond in Massachusetts. Er war davon überzeugt, dass wir »die Wildnis als Stärkungsmittel brauchen«. Als der nahe gelegene Ort Concord expandierte und die umliegenden Wälder gerodet wurden, um Ackerland und Brennholz zu gewinnen, drang er wie gesagt auf deren Schutz: »Jede Stadt sollte einen Park oder vielmehr einen ursprünglichen Wald von fünfhundert oder tausend Morgen haben, in dem niemals ein Ast als Brennmaterial gesägt werden sollte, als ein auf immer zu bewahrender Besitz der Allgemeinheit, zu deren Belehrung und Erholung.«

Diese Anregung wurde zu seinen Lebzeiten ignoriert, aber sie inspirierte die amerikanische Naturschutzbewegung und verlieh seinen Naturerlebnissen eine tiefere religiöse Dimension: »Stets sehe ich es als meine Aufgabe an, wachen Sinnes Gott in der Natur zu finden, seine Schleichwege zu kennen, all den Oratorien und Opern der Natur beizuwohnen.«[11]

Seinem ebenfalls bereits genannten Schüler John Muir offenbarte sich in der Natur der Geist Gottes. Er trennte strikt zwischen Natur und Zivilisation, wobei er der Natur den höheren Wert beimaß.[12] Muir wurde zu einem sehr erfolgreichen Naturschutzaktivisten, ist Mitbegründer des besagten Sierra Club und setzte sich für die Gründung des ersten Nationalparks der USA ein, Yosemite, sowie des Sequoia-Nationalparks, die beide 1890 geschaffen wurden. Er avancierte damit zum eigentlichen Vater der amerikanischen Nationalparks, und mehrere Naturschutzgebiete tragen heute seinen Namen, etwa die Muir Woods mit dem angrenzenden Muir Beach. Der John Muir Trail, ein 340 Kilometer langer Fernwanderweg entlang der Sierra Nevada in Kalifornien, verläuft durch mehrere Nationalparks und fast ausschließlich durch ausgewiesene Naturschutzgebiete.

Sowohl Thoreau als auch Muir verglichen die von ihnen so verehrten Naturlandschaften mit Sakralbauten. In seinem *Tagebuch* spricht Thoreau von den »stillen und etwas düsteren Gängen einer Waldkathedrale«, und Muir sah in Yosemite eine »Kathedrale der Natur«. So heißt einer der Berge auch wirklich »Cathedral Peak«, und Muir beschrieb ihn als »majestätischen Tempel mit Türmen und Zinnen von der regelmäßigen Gestalt einer Kathedrale«.[13] Für Muir waren Berglandschaften Gottes erhabenste Schöpfungen: »Hier scheint Gott stets sein Bestes zu geben und sein Werk wie ein Mensch in seiner glühenden Begeisterung zu verrichten.«[14]

Die Nationalparks waren eine neue Art von heiligen Hainen bisher unbekannten Ausmaßes, und für Muir waren sie tatsächlich Heiligtümer, die eine neue Weihe empfangen hatten. Yosemite galt ihm als ein Paradies, »das sogar den Verlust des Gartens Eden als unerheblich erscheinen lässt«.[15] Heute gibt es überall in den USA und vielen anderen Ländern der Welt Nationalparks oder Naturschutzgebiete. Es sind Orte, an denen spirituelle, ästhetische und wissenschaftliche Interessen zusammenkommen, und einige werden von Ökologen intensiv erforscht. Manche von ihnen sind ausgedehnt, andere klein. In Großbritannien sind einige der kleineren Naturschutzgebiete offiziell als »Sites of Special Scientific Interest (SSSI)« ausgewiesen, von denen es mehr als 4500 gibt.[16] Das wissenschaftliche Interesse ist teilweise geologischer Art, mit dem Ziel, bestimmte Erdformationen zu bewahren. Überwiegend geht es aber um biologische Aspekte: einerseits um den Erhalt von Lebensräumen einzelner Tierarten wie von Molchen, Libellen oder bestimmten Vogelarten, andererseits um den Schutz pflanzlicher Ökosysteme wie Moore, Kalkmagerrasen und Waldbäche, die sonst durch Bebauung oder Landwirtschaft zerstört würden.

Heilige Haine bestehen also auch in der modernen säkularen Welt in der Form von Nationalparks, Naturreservaten und Schutzgebieten zur wissenschaftlichen Erforschung weiter, und viele von uns suchen in ihnen Inspiration und spirituelle Erneuerung.

Aber wir müssen uns nicht erst aufs Land begeben, um Bäume zu finden. Auch in städtischen Gärten und Parks stehen Bäume, und viele Menschen, ich selbst nicht ausgenommen, halten sich gern in ihrer Nähe auf. Oft sind Bäume weit älter als wir, und ihre Anwesenheit rückt unser Leben in eine Perspektive, die wir aus unseren zwischenmenschlichen Begegnungen nicht kennen. Sie schaffen eine Brücke zwischen Himmel und Erde. Über ihre Wurzeln stehen sie im Kontakt mit dem reichhaltigen Leben des Bodens und bilden Symbiosen mit anderen Lebensformen wie den Mykorrhiza-Pilzen. Mit ihren Ästen streben sie dem Himmel und dem Sonnenlicht entgegen und bieten in ihrem Blattwerk, das sensibel auf jeden Windhauch reagiert, Vögeln, Insekten und vielen anderen Organismen eine Heimat. Auch Bäume schaffen für uns eine unmittelbare Verbindung zum Leben der mehr-als-menschlichen Natur.

Zwei Übungen

Blumen

Für diese Übung benötigen Sie ein Hilfsmittel, nämlich eine kleine Sammellinse oder Lupe. Am besten eignet sich ein einfaches Modell mit einer zehnfachen Vergrößerung.

Halten Sie die Lupe einen guten Zentimeter von einem Auge entfernt, das zu beobachtende Objekt sollte sich etwa in doppelter Entfernung vor der Linse befinden. Sie müssen also nah herangehen. Sie können das üben, indem Sie die Haut auf Ihrem Unterarm betrachten, wo Sie dann – falls Sie den Umgang mit der Lupe nicht gewöhnt sind – Poren und Haare erstmals in ungewohnter Detailgenauigkeit erblicken.

Bei dieser Übung betrachten Sie also Blumen aus der Bienenperspektive. Bienen nehmen Blumen von Weitem wahr und werden mehr oder weniger stark von ihrem Anblick angezogen. Dann landen sie auf der Blüte und krabbeln hinein, wobei sie von einer eindringlichen Farbenwelt empfangen werden. Mit Ihrer Lupe ausgestattet, können Sie es also den Bienen gleichtun und neue Welten aus deren Perspektive erkunden. Am besten eignen sich dazu Blumen, deren Blüten Kelche formen, durch die die Bienen ins Innere gelangen, wie Kapuzinerkresse oder Fingerhut.

Bäume

Machen Sie sich mit einem einzelnen Baum vertraut, am besten mit einem, der in der Nähe Ihres Hauses steht, sodass Sie ihn häufig und zu verschiedenen Tages-, Nacht- und Jahreszeiten aufsuchen können. Wenn es sich um einen auffällig blühenden Baum handelt, verbringen Sie auch Zeit bei ihm, während er in voller Blüte steht und sich in seiner ganzen Pracht zeigt. Lassen Sie sich möglichst unter ihm nieder, und lauschen Sie dem Wind in seinen Blättern. Stellen Sie sich sein Wurzelwerk im Erdreich vor, das mindestens so weit verzweigt ist, wie die Äste reichen, wahrscheinlich noch viel weiter. Über sein Wurzelsystem bildet der Baum eine Symbiose mit den Mykorrhiza-Pilzen, die er mit Stärke versorgt, während er von ihnen im Gegenzug Nährsalze bezieht, die von den Pilzen aus dem Boden herausgelöst werden. Die Wurzeln nehmen das Wasser aus dem Boden auf, der Stamm strebt mit dem Geäst dem Himmel zu, während sich dessen Blattwerk zum Sonnenlicht hin öffnet: Damit sind Bäume wahre Mittler zwischen Himmel und Erde. Wenn Sie Ihre Arme um den Stamm legen, können Sie sich dabei bewusst machen, wie die Säfte im Holz aufsteigen und umgekehrt die Stärke im Bast unter der Rinde stammabwärts wandert, um die Wurzeln zu ernähren. Es ist ein doppeltes Strömungssystem, in dem die polare Grundanlage des Baumes zum Ausdruck kommt: Wurzeln und Blätter, Dunkelheit und Licht, unten und oben.

Wenn Sie dem Baum innerlich eine Frage stellen, erhalten Sie vielleicht eine Antwort – nicht in verbaler Form, aber durch das, was Sie sehen, fühlen oder hören. Wenn Sie wütend oder verstört sind, können Sie den Baum bitten, Ihre Gefühle zu verwandeln, indem er Ihre Wut, Ihre Sorgen oder Ihren Kummer in sich aufnimmt. Treten Sie mit einer Lebensform in Beziehung, die größer und älter ist als Sie selbst und die noch lange nach Ihrem Tod fortbestehen wird, bewirkt das aber vor allem eines: Es hilft Ihnen, Ihr Leben und Ihre Probleme aus einer viel weiteren Perspektive zu sehen.

5 Rituale und die Präsenz der Vergangenheit

Jede menschliche Gesellschaft kennt Rituale wie religiöse Riten und Sakramente, landestypische Bräuche, jahreszeitliche Feste oder Übergangs- und Initiationsriten anlässlich von Geburt, Hochzeit und Tod. Im Allgemeinen sind diese Rituale in der Gesellschaft verwurzelt und folgen tradierten Formen. Rituale setzen eine gewisse Kontinuität voraus, ein lebendiges Brauchtum, das von der älteren Generation an die jüngere weitergegeben wird. Sind Rituale aber nur eine Frage des kulturellen Erbes und der blinden Gefolgschaft ihm gegenüber, oder reicht ihre Bedeutung tiefer?

In diesem Kapitel möchte ich einige rituelle Bräuche vorstellen. Anschließend zeige ich auf, wie die Hypothese der morphischen Resonanz – die Vorstellung also, dass der Natur eine Art Gedächtnis innewohnt – zu deren tieferem Verständnis beitragen kann. Dieser Hypothese zufolge schöpfen alle Organismen einschließlich des Menschen aus einem kollektiven Gedächtnis und tragen ihrerseits zu diesem bei.

Ursprünge, Mythen und Rituale

In vielen Gesellschaften ist eine Art von Gedächtnis in den Mythen vorausgesetzt, auf denen die gesellschaftliche Identität beruht. Mythen erzählen Geschichten von Ursprüngen. In ihnen geht es um die Taten von Göttern, Heroen und übermenschlichen Wesen, und sie besagen, dass die Dinge so sind, wie sie sind, weil sie so waren, wie sie waren. In der Gegenwart wiederholt sich die Vergangenheit, und deren Wiederkehr weist unweigerlich auf das ursprüngliche Ereignis zurück.

In unserem modernen technologischen Zeitalter sind wir an den rapiden Wandel gewöhnt, und die Menschen aller Kulturkreise sind sich heute dieser Veränderungen bewusst, und sei es nur durch die Einführung des Smartphones. Jeder weiß, dass es Teil einer neuen Welt ist, die früheren Generationen unbekannt war. Die Regierung praktisch jedes Landes der Welt sieht sich der wirtschaftlichen Entwicklung durch Wissenschaft und Technologie verpflichtet. Während aber die Ideologie des Fortschritts ein moderner Glaubenssatz ist, der alle Bereiche unserer Gesellschaft durchdringt, war er traditionellen Gesellschaften fremd. Die Gegenwart war eine Wiederholung der Vergangenheit. Aber selbst in modernen Gesellschaften sind Rituale konservativ und folgen etablierten Formen.

Ted Strehlow (1908–1978), ein australischer Anthropologe, hat viele Jahre unter den nördlichen Aranda gelebt, einem Stamm der Aborigines. Über ihre grundlegenden Traditionen als Jäger und Sammler schreibt er:

> Der Gurra-Älteste jagt, tötet und isst Nasenbeutler, und seine Söhne tun es ihm ausnahmslos gleich. Die Witchetty-Maden-Männer von Lukara verbringen jeden Tag ihres Lebens damit, die Maden an den Wurzeln von Akazien auszugraben. (…) Der Ragia-Älteste ernährt sich von den wilden Ragia-Buschpflaumen, die er beständig in ein großes hölzernes Gefäß sammelt. Der Krebs-Älteste errichtet im Gezeitenwechsel des Küstenstrichs, den er bejagt, laufend neue Reusenanlagen und begibt sich ohne Unterlass mit dem Speer auf die Jagd nach Fischen. Wenn man die Mythen, die man in dem Gebiet der nördlichen Aranda zusammengetragen hat, als ein Ganzes betrachtet, erhält man eine vollständige und genaue Schilderung all jener Beschäftigungen, denen man in Zentralaustralien bis heute nachgeht.[1]

Die Vorstellung von der Vergangenheit als einem zeitlosen Lebensmodell ist dem modernen Denken fremd. Aber in traditionellen Gesellschaften war die mythische Einstellung vorherrschend. Die Mythen der Aborigines berichten von Ursprüngen, die in eine andere Zeit fallen, die »Traumzeit«, in der Gegenwart aber noch immer verbindlich sind. Jede Technik, Regel und Sitte wurde befolgt, weil »die Ahnen sie uns so gelehrt haben«.[2]

Der Zweck vieler Rituale besteht darin, eine innere Verbindung sowohl mit dem ursprünglichen Ereignis herzustellen, an welches das Ritual anknüpft, wie auch mit allen Menschen, die es in der Vergangenheit vollzogen haben. Rituale reichen durch die Zeit, sie bringen die Vergangenheit in die Gegenwart.

In allen Kulturen glaubt man, die Wirksamkeit der Rituale hänge davon ab, dass die von den Vorfahren überlieferten Formen und Abläufe genau befolgt werden. Es gehört zum Wesen des Rituals, traditionsgebunden zu sein. Gesten und Handlungen müssen auf die richtige Weise ausgeführt werden, und ritualisierte Sprachformen bleiben auch dann erhalten, wenn die Sprache, aus denen sie stammen, längst nicht mehr in Gebrauch ist. Zum Beispiel wird die Liturgie der koptischen Kirche in Ägypten in einer altägyptischen Sprache abgehalten, die Riten der russisch-orthodoxen Kirche auf Altslawisch und die brahmanischen Bräuche in Indien auf Sanskrit.

Gedenkrituale

Wer an einem Gedenkritual teilnimmt, setzt sich damit nicht nur mit dem ursprünglichen Anlass des Rituals in Verbindung, sondern wie gesagt mit allen Menschen, die den Brauch in der Vergangenheit gepflegt haben. So erinnert das jüdische Passahfest an das Nachtmahl der Israeliten vor ihrem Auszug aus Ägypten, der sie aus der Sklaverei in das Gelobte Land führen sollte. Nach neun fürchterlichen Plagen, die über die Ägypter gekommen waren, wurden sie in jener Nacht von der zehnten und letzten Plage heimgesucht. Dabei wurden alle Erstgeborenen unter den Söhnen und dem Vieh Ägyptens getötet, während die Israeliten verschont blieben, weil sie zuvor das männliche Lamm einer Ziege oder eines Schafs geopfert und sein Blut als Erkennungszeichen an die Türrahmen ihrer Häuser gestrichen hatten. Das Fleisch der Opferlämmer sollten sie braten, um es noch in der Nacht mit bitteren Kräutern und in Eile zu essen, und am folgenden Morgen bereit zum Aufbruch sein. Durch die heutige Teilnahme an diesem Ritual und das Vernehmen der Geschichte, mit der es verknüpft ist, bekräftigt jede neue Generation von Juden ihre religiöse Identität und Zugehörigkeit zum jüdischen Volk. Das schließt all jene ein, die dieser Tradition zuvor gefolgt sind – bis zurück zum ersten Passahfest – und ihr künftig noch folgen werden.

Auf gleiche Weise verbindet die heilige Kommunion im Christentum ihre Teilnehmer mit der Symbolik des letzten Abendmahls, das Jesus mit seinen Jüngern zur Zeit des Passahfests eingenommen hat, sowie mit allen bisherigen Teilnehmern an diesem Brauch.

Darin liegt der eigentliche Sinn der Gemeinschaft der Heiligen. Die Zeit der heiligen Messe ist verknüpft mit den unzähligen Messen, die ihr vorausgegangen sind, und wird ebenso mit jenen verbunden sein, die ihr folgen werden. In den Worten des Religionshistorikers Mircea Eliade:

> [Die heilige Messe] kann auch als Fortführung all der Messen betrachtet werden, die seit der Zeit stattgefunden haben, als [die Messe] erstmals begangen wurde (…) Was für die Zeit im christlichen Gottesdienst gilt, das gilt ebenso für die Zeit in allen Religionen, in Magie, Mythos und Legende. Ein Ritual wiederholt nicht bloß das ihm vorangegangene (das seinerseits die Wiederholung eines Archetypus ist), sondern steht mit diesem in Verbindung und setzt es fort.[3]

Das Gedenken steht im Zentrum aller Liturgie und jedes Ritus des Judentums. Als Jesus beim Abendmahl sagte: »Dies tut zu meinem Gedächtnis«, war das eine zutiefst jüdische Aussage. Der Theologe Matthew Fox führt dazu aus: »Das Wesen der Religion und das Wesen des Ritus ist Gedenken in gesunder Form. Aber es geht nicht nur darum, der Ereignisse auf menschlicher Ebene zu gedenken wie Pessach, Exodus und die Befreiung des Menschen. Es geht dabei auch darum, sich auf die Schöpfungsereignisse zu besinnen – anlässlich von Neumond, Tagundnachtgleiche, Sonnenwende und des Wechsels der Jahreszeiten.«[4] Entsprechende religiöse Riten enthalten also ein Element des Nacherlebens und Nachvollziehens der Schöpfung.

Die Prinzipien des Gedenkens und des Hoffens für die Zukunft gelten gleichermaßen für viele säkulare und nationale Bräuche. Zum Beispiel erinnert das amerikanische Thanksgiving an das erste Erntedankfest der Pilgerväter nach ihrer Ankunft in Neuengland (1621). Dieses stand seinerseits in der Tradition der Erntedankfeste, mit denen die protestantischen Reformer in England zuvor eine weitaus größere Zahl katholischer Feste ersetzt hatten.

Auch viele andere Länder haben Nationalfeiertage, die an bedeutsame historische Ereignisse oder die Staatsgründung erinnern. Mit dem französischen Nationalfeiertag wird des Sturms auf die Bastille am 14. Juli 1789 gedacht, der als Auftakt zur Französischen Revolution gilt. Einer der indischen Nationalfeiertage wird am 15. August begangen, und mit ihm wird an die 1947 erlangte Unabhängigkeit Indiens vom britischen Empire erinnert. Am 16. September wird der mexikanische Unabhängigkeitstag festlich mit Feuerwerk und Musik gefeiert, um den »Schrei nach Freiheit« des Nationalhelden Miguel Hidalgo in Erinnerung zu rufen, der zum Auslöser für den Aufstand gegen die Spanier wurde. In der Sowjetunion wurde am 7. und

8. November der Oktoberrevolution von 1917 gedacht, mit der das kommunistische Russland seinen Anfang nahm. Heute wird in Russland am 9. Mai an den Sieg über Nazideutschland im Jahr 1945 erinnert. Nicht anders, als es bei religiösen Riten oder Stammesriten der Fall ist, einigen solche säkularen Rituale deren Teilnehmer im Sinne einer nationalen Identität und schaffen eine Verbindung mit allen anderen, die ihnen darin vorausgegangen sind und nachfolgen werden.

Initiations- und Übergangsriten

Initiationsrituale beziehen sich auf den Eintritt in eine neue Lebensphase wie beim Übergang von der Kindheit in das Erwachsenenalter oder beim Wechsel in den Stand der Ehe. Nicht anders als solche Bräuche, die sich auf das Überschreiten räumlicher oder zeitlicher Grenzen beziehen, wie etwa den Umzug von einem Land in das andere oder den Beginn eines neuen Lebensjahrs, sind es Übergangsrituale. Das Gleiche gilt für Rituale, die mit Geburt und Tod in Zusammenhang stehen.

Der französische Ethnologe Arnold van Gennep (1873–1957) studierte eine große Bandbreite von Übergangsriten *(rites de passage)* verschiedener Kulturen und konnte dabei zeigen, dass sie im Allgemeinen drei Phasen aufweisen.[5] In der ersten geht der Ausgangszustand verloren. Mit der Pubertätsinitiation endet die Kindheit, und in vielen Bestattungsbräuchen wird die verstorbene Person symbolisch von den Aufgaben des Lebens befreit: Sie teilt nun nicht mehr die Pflichten der Lebenden und muss keine gesellschaftliche Rolle mehr erfüllen. Der Einzelne ist von seinem früheren Zustand abgetrennt und der Übergangsphase überlassen.

Dieser Schwellenzustand bringt aber eine große Unbestimmtheit und damit Gefährdung mit sich. Bei Pubertätsinitiationen kommt das symbolisch etwa darin zum Ausdruck, dass sich die Betroffenen in den Busch oder in den Wald zurückziehen, wo sie aus ihrem normalen Leben herausgelöst sind oder sich gefährlichen Prüfungen unterziehen müssen. Diese zweite Phase findet ihren Abschluss in einem Integrationsritual, das die Einbindung des Einzelnen in sein neues Lebensstadium bekundet. Solche Rituale weisen in verschiedenen Kulturkreisen viele Gemeinsamkeiten auf. Waschungen, das Kahlscheren des Kopfes, Beschneidung und andere Verstümmelungen kennzeichnen die Trennungsphase, hierher gehört auch das Überqueren von Flüssen und anderen Hindernissen oder der Rückzug in die Wildnis. Ölung, Speisung und Neueinkleidung dagegen kennzeichnen die Phase der Integration.[6]

Initiationsrituale tragen den Einzelnen über gesellschaftliche oder religiöse Scheidelinien hinweg, wobei sie diese Scheidelinien zugleich festlegen und deutlich machen. Die Gisu in Uganda sagen, dass sie ihre Jungen initiieren, damit sie zu Männern werden und nicht uneingeweihte Knaben bleiben. Da diese Rituale in verschiedenen Altersstufen vollzogen werden, geht es bei ihnen nicht bloß darum, die biologische Reife zu markieren. Vielmehr handelt es sich um das Überschreiten kultureller Schwellen. Die Initiationen definieren damit zugleich die Entwicklungsphasen, die sie voraussetzen.

Bei den traditionellen Übergangsriten einiger amerikanischer Ureinwohner verbrachten die jungen Männer eine gewisse Zeit allein in der Wildnis, ohne Nahrung, Wasser und Schutz, oft auch unter Gefahren und Schmerzen. In dieser Phase der Ablösung achteten sie auf Zeichen, Träume oder Visionen, die für sie selbst hilfreich sein konnten, aber auch für die Gemeinschaft, wenn sie als Männer wieder zurückkehrten. Diese Übergangsriten werden häufig »Visionssuche« genannt, und inzwischen gibt es Agenturen, welche für Menschen des Westens angeleitete »Visionquests« organisieren, die auf den traditionellen Bräuchen beruhen.[7]

Auch viele säkulare Bräuche tragen die Züge von Initiationsriten – wie etwa Prüfungen oder Urkundenverleihungen in Schulen, Examen und Abschlussfeiern an Universitäten, Gesellen- und Meisterprüfungen und die Aufnahme in Berufsverbände, die Vereidigung der Offiziersanwärter und so weiter.

Ich gehörte zu den ersten Jahrgängen, die nach dem Zweiten Weltkrieg nicht mehr der Wehrpflicht im Vereinigten Königreich unterlagen. Aber für viele junge Männer vor mir war die Einberufung so etwas wie ein Übergangsritus. Als ich nach Cambridge ging, hatte etwa die Hälfte der Kommilitonen meines Semesters gerade ihren Wehrdienst absolviert, und viele von ihnen hatten an Fronteinsätzen teilgenommen oder an lebensgefährlichen Orten gedient, so etwa in Malaya, Kenia oder auf Zypern. Sie riskierten ihr Leben, und das nicht nur symbolisch, sondern ganz konkret. In den meisten modernen Gesellschaften gibt es keine tradierten Übergangsriten mehr, bei denen junge Menschen dem Tod ins Auge sehen. Dafür kommen immer wieder neue auf. In Banden gibt es zum Beispiel häufig Aufnahmerituale, bei denen gefährliche Prüfungen oder Mutproben zu bestehen sind.

Wenn viele junge Menschen in modernen Gesellschaften Drogen konsumieren, dann unter anderem deshalb, weil ihre Einnahme die Bedeutung eines Übergangsritus hat. Horrortrips können sehr bedrohlich sein, und einige Drogen führen zu Nahtoderfahrungen, vor allem Dimethyltryptamin (DMT),[8] eines der wirksamsten Halluzinogene. Aber derartige Initiationen finden, anders als traditionelle Übergangsriten, häufig bar jeder Anleitung statt und können ohne ein auffangendes Reintegrationsritual gefährlich werden und zur Desorientierung führen. In traditionellen Gesellschaften werden die jungen Männer nach dem Vollzug des Übergangsrituals in die Gemeinschaft der initiierten Männer aufgenommen. Ebenso werden die Mädchen nach einem entsprechenden Übergangsritual, das ihren Eintritt in die Geschlechtsreife anzeigt, in den Kreis der erwachsenen Frauen eingegliedert. Auch heute noch haben religiöse Übergangsriten wie die christliche Firmung oder Konfirmation und das jüdische Bar-Mizwa für Jungen oder Bat-Mizwa für Mädchen dieselbe Bedeutung.

Wenn junge Menschen dagegen durch die Einnahme von Drogen eine Wandlungserfahrung machen, kann das schon deshalb nicht die Bedeutung einer Initiation oder rituellen Aufnahme in eine neue Gemeinschaft haben, weil der Drogenkonsum in den meisten Ländern illegal ist und von vielen Menschen missbilligt wird. Inzwischen gibt es jedoch religiöse Bewegungen wie die Santo-Daime-Kirche in Brasilien, in der die Einnahme eines halluzinogenen Tranks, des Ayahuasca, innerhalb eines Initiationsrituals geschieht, bei dem die Teilnehmer von erfahrenen Mitgliedern der Kirche Anleitung und Unterstützung erhalten. (Auf die Rolle von Psychedelika bei spirituellen Erfahrungen möchte ich in einem anderen Buch zu sprechen kommen.)

Nahtoderfahrungen und rituelles Ertränken

Viele Menschen hatten bereits spontan auftretende Nahtoderfahrungen (NTE), und tatsächlich kommen sie heute dank der Wiederbelebungsmöglichkeiten der modernen Medizin öfter vor. Wer früher gestorben wäre, lebt heute häufig weiter. Es gibt viele wissenschaftliche Studien zu NTE und etliche Bücher zum Thema, zum Beispiel den Bestseller *Blick in die Ewigkeit – Die faszinierende Nahtoderfahrung eines Neurochirurgen* von Eben Alexander. Der Autor beschreibt darin seine eigene NTE während eines Komas anlässlich einer Meningitis.

Nicht jeder, der knapp dem Tod entgeht, hat eine NTE, sondern nur eine Minderheit von etwa 12 bis 40 Prozent, obwohl das noch immer Millionen von Menschen sind, die ein solches Erlebnis hatten. Selbst wenn die meisten NTEs als äußerst angenehm erlebt werden, gibt es auch solche, bei denen das nicht der Fall ist. Manche Menschen erleben ihre NTE zwar als positiv, wehren sich aber dagegen und fühlen sich ausgeliefert, sind wütend oder ängstlich. Andere empfinden sich dabei als vollkommen verlassen in einer großen Leere, und es kommen auch NTEs vor, bei denen sich die Betroffenen in Folterszenen sehen und zusammen mit anderen menschlichen Seelen größte Qualen erleiden.[9]

Viele der positiven NTEs haben wesentliche Züge gemein. Häufig beginnen sie damit, dass die Betroffenen ihren Körper verlassen und über ihm schwebend beobachten, wie sich Ärzte und Krankenschwestern um ihn kümmern. Anschließend passieren sie oft einen Tunnel aus Licht und fühlen sich umgeben von einer liebevollen Präsenz. Mitunter begegnen sie verstorbenen Angehörigen oder Lichtwesen. Einige erleben auch einen Lebensrückblick, bei dem vergangene Ereignisse blitzartig vor ihnen auftauchen, und viele der Betroffenen beschreiben diese Erfahrung als beglückend. Weil es sich aber um eine *Nahtod*erfahrung und keine Todeserfahrung handelt, kehren sie anschließend wieder in ihren Körper zurück. Manche sprechen davon, dass sie das Gefühl hatten, gestorben und wiedergeboren zu sein.[10]

NTEs bewirken häufig positive Veränderungen wie ein Nachlassen der Angst vor dem Tod oder eine vertiefte Spiritualität und Anteilnahme an anderen. Menschen, die diese Verwandlung an sich erfahren haben, berichten oft, dass die NTE die wichtigste und nützlichste Erfahrung ihres Lebens sei.[11]

Auch wenn das Vorkommen von NTEs allgemeine Anerkennung findet, ist ihre Interpretation innerhalb der Fachwelt heftig umstritten. Für Materialisten ist es undenkbar, dass das Bewusstsein unabhängig vom Gehirn bestehen kann, und eine nach dem physischen Tod fortbestehende bewusste Wahrnehmung ist ihrer Ansicht nach unmöglich und nichts als Aberglaube. Folglich müssen NTEs Halluzinationen sein, die das unter Sauerstoffmangel leidende Gehirn in seiner Not produziert. Allerdings gibt es Fälle, bei denen während einer NTE im OP-Saal die Gehirnaktivität der Betroffenen überwacht wurde und keinerlei elektrische Aktivität erkennen ließ; sie zeigte eine »Nulllinie«.[12] Demgegenüber argumentieren Materialisten, dass gerade die NTEs der Beleg für das Vorhandensein einer Gehirnaktivität sein, auch wenn sie auf den Monitoren nicht abzulesen waren.

Bei alldem handelt es sich weniger um einen wissenschaftlichen Disput über empirische Tatsachen als um eine Frage des Glaubenssystems. Einen eingefleischten Materialisten werden auch noch so viele Belege nicht davon überzeugen können, dass es unabhängig vom Gehirn bewusste Erfahrungen gibt, weil es seiner Philosophie widerspräche. Gläubigen Menschen dagegen sind die entsprechenden Belege in der Regel willkommen.

Manche der traditionellen Übergangsriten können durchaus mit NTEs einhergehen, weshalb die gegenwärtige Forschung zum Thema einiges zum Verständnis dieser Rituale beitragen kann. So versetzt uns das Phänomen der Nahtoderfahrung beispielsweise in die Lage, einen grundlegenden Initiationsbrauch, wie er im Neuen Testament beschrieben ist und von der frühen Kirche ausgeübt wurde, neu zu interpretieren: Die Rede ist von der Immersionstaufe, der Taufe durch vollständiges Untertauchen.

Der Urvater der Taufe ist Johannes der Täufer. Er vollzog sie durch Eintauchen im Jordan, auch an Jesus selbst. Ist es denkbar, dass er seine Täuflinge so lange unter Wasser hielt, bis es dabei zu einer NTE durch Ertrinken kam? Hätten sie sich dann von der Prozedur erholt, könnten viele von ihnen ähnliche Erfahrungen berichtet haben, wie man sie aus heutigen Schilderungen kennt: das Erlebnis von Tod und Wiedergeburt, das Erblicken des Lichts und das Schwinden der Angst vor dem Tod. Es wäre eine einfache und schnelle Methode gewesen, um eine lebensverwandelnde Erfahrung von Tod und Wiedergeburt herbeizuführen. Dabei stelle ich mir vor, wie die entsprechend vorbereiteten Taufanwärter am Ufer des Jordans warteten, bis sie an der Reihe waren, und Johannes der Täufer sie einen nach dem anderen untertauchte, wobei er Helfer zur Seite hatte, die ihm bei der Wiederbelebung assistierten. Möglicherweise gelang die nicht immer, aber das war zu einer Zeit, als es noch keine Sicherheitsvorschriften und gesetzliche Haftung gab …

Alles, was das Neue Testament über das Tauferlebnis berichtet, wird verständlich, wenn man davon ausgeht, dass diese Menschen während der Taufe eine NTE hatten. Die Alternative wäre, dass die Erfahrung von Tod und Wiedergeburt symbolischer Natur war. Um aber symbolisch zu sein, hätte sie die Nahtoderfahrung durch Ertrinken versinnbildlichen müssen. Doch wozu sollte man etwas nur symbolisch vollziehen, wenn es sich auch real erfahren ließ?

Die frühen Christen praktizierten noch die Erwachsenentaufe in der Tradition Johannes' des Täufers. Aber im 2. Jahrhundert n. Chr. war die Kindstaufe bereits weitverbreitet und im 3. Jahrhundert gang und gäbe – auch wenn sich Erwachsene weiterhin durch das dreimalige Übergießen des Kopfes mit Wasser taufen lassen konnten, wie es auch heute noch möglich ist.

Ein überraschender Aspekt der Reformation ist die Wiederbelebung der Immersionstaufe. Während des religiösen Gärungsprozesses, der im 16. Jahrhundert in England und Deutschland im Gange war, führte die radikale Reformationsbewegung der Täufer die Erwachsenentaufe durch vollständiges Untertauchen wieder ein. Sie hießen Anabaptisten (»Wiedertäufer«). Auf die Frühzeit der anabaptistischen Reformbewegung geht die Gründung vieler Kirchen und religiöser Gemeinschaften zurück wie die der Mennoniten und die modernen Baptistenkirchen, die noch heute bei Jugendlichen und Erwachsenen die Immersionstaufe durchführen.

Meine Vermutung ist, dass die Anabaptisten des 16. und 17. Jahrhunderts die Nahtoderfahrung durch Ertrinken neu entdeckten. Noch heute wird die Erfahrung von Tod und Wiedergeburt innerhalb keiner christlichen Konfession so intensiv diskutiert wie in der baptistischen. Vielleicht haben moderne Baptisten aufgrund der Gesundheitsrisiken nur noch selten Nahtoderfahrungen. In früheren Jahrhunderten jedoch gehörte möglicherweise weniger dazu, mit der Aussicht auf die unmittelbare Erfahrung von Tod und Wiedergeburt die Furcht vor den Folgen aufzuwiegen.

Eine groteske Pervertierung dieses Rituals von Tod und Wiedergeburt ist der Einsatz des »Waterboardings« durch den amerikanischen Geheimdienst. Es handelt sich dabei um eine Foltermethode, bei der das Opfer kopfüber auf einem gekippten Brett mit einem Gefälle von etwa 10 bis 20 Grad fixiert wird. Das Gesicht ist mit einem Tuch bedeckt, das ständig mit Wasser begossen wird. Durch den Würgereflex entsteht das Gefühl zu ertrinken.

Ironischerweise wurde diese Art Folter zuerst von der spanischen Inquisition bei Anabaptisten angewandt, die sowohl von der katholischen Kirche als auch der offiziellen Reformationsbewegung als Ketzer verfolgt wurden, weil sie die Kindstaufe zugunsten der Erwachsenentaufe verwarfen. 1527 erklärte Ferdinand I., dass der Tod durch Ertrinken, den er eine »dritte Taufe« nannte, die angemessene Antwort auf den Anabaptismus sei.[13] Der theologische Ethiker William Schweiker führt dazu aus:

> In der Inquisition ging es weniger um das Ertränken an sich als um dessen Bedrohlichkeit und symbolisch betrachtet sozusagen um die Androhung der Taufe. Wie das Waterboarding sah die *tortura del agua* oder *toca* vor, dass man den Delinquenten dazu zwingt, Wasser zu inhalieren, um

> ihm das Gefühl des Ertrinkens zu geben. Dazu wurde ihm ein Tuch in den Mund gestopft und mit Wasser begossen (...) Es war, so muss man wohl sagen, eine grauenhafte Verkehrung des wahren Geistes des christlichen Glaubens und seiner Symbolik. Das wirft Fragen auf (...) Ist Waterboarding so etwas wie eine politisch getarnte Zwangsbekehrung und damit ein umso wirksameres Mittel in den Händen eines Staates, dem es darum geht, seinen Feind zu verteufeln? Signalisiert es den Einbruch des Dämonischen in die politische und militärische Vorgehensweise, wenn ein religiöser Ritus für unmoralische Zwecke pervertiert wird? Diese Fragen sind in der öffentlichen Diskussion so verschüttet, dass ihre ganze Tragweite kaum erkannt wird, nicht einmal von überzeugten Christen.[14]

Sigmund Freud hätte das vielleicht die »Wiederkehr des Verdrängten« genannt. In *Der Mann Moses und die monotheistische Religion* schreibt er: »Das Vergessene ist nicht ausgelöscht, sondern nur ›verdrängt‹.« Das Verdrängte kommt nicht »glatt, unverändert zum Bewusstsein, sondern immer muss es sich Entstellungen gefallen lassen (...)«.[15] Diese Entstellungen sollten uns nicht blind dafür werden lassen, dass NTEs für die meisten Menschen, die sie durchmachen, eine verwandelnde Qualität besitzen. Sie sind von großer positiver Bedeutung.

Dem biblischen Bericht zufolge wurzelte Jesu eigene Erfahrung von Gott als eines liebenden Vaters in einer Initiation durch rituelles Ertränken. Im Evangelium des Markus (1,10–11) heißt es: »Und sobald er aus dem Wasser heraufstieg, sah er die Himmel sich teilen und den Geist wie eine Taube auf ihn herabfahren. Und eine Stimme kam aus den Himmeln: Du bist mein geliebter Sohn, an dir habe ich Wohlgefallen gefunden.«

Rituelles Opfern

Bis vor relativ kurzer Zeit wurden in traditionellen Gesellschaften Menschenopfer vollzogen, die inzwischen überall gesetzlich verboten sind. Dennoch kommen sie immer noch vor und werden jetzt »Ritualmord« genannt. 2006 gab es in Khurja im indischen Bundesstaat Uttar Pradesh, etwa 85 Kilometer von Delhi entfernt, nach Angaben der örtlichen Polizei Dutzende von Kindesopfern zu Ehren der Göttin Kali.[16] 2008 gab ein ehemaliger Kommandant der Rebellen im liberianischen Bürgerkrieg zu, damals an Opferzeremonien teilgenommen zu haben, die sich günstig auf das Kriegsglück auswirken sollten. Nach seinen Angaben bestand das Opfer »in der Tötung eines unschuldigen Kindes, dem das Herz herausgerissen wurde. Anschließend wurde es in Stücke geschnitten und von uns verzehrt.«[17]

Von Tieropfern ist bekannt, dass sie in vielen Fällen ausdrücklich als Ersatz für Menschenopfer dienen, wie in der alttestamentarischen Geschichte von Abraham und seinem Sohn Isaak. Abraham war dabei, auf Gottes Geheiß Isaak zu opfern, als ihn der Engel Gottes davon abhielt, worauf Abraham anstelle seines Sohns einen Widder opferte (Genesis 22,2–11).

In der jüdischen Passah-Geschichte stand den Ägyptern die letzte und furchtbarste der zehn Plagen bevor, in der alle Erstgeborenen unter ihren Söhnen und ihrem Vieh getötet werden sollten (Exodus 11,4–5). Wie gesagt blieben die Israeliten aber verschont, weil sie taten, wie Moses sie geheißen hatte: In jedem Haus wurde ein männliches Lamm geschlachtet und sein Blut an die beiden Türpfosten und die Türschwelle gestrichen. Das Lammopfer diente als Ersatz für den Tod aller erstgeborenen Söhne, Lämmer und Kälber der Juden. Im jüdischen Volk gab es ebenfalls einen Brauch, bei dem alle Sünden des Volkes symbolisch auf einen Ziegenbock übertragen wurden, den man daraufhin in die Wüste vertrieb, um die Sünden mit sich in den Tod zu nehmen (Levitikus 16,5–10).

Von der modernen säkularen Warte aus betrachtet, ergibt die Vorstellung, dass ein Mensch oder ein Tier geopfert werden soll, um andere zu retten, keinen Sinn. Aus evolutionärer Sicht besteht hier jedoch ein grundlegender Zusammenhang: Wenn ein Löwe eine Herde von Beutetieren angreift, konzentriert er sich dabei auf ein einzelnes Tier, das er besonders leicht erbeuten kann, weil es jung, alt oder schwach ist. Sobald der Löwe nach erfolgreicher Jagd seinen Hunger gestillt hat, kehrt in der Herde wieder Ruhe ein, weil sie nun eine Zeit lang vor ihm sicher ist. Das »Opfer« eines Tieres der Herde hat die anderen vor dem Tod bewahrt.[18] Dasselbe Motiv liegt den Drachensagen zugrunde, in denen ein böser Drache ein ganzes Dorf bedroht und nur dadurch besänftigt werden kann, dass man ihm ein Kind, häufig ein jungfräuliches Mädchen, als Opfer darbringt. Durch seinen Tod »rettet« es das Leben aller anderen.

In ihrem Buch über Blutrituale liefert die amerikanische Sachbuchautorin Barbara Ehrenreich überzeugende Argumente für ihre These, dass der Mensch während des größten Teils seiner Geschichte eher ein Aasfresser als ein Jäger war und in ständiger Angst vor Raubtieren lebte:

> Der prähistorische Mensch kann nicht von jeher der selbstbewusste Jäger gewesen sein, als der er in den Szenen der Museums-Dioramen gern dargestellt wird. Die Savanne, die unsere hominiden Vorfahren durchstreiften (oder vielmehr wachsam durchschlichen), war nicht nur von jagdbaren Huftieren bevölkert, sondern auch von einer Unzahl todbringender Raubtiere, darunter einer Reihe großer Säbelzahnkatzen sowie den Vorfahren der Löwen, Leoparden und Geparden. Bevor für ihn das Zeitalter des Jägers anbrach, war der Mensch der Gejagte und blieb es noch lange Zeit.[19]

Der Philologe und Religionshistoriker Walter Burkert stellte sich die »nichtritualisierte, reale Situation« vor, aus der heraus Opferrituale ursprünglich entstanden:

> Eine Gruppe, die von Raubtieren umzingelt ist: Menschen, die von Wölfen verfolgt werden, oder Menschenaffen, die sich einem Leoparden gegenübersehen (…) Für gewöhnlich gibt es nur einen Ausweg: Ein Mitglied der Gruppe muss den hungrigen Fleischfressern geopfert werden, damit die anderen vorerst in Sicherheit sind. Ein Außenseiter, ein schwaches Mitglied der Gruppe oder ein Jungtier wird am ehesten dieses Opfer sein.[20]

Bis heute fallen Schimpansen und andere Primaten Raubtieren zum Opfer. Eine neuere Studie über eine Gruppe von Waldschimpansen nennt als häufigste Todesursache deren Erbeutung durch Leoparden, und nicht wenige wurden von Löwen gerissen. Auch in der Savanne lebende Paviane werden häufig von Raubtieren attackiert, und manche Gruppen verlieren auf diese Weise jedes Jahr ein Viertel ihrer Mitglieder.[21] Auf dem Weg durch die Savanne bilden sie eine Verteidigungsformation, bei der die jungen Männchen die Flanken sichern. Wenn ein krankes Tier zurückfällt, verausgabt es sich leicht bei dem Versuch, die Herde einzuholen, und wird so bald zur Beute. Manchmal opfern sich die jungen Männchen buchstäblich bei der Verteidigung der Gruppe. Aus diesem Grund überlebt unter wild lebenden Primaten ein hoher Anteil der Männchen die Jugendjahre nicht.[22]

Aber das ist nicht nur Lebenswirklichkeit in der freien Wildbahn oder eine archaische Denkform in primitiven Gesellschaften, sondern auch heute noch gelebter Alltag. Jeder Soldat und Matrose der Marine sowie jedes Besatzungsmitglied der Luftwaffe ist ein potenzielles Opfer, das bereit sein muss, durch seinen Tod

Menschen seiner Nation vor dem Tod zu bewahren. Im 20. Jahrhundert sind in zwei Weltkriegen mindestens zwanzig Millionen junge Männer gestorben. Und heute geben viele Angehörige von Streitkräften, Mitglieder von Rebellengruppen, Freiheitskämpfer und so weiter ihr Leben für andere in einem Akt ultimativer Selbstaufopferung. Für die Menschen, die sie zu retten versuchen, sind selbst Dschihadisten und Selbstmordattentäter Helden und Märtyrer. Die Opferrhetorik liefert dabei nicht nur eine Begründung der Risiken, denen sie sich aussetzen, sondern auch für die Art und Weise, wie ihr Tod von den Gruppen, für die sie kämpfen, wahrgenommen und gewürdigt wird.

Was viele säkular eingestellte Menschen am Christentum am meisten irritiert, ist die Darstellung des Erlösers am Kreuz, der mit seinem Tod andere errettet. Und tatsächlich leuchtet das nicht ein, solange man dabei nicht die gesamte geschichtliche Tradition des Opferns im Allgemeinen und in der Geschichte des Judentums im Besonderen in Betracht zieht. Wie kann Jesus durch seinen Tod andere von ihren Sünden erlösen? Er wird damit zum Opferlamm und zugleich zum »Sündenbock«. Das im Judentum jährlich vollzogene Ritual, die Sünden der Gemeinschaft auf einen Ziegenbock zu übertragen, der anschließend in die Wüste getrieben wird, um dort den Tod zu finden, machte einen Teil dieser christlichen Symbolik aus. In der heiligen Messe wird unmittelbar im Anschluss an die Konsekration von Brot und Wein als der Leib und das Blut Jesu das *Agnus Dei* gesungen oder gesprochen:

Lamm Gottes, du nimmst hinweg die Sünde der Welt,
erbarme dich unser.
Lamm Gottes, du nimmst hinweg die Sünde der Welt,
erbarme dich unser.
Lamm Gottes, du nimmst hinweg die Sünde der Welt,
gib uns deinen Frieden.

Jesu Opfertod wird nur vor dem Hintergrund des Tieropfers verständlich, wie es in vielen Religionen üblich ist, einschließlich der jüdischen Religion, die den historischen Kontext für die christliche Deutung des Todes Jesu bot. Ein Widder diente als Ersatz für das Menschenopfer in der Geschichte von Abraham und Isaak; und die Opferung männlicher Lämmer bewahrte die erstgeborenen Söhne der Israeliten vor dem Tod. Aber mit Jesus erfuhr dieses Prinzip seine Umkehrung. Der Opfertod eines erstgeborenen Sohns wurde mit ihm zum Ersatz für das Schlachten männlicher Schafe und Ziegen und beendete so das Tieropfer.

Im Gegensatz dazu besteht das Tieropfer im Judentum und Islam fort. Juden schlachten bis heute Lämmer zum Passah-Fest, und Muslime opfern Rinder, Schafe, Ziegen oder Kamele zu Eid al-Adha, dem islamischen Opferfest, womit an Abrahams stellvertretendes Tieropfer erinnert wird.

Tieropfer auf dem Altar der Wissenschaft

Auch wenn aus einer modernen säkularen Perspektive betrachtet die Praxis des stellvertretenden Tieropfers widersinnig erscheint, geschieht sie jetzt in einem nie zuvor gekannten Ausmaß. Diese Opferungen finden nicht wie die traditionellen religiösen Opferrituale auf öffentlichen Plätzen statt, sondern hinter verschlossener Tür in wissenschaftlichen Laboratorien. Allein in den USA werden für die biomedizinische Forschung jedes Jahr 25 Millionen Wirbeltiere getötet, vor allem Mäuse, Ratten, Vögel, Zebrafische, Kaninchen, Meerschweinchen und Frösche, außerdem in geringerer Anzahl Hunde, Katzen, Schimpansen und andere Affen.[23] Sie werden zum Wohle der Menschheit auf dem Altar der Wissenschaft geopfert. Der im angelsächsischen Sprachgebrauch geläufige Terminus für das Töten dieser Tiere ist *sacrifice* (»opfern«). So erbrachte eine Internet-Recherche nach wissenschaftlichen Veröffentlichungen, die die (englischen) Suchbegriffe »Ratten wurden geopfert« enthalten, bei Google Scholar rund 68 000 und mit den Suchbegriffen »Mäuse wurden geopfert« rund 108 000 Ergebnisse.[24]

Für Biologiestudenten ist das Opfern ihrer ersten Tiere eine Art Übergangsritus, so wie das Sezieren eines Leichnams einer für Medizinstudenten ist. Das Opfern und Sezieren erfordert die Abspaltung normaler menschlicher Gefühle und Emotionen, und von den solcherart Eingeweihten wird die Haltung wissenschaftlicher Distanziertheit erwartet. Alison Christy, eine junge Wissenschaftlerin, schildert in einem Blog sehr anschaulich ihre diesbezüglichen Erfahrungen:

> Als ich zum ersten Mal mit Nagetieren arbeitete, nahm ich als Studentin an einem neurowissenschaftlichen Forschungsprojekt an der Universität von Südalabama teil. Um blutfreies Hirngewebe zu erhalten, mussten wir die Tiere mit einer Salzlösung perfundieren. Dazu injizierten wir einer großen weißen Ratte eine Art Narkosemittel und sahen zu, wie sie in einem Plastikbottich herumrannte, bis sie sich wand, benommen wurde und schließlich reglos liegen blieb. Wir legten sie auf ein Brett und befestigten die Pfoten mit Nadeln wie bei einer Kreuzigung. Mit einem Faden, den wir um die Frontzähne banden, fixierten wir den Kopf. Mit einer flachen, glänzenden Schere schnitten wir den Brustkorb auf und legten das dunkelrote, noch schlagende Herz frei. Sobald der Tod eintritt, gerinnt das Blut im Gehirn. Um saubere Gewebepräparate zu erhalten, mussten wir also das Blut aus dem Körper pumpen, solange das Tier noch lebte (…) Um ein Tier mit einer Salzlösung zu perfundieren, steckt man eine Kanüle in die linke Herzkammer und trennt den rechten Herzvorhof mit einer Schere ab. Dann drückt man die Lösung in das noch schlagende Herz. Die Leber verliert rasch an Farbe, und Pfoten, Nase und

> Schwanz werden bleich. Das Tier ist dann völlig blutleer, und im Gehirn gibt es keine Gewebskontaminationen mit Blut.[25]

Dazu bemerkte die Autorin, dass die meisten Forscher sich an diese Art von Prozeduren gewöhnen. Wie sie feststellen konnte, passierte dasselbe bei Medizinstudenten, wenn sie Routine darin bekamen, Leichen zu sezieren. Anfänglich sind sie noch still und ernst, und manche werden sogar ohnmächtig oder müssen sich übergeben. »Aber eine Woche später sieht man sie mit den anderen plaudern und lachen, während sie mit den Fingern in die Herzkranzgefäße greifen. Und nach ein paar Monaten zerlegen sie, ohne zu zögern, das Gesicht (…) Sie verhalten sich völlig anders, als wären sie nicht mehr dieselben, als die sie vor Kurzem erstmals das Labor betreten haben.«

Säkulare Humanisten lehnen die Vorstellung ab, dass Menschen durch Gott gerettet werden könnten, und setzen ihr Vertrauen stattdessen in die Wissenschaft und die menschliche Vernunft. Viele sehen nun in den Forschern die Erretter, die die Menschheit von der Unwissenheit und dem Leiden befreien werden. Aber der Archetypus des Opferns ist nicht verschwunden, vielmehr baut die Wissenschaft auf ihn. Ebenso wenig ist die Angst vor der Vernichtung durch verhängnisvolle Ereignisse aus der Welt geschafft, seit Götter und Göttinnen in ihr keinen Platz mehr haben. Das Überleben der Menschheit ist nicht nur durch den Klimawandel und die Umweltzerstörung bedroht, wir leben überdies im Schatten gigantischer Arsenale von Atomwaffen, die noch immer den ultimativen Holocaust entfesseln könnten.

In der ursprünglichen Wortbedeutung bezeichnet »Holocaust« ein Brandopfer (griechisch *holókaustos* für »vollständig verbrannt«), bei dem das Opfertier von den Flammen restlos verzehrt wird. Während aber in der Antike eine relativ geringe

Zahl von Tieren auf den Altären als Brandopfer starb, würde ein moderner wissenschaftlicher Holocaust mithilfe von Massenvernichtungswaffen Millionen von Menschen und zahllose Tiere dahinraffen. Wem würde dieses Opfer dargebracht? Weder Gott noch Mutter Erde, sondern es wäre ein Fanal der menschlichen Macht. Potenziell ist die Menschheit von einer kollektiven Rachsucht besessen, die weit fürchterlicher ist als die Rache irgendeines Gottes oder einer Göttin der Mythen und Legenden. Wir besitzen das weitaus größere Zerstörungspotenzial. Hinzu kommt, dass die Geschichten von göttlichen Vernichtungstaten eine ferne Vergangenheit betreffen, während der wissenschaftliche Holocaust in einer unsicheren Zukunft liegt und wir nicht wissen, ob wir ihm entgehen können oder nicht.

Kollektive und individuelle Rituale

Alle Religionen kennen kollektive Formen des Gottesdienstes, insbesondere an religiösen Fest- und Feiertagen. Jede Religion hat ihre Zeremonien für Hochzeiten, Totenehrungen und die Namensgebungen von Babys. Auch säkulare Humanisten haben den Bedarf an derartigen Zeremonien erkannt und ihre eigenen Rituale geschaffen.

Viele Menschen pflegen Familienbräuche wie das Tischgebet, andere haben individuelle Gebets- und Meditationsrituale oder folgen ritualisierten Abläufen bei der Ausübung von Yoga, Tai-Chi oder anderen spirituellen Disziplinen.

Im Alltagsleben gibt es darüber hinaus viele weitere unbewusste rituelle Elemente wie zum Beispiel das Händeschütteln, wobei die Konvention vorsieht, dass man dabei einander die rechte und nicht die linke Hand gibt. Steinerne Reliefs aus dem antiken Griechenland belegen, dass dieser Brauch mindestens bis ins 5. Jahrhundert v. Chr. zurückreicht. Die Sitte, einander die Hand zu reichen, hat vielleicht ihren Ursprung in einer Friedensgeste, bei der man zeigte, dass man in der rechten Hand keine Waffe hält. In der modernen Welt ist sie Teil des Rituals bei Begrüßung, Abschied oder Gratulation.

Bei der Verabschiedung erteilen viele Menschen einander ihren Segen, auch wenn sie sich dessen nicht bewusst sind. Das englische *Goodbye* ist eine abgewandelte und verkürzte Form des Segensgrußes »God be with you«. *Farewell*, ursprünglich »Fare thee well«, ist ebenfalls ein Segensgruß. Der französische Abschiedsgruß *Adieu*, eigentlich *À dieu*, bedeutet wörtlich »Zu Gott« und enthält die Aussage »Ich empfehle dich Gott«. Das spanische *Adiós* hat dieselbe Bedeutung. Andere ritualisierte Abschiedsformeln drücken den Wunsch aus, dass es dem Gegenüber wohlergehen möge bis zur nächsten Begegnung: Die englische Entsprechung von »Auf Wiedersehen« ist *See you*, die französische *Au revoir* und die italienische *Arrivederci*.

Rituale sind Teil unseres Lebens, und ohne sie können wir nicht leben. Aber wir haben die Wahl, an welchen Ritualen wir Anteil haben wollen und in welchem Geist wir sie ausführen. Sie können belanglose Gewohnheit sein – oder auch eine lebendige und bereichernde spirituelle Praxis.

Morphische Resonanz

Warum glaubt man weithin, die Wirksamkeit von Ritualen hänge davon ab, dass sie auf die immer gleiche Weise ausgeführt werden?

Unser Verständnis von Ritualen beruht auf unseren Hypothesen über das Wesen der Natur. Rituelle Handlungen stützen sich auf grundlegende Vorstellungen davon, wie unser Geist und die Natur funktionieren. Sie sind weit sinnvoller, wenn Natur, Gesellschaft und der menschliche Geist eine Form von Gedächtnis aufweisen, und verlieren an Sinn, wenn dies nicht der Fall ist.

Die übliche Hypothese der Wissenschaft besagt, dass die grundlegenden Ordnungsprinzipien der Natur, die sogenannten

Naturgesetze, von jeher feststehen.[26] Wie ein kosmischer Gesetzestext waren sie im Augenblick des Urknalls, mit dem das Universum zu existieren begann, bereits vollständig in Kraft. Sterne, Atome, Moleküle, Kristalle und lebendige Organismen verhalten sich so, wie sie es tun, weil sie von diesen ewigen Gesetzen beherrscht werden, die zu allen Zeiten und an jedem Ort dieselben sind.

Diese Annahme wurzelt in der Theologie des 16. und 17. Jahrhunderts, als die Begründer der modernen Wissenschaft – Kopernikus, Kepler, Galilei, Descartes, Boyle, Newton und andere – davon ausgingen, dass die Natur vom Logos regiert wird, dem ewigen Geist Gottes. Die immer gültigen mathematischen Gesetze der Natur waren Ideen im zeitlosen Geist Gottes. Aus diesem Grund waren sie unsichtbar und immateriell und dennoch überall gegenwärtig. Sie hatten Anteil an Gottes unwandelbarem, allgegenwärtigem und allmächtigem Wesen.[27]

Ewige Gesetze ergaben einen Sinn im Rahmen eines nichtevolutionären Weltbilds und einer Theologie, welcher der Entwicklungsgedanke fremd war. Unsere heutige Kosmologie vertritt dagegen einen radikalen Evolutionismus, und viele Wissenschaftler verwerfen die Vorstellung von einem immateriellen, alles durchdringenden Geist, der den Naturgesetzen zugrunde liegt. Gleichwohl bleiben ewige Gesetze die wissenschaftliche Standardvoraussetzung, weil die meisten Gelehrten keine Alternative dazu sehen. Seit Anfang des 20. Jahrhunderts haben jedoch mehrere Philosophen und Naturwissenschaftler die These aufgestellt, dass die Naturgesetze ebenso der Entwicklung unterliegen könnten wie menschengemachte Gesetze. Oder, um eine weniger anthropomorphe Metapher zu verwenden: Die sogenannten Naturgesetze könnten eher so etwas wie gewohnheitsmäßige Abläufe sein. Der Natur wohnt möglicherweise ein Gedächtnis inne. Sterne, Atome, Moleküle, Kristalle und lebendige Organismen könnten sich in ihrer typischen Art verhalten, weil ihre Vorgänger sich auf dieselbe Weise verhalten haben. Jede Spezies könnte ein kollektives Gedächtnis besitzen, aus dem jedes Individuum schöpft und zu dem es umgekehrt beiträgt. Wenn eine junge Webspinne ohne jede Anleitung weiß, wie sie ihr Netz zu bauen hat, dann, weil sie das Webgedächtnis zahlloser früherer Spinnen geerbt hat.

Nach meiner eigenen Hypothese beruht das Gewohnheitsgedächtnis der Natur auf einem Prozess, den ich wie gesagt »morphische Resonanz« nenne und bei dem Ähnliches über Raum und Zeit hinweg auf Ähnliches Einfluss nimmt. Vergleichbare Aktivitäts- oder Schwingungsmuster greifen wieder auf, was sich zuvor nach ähnlichen Mustern abgespielt hat.[28] Unter sonst gleichen Umständen kehrt ein Aktivitätsmuster umso häufiger wieder, je häufiger es zuvor aufgetreten ist. Je mehr Wiederholungen es gibt, desto tiefer greift die Gewohnheit. Wenn eine Gewohnheit sehr tief verwurzelt ist, wie etwa das Verhalten von Wasserstoffatomen oder Stickstoffmolekülen, erscheint sie so unveränderlich, als ob sie durch ewige Gesetze bestimmt würde.

Solange wir nur uralte Phänomene in Betracht ziehen, ist es unmöglich, zwischen ewigen Gesetzen und alteingesessenen Gewohnheiten zu unterscheiden, weil in beiden Fällen dasselbe Phänomen immer wieder in sehr ähnlicher Weise auftritt. Die unterschiedlichen Interpretationen werden erst dann experimentell beobachtbar, wenn wir neuartige Phänomene ins Auge fassen, die es so noch nie zuvor gegeben hat. Wenn zum Beispiel Chemiker eine neue chemische Verbindung kristallisieren lassen, sollte der Prozess nach der Theorie der ehernen Gesetze beim ersten, tausendsten und milliardsten Mal auf die gleiche Art und Weise ablaufen, weil die dabei geltenden Gesetzmäßigkeiten der Quantentheorie, des Elektromagnetismus, der Thermodynamik und so weiter immer und überall dieselben sind. Wenn sich dagegen Gewohnheiten unter natürlichen

Bedingungen entwickeln, könnte eine Substanz beim ersten Mal nur schwer in kristalline Form übergehen, weil sich die Gewohnheit zu dieser Art von Kristallbildung noch nicht herausgebildet hat. Je öfter aber der Kristallisationsprozess abläuft, desto leichter sollte er aufgrund der zunehmenden Gewohnheitsbildung weltweit vonstattengehen.

Nach der Hypothese der morphischen Resonanz müsste sich die zweite Kristallgeneration unter dem Einfluss der ersten und unter sonst gleichen Umständen leichter bilden, die dritte Generation wiederum leichter unter dem Einfluss der ersten und zweiten, die vierte Generation wiederum leichter unter dem Einfluss der ersten, zweiten und dritten und so weiter. Schließlich führt dieses kumulative Gedächtnis dazu, dass die Kristallbildung einer tief eingeprägten Gewohnheit folgt und das Tempo, in dem sie abläuft, ihr Maximum erreicht.

Entspricht das der Realität? Tatsächlich weiß man, dass mit der Häufigkeit der Kristallbildung auch an anderen Orten die Bereitschaft zur Kristallisation zunimmt. Turanose, eine Zuckerart, lag jahrzehntelang lediglich in flüssiger Form vor, bevor sie in den Zwanzigerjahren des 19. Jahrhunderts zum ersten Mal kristallisierte. Anschließend setzte die Kristallbildung auf der ganzen Welt ein.[29] Bei der Begutachtung solcher Fälle meinte der amerikanische Chemiker C. P. Saylor, es sei so, »als wären die Samen der Kristallisation als Staub von einem Ende der Welt zum anderen getragen worden«.[30]

Zweifellos können kleine Kristallfragmente als »Samen« oder »Keime« an anderem Ort in einer übersättigten Lösung den Kristallisationsprozess anstoßen. Daher nehmen Chemiker an, dass sich neue Kristallbildungen wie eine Art Infektion ausbreiten, indem die »Keime« von Labor zu Labor weitergetragen werden. Die Entstehung neuer Kristallformen bietet damit eine Möglichkeit, die Hypothese der morphischen Resonanz zu testen.[31] Demnach sollte die Kristallisationsrate auch dann zunehmen, wenn Laborbesuche durch fremde Chemiker vermieden und Staubpartikel aus der Luft gefiltert werden.

Die Hypothese erstreckt sich aber auch auf Verhaltensformen. Wenn Ratten in London einen neuen Trick erlernen, sollten allein aufgrund dieser Tatsache Ratten auf der ganzen Welt denselben Trick schneller erlernen können. Und je mehr Ratten ihn erlernen, desto leichter sollte es weiteren ihrer Artgenossen an anderen Orten der Welt fallen. Experimente mit Laborratten liefern bereits Belege dafür, dass dieser bemerkenswerte Effekt tatsächlich auftritt.[32] Auch Menschen sollte eine Lernleistung leichterfallen, die bereits andere Menschen erbracht haben, und es gibt wissenschaftliche Belege dafür, dass dies tatsächlich der Fall ist.[33]

Der Schlüssel zur morphischen Resonanz liegt in der Ähnlichkeit. Ihr Effekt besteht gemeinhin darin, Ähnlichkeiten zu verstärken, wodurch sich Gewohnheiten bilden. Rituale stellen die Umkehr dieses Ablaufs dar, da in ihnen Verhaltensformen bewusst in der hergebrachten Form gepflegt werden. In Gewohnheiten werden frühere Muster unbewusst, in Ritualen bewusst wiederholt.

Durch morphische Resonanz bringen Rituale die Vergangenheit in die Gegenwart. Je größer die Ähnlichkeit zwischen dem gegenwärtigen und dem in der Vergangenheit vollzogenen Ritual, umso stärker ist die Verbindung durch Resonanz.[34] Die morphische Resonanz bietet daher eine natürliche Erklärung für den Wiederholungscharakter von Ritualen, wie sie in den Traditionen auf der ganzen Welt ausgeübt werden. Zugleich zeigt sie, auf welche Weise Rituale ihre Teilnehmer mit all jenen verbinden, die zuvor daran teilgenommen haben, bis hin zum allerersten Mal, als das Ritual vollzogen wurde.

Aber Rituale schaffen nicht nur eine Verbindung mit der Vergangenheit, sie öffnen auch einen Zugang zur spirituellen Dimension in der Gegenwart. Durch die Wiederholung derselben

Handlungen, die in der Vergangenheit vollzogen wurden, wird dieselbe Art spiritueller Verbindung geschaffen, wie sie Menschen in früherer Zeit erfahren haben. Amerikaner, die an heutigen Thanksgiving-Feierlichkeiten teilnehmen, bringen damit Gott ihren Dank für die Ernte entgegen und verbinden sich zugleich mit früheren Generationen, die dies vor ihnen getan haben.

Zwei Möglichkeiten, Rituale zu pflegen

Begrüßungs- und Verabschiedungsrituale

Wir können uns zum Beispiel der Rituale bewusster werden, mit denen wir einander begrüßen oder verabschieden. Wenn wir uns die Hand reichen, mögen wir darin bewusst eine Friedensgeste sehen. Wenn wir einander umarmen oder küssen, können wir uns dabei bewusst machen, dass diese Form von Körperkontakt uralte biologische und soziale Wurzeln hat. Affen wie Bonobos küssen sich häufig, und um Vertrautheit und Vertrauen zu bekunden, lecken Hunde und Katzen sich gegenseitig ab. Manche Säugetiere füttern ihre Jungtiere über das Maul, wie es etwa bei Wölfen der Fall ist. Und auch menschliche Mütter füttern in manchen Kulturen ihre Babys mit vorgekauter Nahrung von Mund zu Mund. Das Küssen hat natürlich einen erotischen Aspekt, aber bereits in vielen antiken Kulturen spielte es eine weitaus bedeutsamere soziale Rolle als Begrüßungs- und Abschiedsritual, so im alten Persien, Ägypten, Palästina, Griechenland und Rom.[35] Schon die frühen Christen kannten den »Friedenskuss«, und auch im modernen katholischen und anglikanischen Gottesdienst tauschen die Gemeindemitglieder während der Abendmahl-Liturgie ein »Friedenszeichen« aus in Form eines Kusses, einer Umarmung oder einer Handreichung.

In vielen Begrüßungsformeln werden friedfertige Absichten zum Ausdruck gebracht, so im muslimischen *As-salāmu ʿalaikum* (»Friede sei mit dir/euch«) und im gleichbedeutenden jüdischen Gruß *Schalom alechem*. Der unter Hindus gebräuchliche Gruß *Namaste* oder *Namaskar* bedeutet »Ich verbeuge mich vor dir« und kann zusammen mit der *Anjali-mudra*-Geste, den vor der Brust zusammengelegten Händen, die Bedeutung von »Ich verbeuge mich vor dem Göttlichen in dir« annehmen. All diese Rituale können als reine Konventionen vollzogen werden, aber sie gewinnen an Kraft und Gehalt, wenn wir uns ihrer tieferen Bedeutung bewusster werden. Dasselbe gilt für Abschiedsworte, die explizit oder implizit eine Segnung zum Ausdruck bringen, wie *Goodbye*, *Adieu*, *Adiós* und »Gott schütze dich«.

Abendmessen

Choral Evensong heißt in der anglikanischen Kirche die Abendmesse, bei der Choräle gesungen und Psalmen skandiert sowie alte Verse und Gebete vorgetragen werden. An Wochentagen dauert sie etwa 45 Minuten und an Sonntagen, wenn zusätzlich eine Predigt gehalten wird, etwa eine Stunde. Seit der Zeit von Königin Elizabeth I. gibt es in Kathedralen, Abteien, Kirchen und Kapellen diese Abendandacht mit Chorgesang. Im schönen Englisch des 16. Jahrhunderts abgehalten und musikalisch reichhaltig untermalt, ist der Choral Evensong einer der großen kulturellen und religiösen Schätze der anglikanischen Kirche. Große Musiker des Elisabethanischen Zeitalters wie Thomas Tallis und William Byrd schufen für diesen Anlass herausragende polyphone Musik, und viele neuere Kompositionen sind seither hinzugekommen.

Der Choral Evensong findet jeden Sonntag in Hunderten von Kirchen und Kathedralen statt, nicht nur in Großbritannien, sondern auch in Irland, den Vereinigten Staaten, Kanada, Australien, Neuseeland und anderen Teilen der englischsprachigen Welt. In vielen Kathedralen, Abteien und College-Kapellen wird er auch an Werktagen abgehalten. In diesen heiligen, oft von Kerzenlicht erhellten Räumen ertönt dann der herrliche Gesang erstklassiger Chöre, gefolgt von Orgelmusik.

Auch in Kathedralen und Klöstern der katholischen Kirche gibt es weltweit ähnliche, von Chorgesang umrahmte Abendmessen. Diese besinnlichen Gottesdienste mit ihrer besänftigenden Wirkung stehen jedem offen. Christen und Menschen mit christlichem Hintergrund werden in vielen der alten Texte Anklänge an ihre eigenen Erlebnisse und alten Traditionen finden; aber auch Atheisten und Agnostiker fühlen sich wahrscheinlich vom erbaulichen Charakter dieser Abendmessen angesprochen. Und wer aus einer anderen religiösen Tradition stammt, dem bietet die Teilnahme an diesem Gottesdienst eine gute Gelegenheit, sich einen lebendigen Eindruck vom christlichen Brauchtum zu verschaffen. Menschen aller Glaubensrichtungen und Nichtgläubige sind gleichermaßen willkommen.

6 Gesang, Sprechgesang und die Macht der Musik

Von Geburt an war ich von Musik umgeben. Aber damit stehe ich natürlich nicht allein da. Während der gesamten Menschheitsgeschichte war das Leben fast aller Menschen von Musik durchdrungen. In sämtlichen traditionellen Gesellschaften gehörten Tanz und Gesang zum Gemeinschaftsleben, und in allen religiösen Traditionen spielt Musik eine Rolle. Auch in modernen säkularen Gesellschaften ist Musik allgegenwärtig, ob im häuslichen Umfeld dank Radio, Fernsehen und Stereoanlage oder auch an öffentlichen Orten, und sei es nur in Form von Hintergrundmusik in Einkaufszentren und Hotels.

Meine Mutter spielte Klavier, mein Vater Flöte, und mein Großvater väterlicherseits war Organist und Chorleiter, genauso wie einer seiner Söhne, der jüngere Bruder meines Vaters. Mit fünf Jahren begann ich, Klavier zu lernen, und mit fünfzehn Orgel. Ich sang und skandierte im Chor der anglikanischen Grundschule, dann im Chor des anglikanischen Gymnasiums, und später als Student in Cambridge war ich Mitglied in einem Madrigalchor. Zu jener Zeit war ich Atheist und besuchte den Gottesdienst nicht regelmäßig, was mich aber keineswegs davon abhielt, den Choral Evensong zu genießen und selbst auch an der Orgel der College-Kapelle zu spielen.

Die Semesterferien verbrachte ich bei einem Freund, der in der Nähe von Liverpool lebte, wo wir zum ersten Mal die Beatles im »Cavern Club« sahen, kurz bevor sie groß herauskamen. Damals eröffneten sie mir eine neue musikalische Dimension, bald darauf dann die Rolling Stones.

Als ich im indischen Hyderabad lebte und arbeitete, hörte

ich in Dörfern und Tempeln Hindus oft Bhajans singen, religiöse Volkslieder, in denen Göttinnen und Göttern gehuldigt wird, und auch die ekstatische Sufi-Musik. Während ich in einem christlichen Aschram in Tamil Nadu lebte, sang ich fünfmal am Tag und stimmte Sprechgesänge an.

Wie gesagt, lernte ich in Indien auch meine Frau Jill Purce kennen. Damals leitete sie Gesangs- und Klangheilungsseminare, was sie noch heute macht. Sie hat maßgeblichen Anteil an der Wiederentdeckung des Sprechgesangs in Gruppen, wobei sie an viele verschiedene Traditionen anknüpft, unter anderem den mongolischen und tuwinischen Obertongesang. In ihren Seminaren vermittelt sie eine unmittelbare, intensive Erfahrung der Prinzipien dieser Gesangsform, wie sie allen Traditionen der Welt gemein sind.[1]

Wir alle haben unsere musikalische Biografie, und jede ist anders. Um es in den Worten des Neurologen Oliver Sacks auszudrücken: »Auf praktisch jeden Menschen hat Musik eine mächtige Wirkung, ob wir uns dessen bewusst sind oder nicht, und unabhängig davon, ob wir uns für besonders ›musikalisch‹ halten. Die Liebe zur Musik zeigt sich schon in früher Kindheit, verleiht ihr in jeder Kultur einen zentralen Platz und reicht wahrscheinlich bis zu den Anfängen unserer Spezies zurück. Die ›Musikophilie‹ ist ein Grundzug des menschlichen Wesens.«[2]

In diesem Kapitel gehe ich zunächst auf die evolutionären Ursprünge von Gesang, Sprechgesang und Tanz ein. Anschließend erörtere ich ihre Auswirkungen auf das seelische Wohlbefinden und die Physiologie des Menschen sowie ihre Bedeutung für den Gruppenzusammenhalt. Danach werfe ich einen Blick auf physikalische Aspekte und solche des Bewusstseins im Zusammenhang mit der Musik und schließe mit der Frage, warum man in den meisten Kulturen annimmt, dass sich Götter, Göttinnen, Engel, Geistwesen und Gott an Musik erfreuen. Ist das nur eine menschliche Projektion? Oder ist es eine Einsicht in das tiefste Wesen der Wirklichkeit?

Die Evolution von Gesang und Musik

Gesänge hinterlassen keine fossilen Spuren, und so haben wir keine konkreten Hinweise auf das Liedgut unserer frühen Vorfahren. Aber wir können viel darüber lernen, indem wir verschiedene Tierarten und archäologische Funde studieren und musikalische Traditionen miteinander vergleichen.

Auch mit seinen Überlegungen zur Entwicklungsgeschichte der Musik war Charles Darwin wegweisend. In der *Abstammung des Menschen* erörtert er anhand einer großen Zahl verschiedener Tierarten »die Gabe und den Genuss des Gesangs und der Musik«. So weist er darauf hin, dass bestimmte Insekten- und Spinnenarten rhythmische Klänge erzeugen, für gewöhnlich, indem sie spezielle Vorrichtungen ihrer Beine aneinanderreiben. Bei den meisten Arten produzieren nur die Männchen diese Töne. Darwin glaubte, dass ihr Hauptzweck darin bestehe, »das andere Geschlecht herbeizurufen oder zu bezaubern«. Auch die Männchen mancher Fischarten produzieren während der Paarungszeit Töne. Über Lungen atmende Wirbeltiere besitzen eine Luftröhre, über die sie Luft ansaugen und ausstoßen und somit auch Klänge erzeugen können, indem sie den Luftstrom durch ein Vibrationsorgan leiten. Männliche Amphibien, vor allem Frösche und Kröten, quaken während der Paarungszeit, zuweilen im Chor. Auch Reptilien produzieren Töne und natürlich viele Vogelarten.

Darwin schreibt: »Allein die männlichen Schildkröten geben Geräusche von sich, und das nur während der Paarungszeit. Männliche Alligatoren brüllen oder röhren ebenfalls während dieser Periode. Jeder weiß, wie verbreitet Vögel ihre Stimmorgane als Balzmittel einsetzen; und ebenso bringen manche Arten etwas hervor, was man als Instrumentalmusik bezeichnen könnte.«[3] Ein Beispiel dafür ist das ratternde Geräusch, das Schnepfen mit ihren äußeren Schwanzfedern während ihres Balzflugs produzieren. Und Spechte locken ihre Partner mehr durch Getrommel als durch Gesang herbei, wobei sie mit dem Schnabel gegen Baumstämme als Resonanzkörper hämmern, wodurch das charakteristische trommelfeuerartige Geräusch entsteht. In seine Betrachtungen bezog Darwin auch Säugetierarten ein, die musikalisch anmutende Töne produzieren, so zum Beispiel Mäuse und Gibbons.

Viele Tierarten produzieren aber nicht nur Töne, sondern werden auch selbst von ihnen angezogen. Den Grund dafür kannte Darwin nicht:

> Wenn aber ferner gefragt wird, warum musikalische Töne in einer gewissen Ordnung und einem bestimmten Rhythmus dem Menschen und anderen Tieren Vergnügen bereiten, so können wir hierfür ebenso wenig einen Grund anführen wie für das Angenehme gewisser Gerüche und Geschmäcke. Dass sie Tieren Vergnügen irgendeiner Art bereiten, können wir daraus schließen, dass sie zur Zeit der Brautwerbung von vielen Insekten, Spinnen, Fischen, Amphibien und Vögeln produziert werden; denn wenn die Weibchen nicht fähig wären, solche Laute zu würdigen, und wenn sie nicht von ihnen angeregt oder bezaubert würden, so würden die ausdauernden Anstrengungen der Männchen und die häufig nur ihnen allein zukommenden komplizierten Gebilde nutzlos sein; und dies kann man unmöglich glauben.[4]

Bei den meisten Tierarten singen allein die Männchen. Aber bei manchen Affen- und Menschenaffenarten, insbesondere Gibbons, singen beide Geschlechter, wie es auch beim Menschen der Fall ist.

Darwin nahm an, die Musik sei sehr alten Ursprungs, was

auch erklären würde, dass sie in allen menschlichen Kulturen vorkommt. Er verwies auf Funde von Flöten, hergestellt aus Rentierknochen und -geweihen, die neben Steinwerkzeugen und Knochen ausgestorbener Tiere in Höhlen lagen, was vermuten lässt, dass sie vor sehr langer Zeit hergestellt wurden und in Gebrauch waren. Neuere Radiokarbondatierungen von Knochenpfeifen und -flöten, die man in Höhlen in Frankreich und Deutschland entdeckt hat, ergaben, dass die ältesten vor etwa 40 000 Jahren gefertigt wurden, nicht lange nachdem unsere eigene Spezies Homo sapiens in Europa eingewandert war.[5] Wegen ihrer aufwendigen Gestaltung nimmt der englische Musikwissenschaftler Ian Cross an, dass »Musik wahrscheinlich eine große Bedeutung für eine Menschengruppe hatte, die gerade in einer neuen und potenziell bedrohlichen Umgebung sesshaft geworden war«.[6] Es ist denkbar, dass Musik es den neuen Bewohnern Europas leichter machte, sich in dieser fremdartigen und unsicheren Welt zurechtzufinden, indem sie die Verbindung und den Zusammenhalt innerhalb der Gruppe stärkte. Musikinstrumente waren dabei wohl erst lange nach der Entwicklung von Gesang und Tanz in Gebrauch.

Sein Augenmerk richtete Darwin auch auf den wichtigen Umstand, dass Musik in der Lage ist, Emotionen hervorzurufen. Er wies darauf hin, dass in der Rhetorik ebenfalls musikalische Elemente zum Einsatz kommen, um bei den Zuhörern bestimmte Gefühle zu wecken. »Selbst Affen drücken starke Gefühle in verschiedenen Tönen, Ärger und Ungeduld durch niedrige, Furcht und Schmerz durch hohe Töne aus.«[7] Seiner Ansicht nach trägt die lange Entwicklungsgeschichte des Reagierens auf Musik zur Erklärung ihrer emotionalen Wirkung bei:

> [Wir dürfen annehmen], dass musikalische Töne und Rhythmen von den halbmenschlichen Urerzeugern des Menschen während der Zeit der Brautwerbung gebraucht wurden, in

> einer Zeit, in der Tiere aller Arten nicht nur von Liebe, sondern auch von den starken Leidenschaften der Eifersucht, Rivalität und des Triumphes erregt werden. In diesem Falle werden nach dem tief eingepflanzten Prinzip vererbter Assoziationen musikalische Töne sehr leicht in einer vagen und unbestimmten Art die starken Erregungen einer längst vergangenen Zeit hervorrufen.

In diesem Zusammenhang wird es gewiss von Bedeutung sein, dass nach Darwins Beobachtung »die Liebe noch immer das häufigste Thema unserer Gesänge« ist.[8] Außerdem vertrat er die Auffassung, Gesang und Sprache seien durch eine enge gemeinsame Entwicklung verbunden. Er war der Ansicht, dass der Gesang älteren Ursprungs und die Sprache aus der Musik hervorgegangen sei. In dieser Hinsicht nahm er vieles von dem vorweg, was in modernen Entwicklungstheorien als Ursprung der Sprache angesehen wird. Demgegenüber vertritt der Musikologe Steven Brown die These, dass sich die Sprache nicht aus der Musik entwickelt hat, sondern beide aus einem gemeinsamen Kommunikationssystem, einer »Sprechmusik«, hervorgegangen sind. Als sie sich getrennt weiterentwickelten, erlangte die Sprache größere Bedeutung für die präzise Kommunikation, während der Musik vor allem eine soziale Rolle zukam, indem sie zum Zusammenhalt und zur Geschlossenheit der Gruppe beitrug.[9]

Bewegungs- und Stimmkoordination in der Gruppe

Aus fossilen Funden geht hervor, dass sich die Fähigkeit zur musikalischen Lautbildung bereits vor 1,8 Millionen Jahren entwickelt haben könnte. Der Homo ergaster und der Homo erectus gingen aufrecht und hatten ein Gehirnvolumen von etwa 1000 Kubikzentimetern, das damit nicht viel geringer war als das durchschnittliche moderne von 1400 Kubikzentimetern.

Die tonnenförmige Brust, die fortgeschrittenen Anlagen zur Stimmbildung und die Form der Gehörgänge, die denen des modernen Menschen gleichen, lassen darauf schließen, dass der stimmliche Ausdruck bereits eine große Bedeutung im Sozialleben dieser Hominiden hatte. Vor etwa 700 000 Jahren erschien dann mit dem Homo heidelbergensis eine Hominidenform mit einem voll ausgebildeten modernen Stimmbildungsapparat, dem ein Gehör entsprach, das für die ganze Lautskala von Sprache und Gesang höchst empfänglich war.[10]

Niemand weiß, wann eine Menschengemeinschaft erstmals die Macht synchronisierter Bewegungsabläufe und Klangerzeugung für sich entdeckte. Primaten besitzen nicht die Fähigkeit, gemeinsam zu einem durchgängigen Rhythmus zu singen, obwohl Schimpansen und Bonobos in manchen Momenten synchronisierte Laute ausstoßen.[11] Sobald aber der prähistorische Mensch die Fähigkeit dazu erworben hatte, entwickelten sich Gesang und Tanz vermutlich parallel. Indem er Töne und Bewegungen koordinierte, entdeckte er etwas machtvolles Ganzes, das größer war als die Summe seiner Teile, ein synchronisiertes Tun, das nicht nur auf die Mitglieder der Gruppe selbst, sondern auch auf andere Arten enorme Wirkung hatte. Auch auf Raubtiere dürfte dieser Ausdruck der vereinten Kraft der Gruppe Eindruck gemacht haben.[12]

Heute noch erklärt man Wanderern in Kanada und den USA, sich bei der Begegnung mit Bären, Pumas und anderen gefährlichen Raubtieren größer und imposanter zu gebärden, als sie sind, indem sie die Arme hochreißen und laute Geräusche produzieren. Wenn das schon einem einzelnen Menschen gelingt, dann erst recht zehn von ihnen, die im Rhythmus mit den Füßen stampfen, die Arme schwenken und Rufe ausstoßen. Auch auf andere Menschengruppen muss das seine Wirkung gehabt haben. Viele Stammesgesellschaften kennen Kriegsgesänge, wie sie noch heute in domestizierter Form bei Fußballspielen üblich sind oder auch im Haka oder Kriegstanz der Maori, der von dem neuseeländischen Rugbyteam All Blacks vor einem Spiel aufgeführt wird.

Der Mensch hat eine sehr lange Geschichte der wechselseitigen Koordination von Stimme und Bewegung. Sogar in modernen Städten zeigt sich diese Tendenz spontan und unbewusst. Wenn sich Menschen auf der Straße im Gehen unterhalten, fallen sie dabei oft unwillkürlich in Gleichschritt.[13] Diese natürliche Tendenz wird im militärischen Marschieren formalisiert. Beim Marschieren bewegen sich Soldaten geschlossener und effizienter, als würden sie unkoordiniert in zufälligen Gruppierungen laufen. Dieses Prinzip spielte schon vor 2000 Jahren eine wichtige Rolle in der militärischen Disziplin der römischen Armee, und noch immer demonstrieren moderne Heereseinheiten die Macht der Gruppe durch Militärparaden, bei denen Soldaten in Kolonnen zu Trommel- und Militärmusik im Gleichschritt marschieren.

Sprechgesang, Gesang und Tanz sind jedoch die am meisten verbreiteten Formen der Bewegungs- und Stimmkoordination. Wenn Menschen gemeinsam singen, musizieren und sich synchron dazu bewegen, entsteht unter den Mitgliedern der Gruppe ein rhythmischer Zusammenhalt. Auch wer nicht aktiv an Musik und Tanz teilhat, sondern dem Geschehen als Zuschauer beiwohnt, geht doch innerlich mit, und ein großer Teil des Publikums bewegt sich auf seinen Plätzen oder klopft den Takt.

Zwar hatte Darwin gewiss recht, was die Bedeutung der Musik bei der Partnerwerbung betrifft, aber er vernachlässigte dabei die verbindende Rolle, die der Musik in menschlichen Gesellschaften zukommt und die in der heutigen Diskussion über die Entwicklungsgeschichte der Musik das beherrschende Thema ist.[14] In traditionellen Gesellschaften ist Musik in erster Linie ein kollektives Tun. Alle nehmen an den Tänzen und Gesängen teil oder auch an beiden Ausdrucksformen zugleich.

Die gemeinschaftliche Teilhabe an der Musik stärkt die Gruppenidentität und schafft eine Ebene, auf der Emotionen vereint erlebt und zum Ausdruck gebracht werden.[15] In den meisten Kulturen ist Musik ein wesentlicher Bestandteil von Ritualen wie Übergangsriten, Hochzeiten, Begräbnissen und jahreszeitlichen Festen.[16] Musik stärkt den Gruppenzusammenhalt und bringt ihn zugleich zum Ausdruck.

Aus evolutionärer Sicht entstand die Musik wahrscheinlich einerseits im Kontext der Partnerwerbung und Geschlechtskonkurrenz, wie Darwin es vertrat, andererseits als Ausdruck der Solidarität, Verbundenheit und Geschlossenheit der Gruppe. Durch das gemeinsame Singen, Tanzen und Skandieren fühlen sich die Menschen als Teil eines größeren Ganzen. In traditionellen Tänzen sind sie mit all jenen verbunden, die vor ihnen an denselben Tänzen und Gesängen teilgenommen haben.[17] Nach der Hypothese der morphischen Resonanz, wie ich sie im 5. Kapitel dargestellt habe, stehen sie über das kollektive Gedächtnis mit dem Tanz und Gesang ihrer Ahnen in Verbindung und bringen somit die Vergangenheit in die Gegenwart.

Rhythmischer Sprechgesang (Chanting)

In der Erforschung der Entwicklungsgeschichte der Musik sind sich mittlerweile alle Wissenschaftler einig, dass die Vokalmusik der Instrumentalmusik vorausging, wie es auch heute im individuellen Lebensgang der Fall ist. Viele Mütter singen ihren Kleinen etwas vor oder pflegen mit ihnen eine besondere Baby- oder »Ammensprache«. Viele Kleinkinder lernen Kinderlieder, und wenn sie später ein Instrument erlernen, können sie in der Regel schon singen.

Rhythmischer Sprechgesang unterscheidet sich vom echten Gesang vor allem durch seinen monotonen Wiederholungscharakter. Dabei wird zum Beispiel eine kurze Textphrase immer wieder zu einer einfachen Melodie intoniert wie im Rezitieren hinduistischer oder buddhistischer Mantras. Oder eine einfache, wiederkehrende Melodie wird mit wechselnden Textpassagen gesungen wie beim Gebets- und Psalmensingen in den Liturgien der orthodoxen Kirchen des Ostens sowie der katholischen und anglikanischen Kirche. Anders als beim Lied gibt es in diesen Sprechgesängen keinen festgelegten Takt, sondern sie folgen dem Rhythmus der Worte.

Einen Großteil meines Wissens über den Sprechgesang verdanke ich meiner Frau Jill Purce,[18] die wie gesagt seit über vierzig Jahren Seminare zur Stimmbildung und zum Sprechgesang abhält. Als Gesangslehrerin fand sie einen neuen Weg, die Kraft der Stimme erfahrbar zu machen, wie man sie in allen spirituellen Traditionen einsetzt. In ihren Lehrgängen zeigt sie, wie insbesondere der repetitive Sprechgesang eine Gruppe von Menschen buchstäblich in Widerhall miteinander bringt; und durch das Singen von Mantras tritt die ganze Gruppe in Resonanz mit anderen Menschen, die diese Sprechgesänge in der Vergangenheit ausgeführt haben. Im Folgenden beschreibe ich nun einige der von ihr vermittelten Grundlagen der Vokal- und Mantralehre.

Vokale

Im Unterschied zum Sprechen werden beim Gesang und Sprechgesang die Selbstlaute gedehnt. Vokale erzeugt man bei offenem Mund durch einen kontinuierlichen Luftstrom. Konsonanten unterbrechen diesen und kommen zustande, indem sie ihn blockieren (b, d, g, k, p, t), in die Nase umleiten (m, n) oder hemmen (f, s, v, w, z).

Auch wenn derselbe Ton gesungen wird, klingen die Vokale jeweils anders, was auf verschiedenen Obertonmustern beruht, die ihrerseits durch Formveränderungen von Rachen und Mund zustande kommen und durch die Position der Zunge moduliert werden. Die Vokalklänge verursachen ihrerseits unterschiedliche Vibrationsmuster nicht nur in den Stimmorganen, sondern auch in anderen Teilen des Körpers.

Das können Sie selbst ausprobieren, indem Sie sich mit zwei Fingern die Ohren zuhalten. Versuchen Sie dann, bei gleichbleibender Tonhöhe nacheinander die Vokale i (wie in Lied), e (wie in Reh), a (wie in Aal), o (wie in Ton) und u (wie in Kuh) zu singen. Je fester Sie dabei die Ohren verschließen, desto deutlicher werden Sie die Vibrationen in verschiedenen Bereichen des Körpers wahrnehmen. Dabei werden Sie bemerken, dass der Vokal a vor allem im Brustraum spürbar wird und der Vokal i im Kopf, wobei das Gehirn buchstäblich in Schwingung versetzt wird. Auch die Nasalkonsonanten m und n erzeugen Vibrationen, die Sie auf dieselbe Weise wahrnehmen können.

Mantras

Mantras sind heilige Klangwörter, die man häufig in alten Sprachen wie dem Sanskrit findet. Es gibt bestimmte Töne oder Tonfolgen für verschiedene Anlässe oder Lebensumstände wie etwa spezielle Krankheiten. Manche dienen dazu, einen Zustand der Klarheit und Leere zu erreichen, andere, um sich auf eine Stammlinie spiritueller Lehrer einzustimmen.[19]

Mantraähnliche Gesänge sind in vielen Traditionen gebräuchlich, so auch bei den Sufi-Mystikern des Islam, wo Formen des Sprechgesangs mit rhythmischen Körperbewegungen und rhythmischem Atmen kombiniert werden, was bei den tanzenden Derwischen einen Zustand der Trance oder Ekstase bewirken kann.[20] Koordinierte Sprechgesänge mit dem gemeinsamen Atem- und Klangrhythmus schaffen unter den Teilnehmenden eine synchrone Erlebnisebene.[21]

Das bekannteste und bedeutsamste Mantra der indischen Tradition ist das ॐ – das »Om« oder »Aum«. Gedehnt gesungen, ergibt es etwa die Tonfolge »Aa-uu-mm«. Sie können die unmittelbare körperliche Wirkung an sich selbst erfahren, indem Sie sich die Ohren zuhalten und es in einer Tonhöhe singen. Wenn ich so verfahre, spüre ich den »Aa«-Klang vor allem im Brustraum. Bereite ich dann den Übergang zum »uu« durch ein kürzeres »o« (wie in »Ohr«) vor, steigen die Vibrationen in der Kehle auf, und beim »uu« befinden sie sich in der unteren Hälfte des Kopfes. Beim »mm« schließlich strahlen die Vibrationen vom Resonanzraum meiner Nase aus.

Das grundlegende Mantra in der christlichen, jüdischen und islamischen Tradition ist Amen und damit dem Om also nicht unähnlich. Obgleich es aber in der lateinischen Transkription »Amen« geschrieben wird, sprach man es innerhalb der jüdischen Tradition, in den orthodoxen Kirchen des Ostens und im Islam ursprünglich »Ameen« aus, wie es wohl auch in der griechischen Urfassung des Neuen Testaments stand.

Die ursprüngliche Form ist ein kraftvolleres Mantra als die lateinische Fassung. Probieren Sie selbst beide Versionen aus. Wenn ich es in der lateinischen Form singe, spüre ich die Vokale a und e in der Brust, während die Vibration bei den Konsonanten m und n auf den Nasenraum übergeht. Singe ich dagegen »Aa-mm-ee-nn«, hat das eine ganz andere Wirkung. Nach der Vibration des »mm« im Nasalbereich spüre ich die Resonanz des »ee« in den äußeren Schädelzonen, bevor sich das Resonanzzentrum beim »nn« wieder in den Nasenraum verlagert.

Während exoterische Mantras weithin bekannt und in Gebrauch sind, haben esoterische eine speziellere Funktion. Seit vielen Generationen werden sie vom Lehrer zum Schüler auf mündlichem Wege weitergegeben. Tibeter nehmen weite Reisen auf sich, um ein Mantra von ihrem Lehrer zu empfangen. In einigen Traditionen wie dem Hinduismus und tibetischen Buddhismus glaubt man, wie gesagt, dass man sich durch das Singen dieser Mantras auf eine ganze Stammlinie von Lehrern einstimmt. Über das Mantra hat man teil an dem Zustand der spirituellen Verbindung mit dem höchsten Bewusstsein, den diese Lehrer erreicht haben.

Dies ist ein Punkt, in dem das traditionelle Verständnis von Mantras und meine eigene Hypothese über die morphische Resonanz zusammentreffen. Wenn eine Gruppe von Menschen gemeinsam ein Mantra singt, entsteht eine mindestens dreifache simultane Resonanz: erstens die soeben geschilderte körperliche Resonanz in Stimmtrakt, Brust- und Kopfraum; zweitens die Resonanz unter den Mitgliedern der Gruppe, wenn sie synchron dieselben Klänge in einem gemeinsamen Rhythmus anstimmen; und drittens die zeitübergreifende morphische Resonanz zwischen der gegenwärtigen Gruppe und all jenen, die dasselbe Mantra in der Vergangenheit gesungen haben.[22]

Physiologische und psychosoziale Effekte gemeinschaftlichen Singens

Ein Vorzug des repetitiven Sprechgesangs oder des einstimmigen Singens einfacher Lieder besteht darin, dass sich jeder dabei einbringen kann, auch wer glaubt, keine gute Stimme zu haben oder falsch zu singen. Zweifellos ist diese Erfahrung der Gemeinsamkeit und Einheit ein Hauptgrund für die gemeinschaftlichen Gesänge und Sprechgesänge in praktisch allen traditionellen Gesellschaften und Religionen. Und wahrscheinlich ist sie einer der Hauptgründe dafür, dass sich so viele Menschen in der modernen Welt Kirchenchören oder anderen Chorvereinigungen anschließen. Finanzielle Aspekte spielen dabei offensichtlich keine Rolle, also muss die Teilnahme andere Ursachen haben. Und tatsächlich geht aus wissenschaftlichen Studien hervor, dass das gemeinschaftliche Singen bei den meisten Chormitgliedern laut eigener Aussage zum mentalen und emotionalen Wohlbefinden beiträgt.[23]

Den subjektiven Angaben stehen dabei messbare physiologische Veränderungen zur Seite. Anhand von Speichelproben, die man vor und nach einem Chorauftritt genommen hat, ließ sich bei den Sängern ein signifikanter Anstieg der Immunglobulin-A-Werte (sIgA) feststellen, was auf eine erhöhte Aktivität des Immunsystems hinweist.[24] Diese Form des Immunglobulins kommt vor allem in externen Körperflüssigkeiten wie den Schleimsekreten des Bronchial-, Genital- und Verdauungstraktes vor und bildet dort eine erste Abwehrbarriere gegen bakterielle Infektionen. In einer Studie, die mit den Mitgliedern eines klassischen Chors durchgeführt wurde, stiegen die sIgA-Werte während der Probe um 150 Prozent und während des Auftritts um 240 Prozent.[25]

Vergleichbare Studien in Altenheimen ergaben, dass Heimbewohner, die an Singkreisen teilnahmen, bei standardisierten Tests signifikant geringere Werte in den Dimensionen Stress und Depression aufwiesen als solche, die nicht sangen. In einer einjährigen Studie war bei selbstständig lebenden Senioren, die in einem Chor sangen, über diesen Zeitraum eine signifikante Verbesserung des körperlichen und seelischen Gesundheitszustands zu beobachten.[26] Bei Demenzkranken trugen Singen und Musikhören zur Linderung mehrerer belastender Symptome wie Depression, innere Unruhe und Aggressivität bei.[27]

Nach der umfassenden Auswertung von Forschungen zu den psychosozialen Effekten des Singens im Chor fasst eine Gruppe von Wissenschaftlern ihre Ergebnisse wie folgt zusammen:

- Das Singen (im Chor) bewirkt Glücksgefühle und hebt die Stimmung, womit es Schwermut und depressiver Verstimmung entgegenwirkt.
- Es fördert die wache Konzentration, wodurch die Sorgenlast abnimmt.
- Es vertieft und reguliert die Atmung, was Angstzuständen entgegenwirkt.

- Das Singen im Chor schafft ein Gefühl der menschlichen Unterstützung und Verbundenheit, wodurch Gefühle von Isolation und Einsamkeit gemildert werden.
- Es schließt intellektuelle Lernprozesse ein, die den Geist aktiv halten und dem Verfall kognitiver Funktionen entgegenwirken.
- Die Zugehörigkeit zu einem Chor verlangt die regelmäßige Teilnahme an gemeinsamen Proben und schafft damit einen Anreiz zur Vermeidung körperlicher Inaktivität.[28]

Die positiven Effekte von Musik sind so gut belegt, dass sie die Grundlage einer eigenen therapeutischen Richtung bilden, der Musiktherapie. Sie kann bei Erwachsenen und Kindern mit affektiven Störungen oder Verhaltensauffälligkeiten eingesetzt werden, bei Schmerzpatienten, als Entspannungstechnik und in vielen anderen Zusammenhängen einschließlich der therapeutischen Arbeit mit schwangeren Frauen und ihren ungeborenen Kindern.[29]

Ab dem Alter von etwa drei Monaten kann der Fötus Geräusche wahrnehmen und reagiert im Mutterleib auf Musik, wie seine Bewegungen im Ultraschallbild erkennen lassen. Babys und Kleinkinder lassen sich häufig durch Musik beruhigen, weshalb Mütter in vielen Kulturen von jeher Wiegenlieder für sie singen.

Es verwundert nicht, dass stimulierende Musik auch auf physiologische Vorgänge anregend wirkt. So können sich durch sie Herz- und Atemfrequenz sowie der Blutdruck erhöhen, was zum Teil auf einer verstärkten Adrenalinausschüttung beruht. Ruhige Musik bewirkt dagegen eine Abnahme dieser Werte. Diese physiologischen Veränderungen werden über Vorgänge im Hirnstamm gesteuert, das ist die Fortsetzung des Rückenmarks, durch welche die motorischen und sensorischen Nerven verlaufen, die sich vom Gehirn aus in den ganzen Körper verzweigen. Das Tempo der Musik beeinflusst die Häufigkeit, in der Nervenzellen im Hirnstamm feuern, wodurch eine Synchronisierung von Musik und Neuronen eintritt.[30] Eine ähnliche Synchronisierung findet im Kleinhirn statt, das an der Bewegungskoordination und Gleichgewichtssteuerung teilhat.[31] Sowohl Stamm- als auch Kleinhirn sind entwicklungsgeschichtlich alte Teile unseres Denkapparats und gehören zum sogenannten Reptiliengehirn.

Die unterschiedlichen Auswirkungen verschiedener Klangrhythmen lassen sich mit menschlichen Urinstinkten in Verbindung bringen:

> Musik, die man gemeinhin als »stimulierend« einordnet, ahmt Naturlaute nach, die, wie etwa die Warnrufe vieler Tierarten, potenziell bedeutsame Ereignisse signalisieren (zum Beispiel laute, plötzlich einsetzende Tonfolgen mit einem kurzen, sich wiederholenden Motiv). Interessanterweise stehen positive Affekte und freudige Erwartung ebenfalls mit hochfrequenten, kurzen Signalrufen in Zusammenhang. Das wiederum steigert die Erregung des Sympathikus (Herzfrequenz, Puls, Hautleitfähigkeit und Atmung). Im Gegensatz dazu ahmt »entspannende« Musik beruhigend wirkende Naturlaute nach wie die mütterliche Stimme oder gurrende und schnurrende Geräusche (weiche, tiefe Klänge mit einer abgestuften Amplituden-Hüllkurve), bei denen die Erregung des Sympathikus abnimmt.[32]

Während das Erleben von Rhythmen hauptsächlich mit Stamm- und Kleinhirn in Beziehung steht, ist das Melodieerleben vor allem in der rechten Großhirnhemisphäre angesiedelt, in Arealen also, die den primären sprachverarbeitenden Regionen gegenüberliegen.[33] Dabei ist es nicht erstaunlich, dass angenehme Musik auch solche Gehirnareale (im mesolimbischen

System) anregt, die bei der Entstehung und dem Erleben von Lustgefühlen eine Rolle spielen.[34]

Die Verwurzelung der Musik in unserer frühen Stammesgeschichte zeigt sich ebenfalls in ihrer Auswirkung auf den Oxytocinspiegel. Oxytocin ist das sogenannte Liebeshormon, das man auch in vielen Wirbellosen nachweisen kann. Bei allen Wirbeltieren wird es im Gehirn produziert und von der Hirnanhangsdrüse (Hypophyse) ausgeschüttet. (Chemisch betrachtet ist Oxytocin eine Peptidverbindung, die aus einer Sequenz von neun Aminosäuren besteht.) Das Hormon ist am Fortpflanzungs- und Eiablageverhalten sogar von Regenwürmern beteiligt und spielt bei den Paarungsritualen von Fröschen, Kröten, Reptilien und Vögeln eine Rolle. Bei ihnen stimuliert es sowohl das Bindungsverhalten der Geschlechtspartner als auch das Lautgebungs- beziehungsweise Singverhalten.[35] Am Paarungsverhalten von Säugetieren, einschließlich Mäusen und Hamstern, ist es ebenfalls beteiligt.[36]

Beim menschlichen Bindungs- und Sexualverhalten sowie beim Geburtsvorgang spielt Oxytocin ebenfalls eine Rolle. Bei stillenden Müttern ist seine Ausschüttung Teil des Milchflussreflexes, der normalerweise einsetzt, wenn sie ihr Baby schreien hören. Der Oxytocinspiegel im Gehirn lässt sich nicht direkt messen, doch stieg er im Blut von Babys an, wenn ihre Mütter ihnen Kinderlieder vorsangen. Andere Studien ergaben, dass er auch bei Erwachsenen anstieg, wenn sie sangen[37]. Krankenhauspatienten, die im Anschluss an eine Operation beruhigende Musik hörten, waren entspannter und wiesen höhere Oxytocinwerte auf als andere stationäre Patienten, die keine Musik hörten.[38] Das Hormon erleichtert die Vertrauensbildung und wirkt angstlösend.

Der Verlust musikalischer Traditionen

Wie wir gesehen haben, wirkt sich gemeinsames Musizieren in vielerlei Hinsicht positiv auf Gesundheit, Wohlbefinden und den Gruppenzusammenhalt aus. Das besagt im Umkehrschluss, dass der Mangel daran negative Folgen für Gesundheit, Wohlbefinden, Bindungsverhalten und den sozialen Zusammenhalt haben muss.

In ihrem Buch *Dancing in the Streets: A History of Collective Joy* vertritt Barbara Ehrenreich die These, dass der Verlust des traditionellen Musizierens in Zusammenhang steht mit dem gehäuften Vorkommen depressiver Erkrankungen in modernen säkularen Gesellschaften, in denen nur noch wenige Menschen zusammen singen. (Was Jill Purce ursprünglich bewog, Menschen die Kraft des Sprechgesangs in Gruppen wieder nahezubringen, war ihre Wahrnehmung, dass es offenbar einen Zusammenhang zwischen dem Entwicklungsgrad von Gesellschaften und ihrem Mangel an gemeinschaftlichen Gesängen und Sprechgesängen gibt.)

In Stammesgesellschaften und unter Jägern und Sammlern nimmt praktisch jeder an den gemeinsamen Tänzen und Gesängen teil. Mit der Entwicklung von Agrargesellschaften, dem Wachstum der Städte und dem Erstarken sozialer Hierarchien entstand jedoch ein Konflikt zwischen ekstatischem Tanz und der Aufrechterhaltung der sozialen Ordnung. Im Zustand der Ekstase nehmen Menschen ihre Umgebung und gesellschaftliche Verpflichtungen nur noch eingeschränkt wahr. Umso offener sind sie für andere Bewusstseinszustände, zu denen auch das Gefühl spiritueller Verbundenheit und ein intensives Glückserleben gehören können. In hierarchischen Gesellschaften verbietet die Wahrung ihrer Würde und Autorität es den sozial Höhergestellten, an den Tänzen des einfachen Volkes teilzunehmen. In manchen Gesellschaften gab es daher Festtage, an denen sich diese Spannung durch die Umkehrung der sozialen Ordnung löste – wie in den Saturnalien des alten Roms, die in der Zeit vom 17. bis 23. Dezember gefeiert wurden und bei denen Herren und Sklaven die Rollen tauschten.

Diese Art von Rollentausch habe ich selbst während meiner Zeit in Indien erlebt. Als ich am ICRISAT bei Hyderabad arbeitete, wohnte ich im Seitenflügel eines verfallenden Palastes. Dieser gehörte einem jungen Raja, dessen Familie dem alten Adel des früheren Fürstenstaates Hyderabad entstammte. Der Raja und seine Frau, die Rani, waren gläubige Hindus und führten normalerweise ein ruhiges Leben. Am Vorabend des Frühlingsfestes Holi jedoch, das am ersten Vollmondtag des Monats Phalgun im Februar oder März begangen wird, luden sie mich zum Freudenfeuer im Innenhof des Palastes ein.

Es war mein erstes Jahr in Indien, und ich hatte keine Ahnung, was mich erwartete. Ich fand mich in einer Versammlung wieder, bei der alle Diener samt ihrer Familien zugegen waren. Um das Freudenfeuer herum wurde wild getanzt. Der Mali, der Gärtner, ein lebhafter junger Mann, war nun der Master. Er schleuderte dem Raja Beleidigungen entgegen und sprach mit ihm in einem äußerst vertraulichen und respektlosen Ton, wobei er immer wieder in schallendes Gelächter ausbrach. Am nächsten Morgen gab mir die Rani ein Glas mit einem »speziellen Holi-Trank«, der sich als »Bhang« herausstellte, ein starkes Cannabisgebräu. Wir waren alle berauscht und in ausgelassener Festlaune, sprangen umher und bespritzten einander mit gefärbtem Wasser. Auch hier war die Klassen- oder Kastentrennung aufgehoben. Alle hatten großen Spaß. Am nächsten Tag begann wieder das normale Leben, aber es fühlte sich nun ganz anders an.

In den Psalmen des Alten Testaments ist von festlichen Tänzen die Rede, und zweifellos waren sie bei Hochzeiten und anderen Festlichkeiten üblich. Allerdings war der Konflikt mit den Vorstellungen von gesellschaftlicher Stellung und Würde unausweichlich. König David tanzte halbnackt in den Straßen von Jerusalem (2. Samuel 6,14), aber sein Weib Michal missbilligte das zutiefst. Sie sagte zu ihm, er habe sich selbst entehrt, »als er sich heute vor den Augen der Mägde seiner Männer entblößt hat, wie sich sonst nur einer der ehrlosen Leute entblößt!« (2. Samuel 6,20). Ebenso missbilligten die hebräischen Propheten die ekstatischen Tänze, die die Juden gemeinsam mit anderen Einwohnern Palästinas aufführten. Prophet um Prophet verurteilte ihre Tänze, die sie in heiligen Hainen zu Ehren kanaanäischer Göttinnen aufführten und die in Orgien ausarten konnten.[39]

Ein ähnlicher Konflikt bestand im antiken Griechenland zwischen den ekstatischen Ritualen, mit denen man Dionysos, dem Gott des Weins, huldigte, und dem Prinzip der militärischen Disziplin, wie es in Euripides' Stück *Die Bakchen* dargestellt wird. Der Kriegerkönig Pentheus versucht mit Gewalt gegen die Mänaden, die Anhängerinnen des Dionysos, und ihre orgiastischen Tänze vorzugehen. Schließlich kann er selbst nicht widerstehen und begibt sich als Frau verkleidet zu ihrem Tanzplatz, wo er einen schrecklichen Tod erleidet, indem er von den Frauen, unter denen auch seine eigene Mutter ist, zerrissen wird.

Auch im Rom der Kaiserzeit galt es nicht als angemessen, wenn wohlhabende und angesehene Bürger sich in der Öffentlichkeit würdelosen Tänzen hingaben. Gleichwohl erfreute sich der dionysische Bacchus-Kult (die römische Entsprechung des Dionysos-Kults) zunehmender Beliebtheit, bis man anfing, in ihm eine Bedrohung zu sehen. Im Jahr 186 v. Chr. wurde er rigoros unterdrückt. 7000 Männer und Frauen wurden wegen der Teilnahme an den Bacchanalien gefangen genommen und die meisten von ihnen hingerichtet.[40] Mit den alten Göttern und Göttinnen nahm man durch Tanz und rituell herbeigeführte Ekstase Verbindung auf. Die neueren Götter des Himmels wie Jahwe und Zeus sprachen stattdessen durch Propheten und Priester.

Mit dem Auftreten Jesu änderte sich die Situation abermals. Jesus hatte einen dionysischen Aspekt, von dem noch heute mit dem Trinken des Messweins während der heiligen Kommunion etwas nachklingt. Sein erstes Wunder bestand darin, dass er bei einer Hochzeit 600 Liter Wasser in Wein verwandelte (Johannes 2,1–11). Zu frühchristlichen Versammlungen gehörten häufig Festgelage mit Wein und wahrscheinlich auch Tanz,[41] und so zieht sich durch die gesamte Geschichte des Christentums die Spannung zwischen ausgelassener Festlichkeit und dem Misstrauen gegenüber ordnungswidrigem Benehmen.

Im Mittelalter wurden Festlichkeiten und Karnevalsumzüge von der katholischen Kirche weitgehend toleriert. Aber seit dem Aufkommen der protestantischen Reformationsbewegung wurden diese Feste von einigen der Reformer, insbesondere den Calvinisten, verurteilt. Im 17. Jahrhundert versuchten die Puritaner in England, den Tanz ganz abzuschaffen, und fällten die Maibäume, die in den Dörfern und Städten Mittelpunkt der Volkstänze waren. Aber diesen Einbußen standen auch Zugewinne zur Seite. Bis zum Zeitalter der Reformation spielte das Gemeindesingen im Gottesdienst kaum eine Rolle. Danach jedoch war es, insbesondere im lutherischen Deutschland, gern gesehen, und Luther selbst war auch dem Tanz nicht abgeneigt.

Depressionen hat es wahrscheinlich schon in der Antike gegeben. Aber seit dem 17. Jahrhundert waren sie, wie Barbara Ehrenreich feststellt, im europäischen Kulturkreis ein verstärkt auftretendes Phänomen. Die Schwermut war auf dem Vormarsch, vor allem in protestantischen Ländern. Die neue Betonung der Selbstbestimmung vermittelte zwar das Gefühl größerer persönlicher Freiheit, hatte aber auch eine zunehmende Isolation zur Folge. Die Landflucht vertiefte die soziale Kluft in den Städten, und mit dem neuen Individualismus nahmen auch Ängste und Depressionen zu.[42]

Im 19. und frühen 20. Jahrhundert waren europäische Forscher und Missionare oft entsetzt über die ekstatischen Tänze der Eingeborenen, zumal, wenn sie dabei in Trance verfielen. Bisweilen trat ihnen Schaum vor den Mund, sie verspürten keine Schmerzen mehr, hatten Visionen und glaubten sich von Geistern und Gottheiten besessen. In seinem Buch über Stammestänze aus dem Jahr 1926 musste W. D. Hambly bei den Lesern um Verständnis für sein Thema werben:

> Wer primitive Musik und Tänze studiert, muss sich eine aufgeschlossene Betrachtung der Aktivitäten rückständiger Rassen zur Gewohnheit machen (…) Die wilden musikalischen und tänzerischen Darbietungen, beim Schein des Feuers in einem tropischen Wald vollführt, haben nicht selten die Ablehnung und den Abscheu europäischer Besucher hervorgerufen, die nur das Groteske und Obszöne daran wahrnahmen.[43]

Gebildete Menschen des Westens hatten gesittetere Tänze, auch wenn sich ihre weniger intellektuellen Landsleute weiterhin beim Karneval und bei anderen Lustbarkeiten wilden Tänzen hingaben.

Die Musik der afrikanischen Sklaven auf dem amerikanischen Kontinent und in der Karibik erregte nicht nur das Missfallen manch eines weißen Sklavenbesitzers, sie war darüber hinaus eine politische Bedrohung. Häufig brachen an Fest- oder Feiertagen, so auch an Weihnachten, Revolten aus, wenn die Tänze den unterdrückten Menschen ein stärkeres Gefühl der Solidarität, des Miteinanders und des Zusammenhalts vermittelten. Vor diesem historischen Hintergrund erklärt sich auch die mächtige Wirkung der Rock-'n'-Roll-Bewegung der späten

Fünfzigerjahre auf das weiße Bürgertum: Das klang nach einem neuen Aufstand der Unterdrückten. Seit Elvis Presley waren die weißen Musiker von der afroamerikanischen Musik beeinflusst, die ihrerseits tief in der schwarzen Kirchenmusik verwurzelt war. Farbige Musiker der Fünfziger- und Sechzigerjahre wie Ray Charles, Little Richard und Aretha Franklin bekannten sich zu diesen offenkundigen Anleihen bei der schwarzen Kirchenmusik, und viele von ihnen sangen sowohl Spirituals als auch weltliche Songs.

Die Rock-'n'-Roll-Bewegung übertrug etwas von dem afroamerikanischen Rhythmusgefühl auf die Menschen europäischer Abstammung. Und seit den Sechzigerjahren lebte bei den Musikfestivals etwas von dem alten Karnevalsgeist wieder auf. Aber abgesehen davon, dass es sich dabei nicht um religiöse, sondern um säkulare Veranstaltungen handelt, gibt es noch einen wesentlichen Unterschied im Vergleich zu dem älteren Typus von Festlichkeit: Zwar wird auf Festivals, in Klubs und auf Partys getanzt, aber nur die wenigsten singen dabei oder machen selbst Musik. Sie sind eher Konsumenten als Akteure. Wenn allein schon das Anhören von Musik ausreichte, um Depressionen entgegenzuwirken, dann wären sie in den vergangenen Jahrzehnten zurückgegangen, da Musik durch Radio und CD, MP3-Player, Handy und Internet oder in der Form von Hintergrundmusik und Werbespots allgegenwärtig geworden ist. Dennoch haben Depressionen eher zu- als abgenommen.[44]

Kirchgänger und natürlich Chormitglieder pflegen noch immer den gemeinsamen Gesang. Aber die Mehrheit der europäischen und inzwischen auch der amerikanischen Bevölkerung singt weder in der Kirche noch im Chor. Vielleicht erklärt das zum Teil die Popularität des Karaoke, das vielen Menschen einen neuen Zugang zum aktiven Gesang eröffnet. Und irgendeine Art von Gesangskultur ist wahrscheinlich immer noch besser als gar keine. Andererseits kann spirituell orientierter

Gesang effektiver sein als reiner Säkulargesang, weil er nicht nur das Gefühl der Verbundenheit mit anderen Menschen stärkt, sondern auch mit dem mehr-als-menschlichen Bewusstsein, indem er über die humane Dimension hinaus in die göttliche reicht. Dies ist jedenfalls die Erfahrung der schwarzen Gospelsängerin Mahalia Jackson, die sagte: »Ich singe die Musik Gottes, weil sie mir das Gefühl von Freiheit gibt. Sie gibt mir Hoffnung. Wenn du den Blues gesungen hast, dann hast du ihn immer noch in dir.«[45]

Musikalische Göttinnen, Götter und Geistwesen

Sowohl Göttinnen, Götter und Geistwesen als auch Gott lieben Musik. Die Gläubigen rufen sie mit Gesängen und Sprechgesängen an, preisen sie mit Psalmen und Chorälen, und die Engel selbst sind musikalisch veranlagte Wesen, wie es in dem bekannten Weihnachtslied »Adeste Fideles« zum Ausdruck kommt: »Kommt, singet dem Herren, singt, ihr Engelchöre!«

Im antiken Griechenland glaubte man, dass die Künste von Göttinnen, den Musen, inspiriert seien, woher die Musik auch ihren Namen hat: Sie ist eine Eingebung der Musen. In der griechischen Mythologie ist Orpheus, der legendäre Musiker und Urahn aller begnadeten Sänger, Sohn einer Muse. Auch in Indien glaubt man, dass die Musik von einer Göttin, Sarasvati, eingegeben ist, die für gewöhnlich die Vina, ein Seiteninstrument, spielend dargestellt wird. Im Süden Indiens beginnen Konzerte mit klassischer indischer Musik in der Regel mit der Anrufung dieser Göttin.

Juden, Christen und Muslime glauben, dass Gott Musik liebt. In allen drei Traditionen werden die Psalmen als heilige Lieder betrachtet, und im Koran wird Gott als deren Ursprung genannt: »Und Wir gaben David einen Psalm« (Sure 4,163). Viele Psalmen handeln von der Musik, nicht nur der menschengemachten, sondern auch der Natur: »Singt dem Herrn zur Zither, mit der Zither und der Stimme des Gesangs! Mit Trompeten und dem Schall des Horns jauchzt vor dem König, dem Herrn! Es brause das Meer und seine Fülle, die Welt und die darauf wohnen! Die Ströme sollen in die Hände klatschen, alle Berge zusammen sollen jubeln vor dem Herrn!« (Psalm 98, 5–9).

Nicht weniger als drei Psalmen (96, 98 und 149) beginnen mit den Worten »Singet dem Herrn ein neues Lied«. Sowohl die katholische als auch die protestantische Tradition der Kirchenmusik des Westens hat seit dem 16. Jahrhundert bis heute eine erstaunliche Fülle neuer Lieder geschaffen, von denen einige von großer Schönheit sind. Und Gott liebt nicht nur neue, sondern auch alte Lieder, traditionelle Choräle und gesungene Gebete.

Warum finden Geistwesen Gefallen an Musik? Atheisten und säkulare Humanisten haben darauf eine Antwort parat: Geistwesen können keine Musik mögen, weil Geister nicht existieren. Es sind Menschen, denen sie gefällt und dies dann auf imaginäre Götter, Göttinnen und Engel projizieren. In der sakralen Musik und in sakralen Gesängen stehen Menschen nicht mit höheren Bewusstseinsformen in Verbindung, sondern mit den elektrochemischen Vorgängen im eigenen Gehirn.

Im Gegensatz dazu gehen die meisten, wenn nicht alle religiösen Traditionen ganz selbstverständlich davon aus, dass die letzte Wirklichkeit des Universums von schwingender oder klingender Art und zugleich bewusst ist. Verschiedenen hinduistischen Texten zufolge wird das Universum aus Urklängen gebildet, vor allem aus dem Mantra Om. In der jüdisch-christlichen Tradition erschafft Gott die Welt durch sein Wort. Das Wort Gottes oder Logos, um den griechischen Ausdruck zu verwenden, ist die zweite Person in der christlichen Dreifaltigkeit. Gott der Vater ist der Verkünder des Wortes, und der Heilige Geist ist der Atem, mit dem er es spricht.

Der Mythos von Er, der den Abschluss von Platons *Staat* bildet, berichtet von einer Seelenreise durch die rotierenden Sphären, welche die Himmelskörper tragen, wobei jede Planetenebene einen Ton erzeugt, die zusammen eine kosmische Harmonie ergeben.[46] Auch der römische Staatsmann und Schriftsteller Cicero schrieb ein Buch *Über den Staat*, das teilweise von Platon inspiriert war und ebenfalls den Bericht von einer Himmelsreise enthielt, den »Traum des Scipio«. Darin wird Scipio von seinem toten Großvater an einen Ort in der Milchstraße geleitet, an dem die Seelen der Verstorbenen weilen. Von dort aus vermag er wie ein Superastronaut von außen auf die Sphären der Planeten zu blicken. In seiner Vision vom Kosmos bildete die Erde das Zentrum, das vom Mond und von den anderen Planeten umkreist wurde, und er vernahm einen durch die Bewegung der Sphären verursachten »erhabenen und angenehmen Klang«. Sein Großvater erklärte ihm: »Begabte Männer, die diese Harmonie durch Saitenklänge und Gesang nachahmten, haben sich die Rückkehr in diesen Bezirk verdient, ebenso wie solche von außerordentlichen Fähigkeiten, die die göttlichen Dinge auch im irdischen Leben erforschten (…) Die Ohren der Sterblichen sind ständig erfüllt von diesem Klang, weshalb sie nicht mehr imstande sind, ihn zu vernehmen.«[47]

Natürlich haben wir heute eine ganz andere Kosmologie, und die Erde steht nicht mehr in ihrem Zentrum. Dank seiner planetarischen Studien erkannte Johannes Kepler (1571–1630), dass sich die Planeten nicht auf kreisförmigen, sondern elliptischen Bahnen um die Sonne bewegen. 1619 beschrieb er die Planetenmusik im Sinne eines polyphonen Phänomens und nicht mehr im Sinne einer statischen Tonreihe wie in den älteren Vorstellungen von der Sphärenharmonie. Auf ihren elliptischen Umlaufbahnen bewegen sich die Planeten mal schneller und mal langsamer, wodurch ein Klanggewebe entsteht.

Bezeichnenderweise veröffentlichte Kepler die Befunde in seinen *Harmonices Mundi* (»Weltharmonik«).

Natürlich bewegen sich die Planeten noch immer mit bestimmten Intervallen oder Frequenzen auf elliptischen Bahnen um die Sonne, während die Sonne wie andere Sterne in der Galaxis deren Zentrum umkreist. Diese Frequenzen sind jedoch viel zu niedrig, um für menschliche Ohren als Töne wahrnehmbar zu sein. Wenn es aber einen galaktischen Geist gäbe, könnte er sehr wohl die sich wiederholenden Rhythmen all dieser Himmelsbewegungen als Töne oder Klangqualitäten wahrnehmen, als eine Art planetarische, stellare oder galaktische Musik.

All diese musikalischen Theorien des Kosmos gehen ursprünglich auf die Schule des griechischen Philosophen Pythagoras von Samos (um 570–510 v. Chr.) und seine Lehren zurück. Die Pythagoreer glaubten, dass dem gesamten Kosmos bestimmte Zahlenverhältnisse zugrunde liegen. Sie konnten ebenfalls zeigen, dass die Musik eine Brücke zwischen Quantität und Qualität bildet, zwischen der Mathematik – als den messbaren Aspekten der Musik – und dem subjektiven Klangerlebnis. Tonintervalle konnten sowohl bewusst wahrgenommen als auch mathematisch dargestellt werden. Zum Beispiel klingt eine Flöte von doppelter Länge um eine Oktave tiefer als eine andere, die nur halb so lang ist und daher eine Oktave höher klingt. Dasselbe gilt auch für die Länge der Saiten von Instrumenten (bei gleicher Saitenstärke und -spannung) und genauso für unsere Stimmbänder, die mit Saiten vergleichbar sind.[48]

Die moderne Wissenschaft folgt noch immer denselben Prinzipien, kann die Beziehung zwischen Quantität und Qualität aber präziser benennen. Bei einem Rhythmus von einem Schlag pro Sekunde hören wir eine Reihe zählbarer Schläge. Wird aber die Abfolge schneller, können wir die einzelnen Schläge irgendwann nicht mehr zählen und hören stattdessen tiefe Töne, also Qualitäten anstelle von Quantitäten. Das ist ab etwa zwanzig Schlägen pro Sekunde (20 Hertz) der Fall. Mit zunehmender Frequenz wird der Ton immer höher. Innerhalb eines Frequenzbereichs von 20 bis 20000 Hertz nehmen wir Schwingungen als Töne, also Qualitäten wahr. Dennoch sind sie auch quantitativ als Frequenzen messbar. Im herkömmlichen Stimmungssystem ist der über dem eingestrichenen c liegende Kammerton a mit einer Frequenz von 440 Hertz definiert. Das um eine Oktave tiefer klingende a hat eine Frequenz von 220 Hertz, das um eine Oktave höher liegende a eine Frequenz von 880 Hertz.

Die Quantenmechanik hat diese pythagoreischen Prinzipien auf die Elementarteilchen ausgedehnt, die kleinsten Bausteine der Materie, die nicht stofflich sind, sondern wie das Licht aus Schwingungsmustern bestehen. Auch Atome, Moleküle und Kristalle stellen schwingende Strukturen dar. Tatsächlich ist jedes Naturphänomen rhythmischer oder schwingender Art, einschließlich unserer eigenen physiologischen Abläufe wie Gehirnströme, Herzschlag, Atemfrequenz, täglicher Schlaf-wach-Rhythmus, weiblicher Monatszyklus und der Jahresrhythmus, dem wir alle unterliegen.

Für einen Anhänger des Panpsychismus kann es viele Arten von Geist oder Bewusstsein in der Natur geben, von denen jede auf ihrer eigenen Erfahrungsebene Qualitäten und Gefühle erlebt. Was nun, wenn Wellenmuster auf vielen verschiedenen Ebenen Bewusstsein erlangen, von den kleinsten Wellenmustern der subatomaren Teilchen bis hin zu den größten der galaktischen Haufen oder des gesamten Kosmos? Was, wenn Qualitäten, nämlich Klänge, und Quantitäten, nämlich Frequenzen und Amplituden, in Bewusstseinsformen aller Komplexitätsstufen diese Entsprechung aufweisen, und das nicht nur im tierischen Bewusstsein? Was, wenn die ganze Natur als Musik erfahrbar ist?

Der indische Musiker und Sufi Hazrat Inayat Khan (1882–1927) äußerte sich wie folgt über diese Möglichkeit:

> Was wir in unserer Alltagssprache Musik nennen, ist nur ein kleiner Ausschnitt, den unsere Intelligenz herausgreift aus jener Musik oder Harmonie des ganzen Universums, die hinter allem wirkt und die Quelle und Ursprung der Natur ist (...) Die Musik des Universums steht hinter dem kleinen Ausschnitt, den wir als Musik bezeichnen. Unser Gefühl für Musik, unser Hingezogensein zu Musik, zeigt, dass Musik in der Tiefe unseres Seins lebt. Musik ist hinter dem Wirken des ganzen Universums. Musik ist nicht nur des Lebens höchstes Ziel, sie ist das Leben selbst.[49]

Eine ähnliche Einsicht liegt auch dem ersten Teil des *Silmarillion* von J. R. R. Tolkien zugrunde, dem Autor des *Herrn der Ringe*. Dort wird der Mythos von der Erschaffung des Universums Ea erzählt, zu dem die Mittelerde gehört. Die Geschichte beginnt mit der Erschaffung engelgleicher Wesen:

> Eru war da, der Eine, der in Arda Ilúvatar heißt; und er schuf erstens die Ainur, die Heiligen, Sprösslinge seiner Gedanken; und sie waren bei ihm, bevor irgend andres erschaffen war. Und er sprach zu ihnen, sie Melodien lehrend, und sie sangen vor ihm, und er war froh. Lange aber sangen sie nur jeder für sich allein oder zu wenigen, während die andren lauschten, denn ein jeder verstand von Ilúvatars Gedanken nur jenen, aus dem er selber stammte, und nur langsam lernten sie auch ihre Brüder verstehen. Doch indem sie hörten, verstanden sie besser, und es wuchsen Einklang und Harmonie.[50]

Tolkiens poetische Vision von einer musikalischen Schöpfung kommt dabei unserer Vorstellungskraft zu Hilfe. Kosmische Musik liegt weit außerhalb unseres normalen Erfahrungshorizonts; aber Schöpfungsmythen und Dichtungen geben uns einen kleinen Einblick in eine Welt des Bewusstseins weit jenseits unseres begrenzten Geistes, mit der wir dennoch durch das uns allen gemeinsame Musikerlebnis in Verbindung stehen.

Für Menschen, die glauben, dass Bewusstsein nur in Gehirnen existiert, muss auch der Musikgenuss an unsere grauen Zellen gebunden sein. Alles andere ist bewusstlos; nahezu die gesamte außermenschliche Welt ist taub für unseren Gesang und unsere Musik. Wenn andererseits der gesamte Kosmos bewusst ist und viele Ebenen umfasst, dann kann uns die Musik mit einem musikalischen Bewusstsein verbinden, das weit über unser eigenes hinausreicht und letztlich der Ursprung des Lebens selbst ist.

Zwei musikalische Übungen

Gesang

Machen Sie es sich zur Gewohnheit, gemeinsam mit anderen Menschen zu singen. Die einfachste Möglichkeit dazu besteht darin, sich einem Chor oder Kirchenchor anzuschließen oder einfach sonntags in die Kirche zu gehen. In den meisten Kirchen bietet sich Gelegenheit, während der Gottesdienste am Morgen oder Abend Choräle und Psalmen mitzusingen. Ich selbst praktiziere das, wo immer ich mich aufhalte, und es ist um vieles leichter, als zu versuchen, eine Gruppe von Freunden zum gemeinsamen Singen zusammenzubringen.

Wenn Sie sich mit dem Besuch eines christlichen Gottesdienstes schwertun, dann probieren Sie es mit der Sonntagsversammlung oder einer anderen säkularen Gruppierung, die sich regelmäßig zum gemeinsamen Singen trifft. Sind Sie jüdischen Glaubens, dann gehen Sie in eine Synagoge mit gemeinschaftlichem Gesang, und als Hindu können Sie sich einer Gruppe anschließen, in der man zusammen Bhajans singt.

Töne oder Mantras singen (Chanting)

Ich habe meine Frau Jill gebeten, ein paar einfache Übungen zusammenzustellen, die jeder ausprobieren kann. Hier ihre Vorschläge:

> Bei den meisten spirituellen Übungen geht es darum, einen Weg zu finden, ganz im Augenblick, im Hier und Jetzt zu sein. Singen lässt sich nur in der Gegenwart, und wenn wir den Tönen zuhören, während wir sie produzieren, erzeugen wir eine Aufmerksamkeitsschleife. Dadurch können wir mit dem immerwährenden Jetzt eins werden, in dem allein Freude zu finden ist. Wenn Menschen davon sprechen, dass ihr Leben jeden Zauber verloren hat, nehme ich das wörtlich und sage ihnen, dass das Mittel gegen die Entzauberung das Anstimmen von Tönen (Chanting) ist. Verzaubern heißt, durch Klänge magisch zu wirken und magisch zu werden.
>
> Alle religiösen Traditionen kennen heilige Klänge, die in meditativer Form wiederholt werden, um uns aus unserer Verbannung in den Wahn der Vergangenheit und Zukunft zu befreien, aus den Endlosschleifen der Reue und Furcht, und in das Jetzt zurückzubringen. Im Osten gibt es zahllose Mantras, von denen Om wie gesagt das bekannteste ist, während man im Westen – im Judentum, Christentum und Islam – häufig das Ame(e)n gesungen hat; manche spekulieren ja sogar, dass beide einen gemeinsamen Ursprung haben.
>
> Ich schlage vor, dass Sie die folgende Übung ausprobieren: Schließen Sie an einem sicheren und ungestörten Ort die Augen, und konzentrieren Sie sich auf den Atem. Lassen

Sie mit jeder Einatmung Licht in Ihren Körper einströmen und mit jeder Ausatmung Spannung ausströmen. Lassen Sie mit jeder Ausatmung mehr los, und spüren Sie sich mit jeder Einatmung in Ihrem Inneren, bis Sie ganz von Licht erfüllt sind. Nehmen Sie nun, während Sie so fortfahren, einen Ton hinzu. Beginnen Sie zu summen, und erkunden Sie mit diesem Ton das Innere Ihres Seins wie mit einem Lichtstrahl. Besonders wichtig dabei ist, sich auf Ihren Ton zu konzentrieren, sodass Ihrem Gehör nichts davon entgeht. Verändern Sie nun die Form der Lippen, und probieren Sie verschiedene Vokalklänge aus. Bewegen Sie, während Sie einem Ton zuhören, die Zunge, um ihn zu modulieren.

Wählen Sie ein Mantra, das Ihnen zusagt, und sitzen Sie entspannt, während Sie es singen. Sie können etwa das Mantra Ah des uranfänglichen Raums singen und sich gleichzeitig dabei zuhören, sodass Sie eins werden mit dem Ton, den Sie summen. Lassen Sie den Ton dann nach und nach verklingen, bis Sie in stiller Präsenz seiner Abwesenheit lauschen. Die Stille ist das Geschenk des Klangs.

7 Pilgerreisen und heilige Stätten

Tausende von Tierarten sind Migranten. Für gewöhnlich haben sie zwei Heimatstandorte, zwischen denen sie in einem jährlichen Rhythmus wechseln. Wenn die Schwalben im Frühjahr beziehungsweise Sommer in Europa eintreffen, kehren sie häufig an dieselben Plätze zurück, an denen sie im Vorjahr genistet haben. Im Herbst fliegen sie nach Südafrika, und im folgenden Frühling treten sie wieder die umgekehrte Reise an. Ihre Heimatplätze sind wie zwei Pole, zwischen denen sie hin und her wandern. Bei der Küstenseeschwalbe, einem kleineren Meeresvogel, ist das sogar buchstäblich der Fall, da sie auf ihrer jährlichen Wanderroute von ihren Brutplätzen in der Arktis in die Antarktis zieht und von dort wieder zurück in die Arktis.

Diese Wanderungen geschehen nicht ohne Grund. Die Tiere ziehen an Sommerstandorte, an denen sie günstige Bedingungen für die Aufzucht ihrer Nachkommen vorfinden, und wandern, wenn es dort Winter wird, in wärmere Gegenden mit einem größeren Nahrungsangebot ab.

Doch gibt es auch Tierarten, die solche Wanderungen ohne ersichtlichen biologischen Grund unternehmen. Die Dickkopf-Stachelmakrele wandert jedes Jahr zur Quelle des Mtentu-Flusses in Westafrika, wo sie eine Woche lang im Uhrzeigersinn Kreise zieht, bevor sie sich wieder auf den Rückweg begibt. Das Quellgebiet dient ihr weder als Laichplatz noch als Jagdgrund, weshalb man ihre jährliche Wanderung mit einer Pilgerreise verglichen hat.[1] Einige Gruppen von Schimpansen häufen unter bestimmten Bäumen ihres Territoriums Steine an, die wie von Menschen errichtete Steinhaufen aussehen und an »heilige Stätten« erinnern.[2]

Während des größten Teils seiner Geschichte war der Mensch Nomade. Unsere Vorfahren waren Jäger und Sammler, was bedeutete, dass sie in planvoller Weise umherziehen mussten, um jagdbares Wild und essbare Pflanzen zu finden. Traditionelle Völker folgten dabei hergebrachten Wanderrouten, wie die Rentierhirten Sibiriens es noch heute tun.[3] Die australischen Aborigines wanderten auf Songlines oder Traumpfaden, wobei sie in ihren Gesängen die Geschichte der Plätze erzählten, die auf ihrem Weg lagen, insbesondere der Wasserstellen und heiligen Orte.

Auch die Jäger-und-Sammler-Gesellschaften Nordamerikas, deren Rituale mit bestimmten heiligen Orten verknüpft waren, hatten auf ihrem Territorium solche Wanderrouten, die über Plätze mit natürlichen Ressourcen führten, aber auch an Orte, die in ihren Schöpfungsmythen und -gesängen eine Rolle spielten. Die in Kalifornien ansässigen Paiute und Shoshone glaubten, ihr Volk entstammte einer bestimmten heißen Quelle, die außerdem Heilkraft besaß. Die Chumash-Indianer halfen den Verstorbenen auf ihrer Seelenreise, indem sie Medizinbündel auf einem Gipfel des Santa-Lucia-Gebirges vergruben. Einer Sioux-Legende zufolge weigerte sich eine der Frauen, ihr Lager abzubrechen und dem Stamm auf seiner Wanderroute zu folgen, weil sie auf die neue Frau ihres Mannes eifersüchtig war. Sie blieb zurück und verwandelte sich in einen stehenden Felsen, der noch heute an einem Ort namens »Standing Rock« steht.[4]

Vom Nomadentum zum modernen Pilgertum

Vor etwa 12 000 Jahren setzte die neolithische Revolution ein, und die Menschen begannen, Ackerbau zu betreiben. Seither führt ein immer größer werdender Teil der Menschheit ein sesshaftes Leben in Dörfern und später in Städten. Damals ist für all unsere Vorfahren und damit auch für uns Heutige, die wir in

Dörfern oder Städten leben, die uralte Lebensweise beständiger Wanderschaft zum Abschluss gekommen.

Als die Epoche des Ackerbaus und der Sesshaftigkeit begann, setzten die Viehhirten auf der Suche nach Wasserstellen und frischen Weiden mit ihren Ziegen-, Schaf-, Yak- und Kamelherden das Wanderdasein fort, wobei sie im Sommer in die höheren Lagen wechselten und im Winter in die Täler. Nach dem biblischen Bericht wurde nach der Vertreibung von Adam und Eva aus dem Paradies einer ihrer beiden Söhne, Kain, zum Bauern und der andere, Abel, zum Hirten. Wie Abel waren auch die Patriarchen des Alten Testaments, Abraham, Isaak und Jakob, Viehhirten, die unter sesshaftem Volk umherzogen. In diesem Abschnitt ihrer Geschichte wird die Menschheit als teils sesshaft und teils nomadisch dargestellt.

Bevor sich der Ackerbau und mit ihm die sesshafte Lebensweise entwickelte, und als die Menschen noch von einem Ort zum anderen zogen, waren die heiligen Stätten mit jahreszeitlichen Festen verknüpft. Als heilig galten nicht allein diese Stätten selbst, sondern auch die Wege, die zu ihnen führten oder sie miteinander verbanden. Menschen, die sesshaft geworden waren, hielten fest an dem überlieferten Brauch, die heiligen Orte aufzusuchen, und in manchen Fällen wurden die alten nomadischen Wanderbewegungen durch ritualisierte Wallfahrten in Form religiöser Prozessionen ersetzt.[5]

Mit dem Wachstum der Städte hatten die Pilgerreisen zunehmend von Menschenhand errichtete Tempel zum Ziel. Die Städte der alten Welt erhielten durch den Bau von Tempeln wie im antiken Ägypten und Sumer ihre Weihe und auch Rechtfertigung. Im Zentrum aller großen Stadtstaaten Sumers stand ein Tempel. Weniger urbane Zivilisationen errichteten ausgedehnte Kultstätten wie die Steinkreise von Avebury und Stonehenge in England, die vor mehr als 4000 Jahren entstanden, ungefähr zur selben Zeit wie die ägyptischen Pyramiden.

Diese weitläufigen Anlagen müssen Orte gewesen sein, an denen die Bevölkerung auf einer Art Urwallfahrt zu jahreszeitlichen Festen zusammenkam.

In *Staat* rät Platon den Siedlern in einer neuen Kolonie, zunächst die heiligen Stätten der Gottheiten des Landes zu erkunden, um sie und die bestehenden Festtage mit den entsprechenden Inhalten der eigenen Religion zu verknüpfen.[6] Zu Platons Zeiten hatten bereits zahlreiche Religionen diese Praxis übernommen, und viele sind ihnen später darin gefolgt, einschließlich der orthodoxen und katholischen Kirche. Moses und Josua führten die Israeliten aus der ägyptischen Sklaverei ins Gelobte Land, nämlich nach Kanaan oder Palästina. Als sie sich dort niederließen, huldigten sie ursprünglich einer Anzahl von heiligen Stätten, die schon lange vor ihrer Ankunft von Menschen verehrt worden waren – so auch Silo, ein Ort der Bronzezeit, der den Kanaanitern heilig war und an dem Josua das heilige Zelt errichtete. Die Israeliten verrichteten ihre Gottesdienste ebenfalls in heiligen Hainen und auf Hügeln und verehrten den heiligen Stein von Bethel, wo Jakob seine Traumvision von den Engeln hatte, welche die Himmelsleiter auf und ab stiegen. Schon in vorjüdischer Zeit gab es in Palästina viele heilige Megalithe, und der Stein von Bethel könnte einer dieser alten Steine gewesen sein, als Jakob dort seine Vision empfing.[7] Er hatte diesen Stein mit Öl begossen und an der Stelle einen Altar errichtet. Seine Nachkommen wurden in Ägypten später zu Sklaven. Als sie nach vielen Generationen hierhin zurückkehrten, machten sie Bethel zu einem bedeutenden Wallfahrtsort.

Nach der Errichtung des Tempels durch König Salomon um das Jahr 950 v. Chr.[8] wurde Jerusalem zu einem zentralen Wallfahrtsort, insbesondere zur Zeit der hohen Festtage. Mehr als 200 Jahre später zerstörte Hiskija, von 725 bis 696 v. Chr. König von Juda, die Hügel-Heiligtümer und andere heilige Stätten, um alle Pilgerströme auf den Jerusalemer Tempel zu vereinen. Aber es gelang ihm nicht, den Gottesdienst in Bethel zu verdrängen, das Jerusalem weiterhin den Rang eines religiösen Zentrums streitig machte. Erst unter König Joschija (um 647–609 v. Chr.) kam die Zentralisierung des jüdischen Gottesdienstes zum Abschluss, indem er das Heiligtum von Bethel zerstören und die noch verbliebenen heiligen Haine fällen ließ. Die jüdische Pilgerschaft war fortan in ihren Grundzügen urban und auf den städtischen Tempel konzentriert anstatt wie zuvor auf eine Vielzahl von Hainen, Heiligtümer und andere heilige Stätten verteilt. Immerhin blieb das Prinzip der Pilgerschaft erhalten.

Im klassischen Griechenland hatte jeder Stadtstaat seinen zentralen Tempelbau, zu dem die Bürger bei den regelmäßigen Festlichkeiten von weit her strömten. In Athen wurden alle vier Jahre die großen Panathenäen gefeiert, die ihren Höhepunkt in einer Prozession auf der Akropolis hatten, wie sie auf dem Fries des Parthenon dargestellt ist, dem Tempel der Schutzgöttin Athene.[9] Außer diesen lokalen Ereignissen gab es gesamtgriechische Pilgerzentren wie das Heiligtum von Delphi, wo die Pilger das Orakel befragten, und Olympia, das Heiligtum des Zeus, wo alle vier Jahre die Olympischen Spiele stattfanden. Hier konnte das Volk miterleben, wie seine Wettkämpfer – als die Verkörperung der Heroenmythen – in einem grandiosen Spektakel Höchstleistungen an Kraft, Geschwindigkeit und Ausdauer erbrachten.

Zu den Traditionen des klassischen Griechenlands gehörte noch ein weiterer wesentlicher Zweck des Pilgerns: die Wiederherstellung der eigenen Gesundheit. Eine große Zahl von Pilgern strömte zu dem Heiligtum von Epidauros in der Hoffnung auf göttliche Heilung durch Apollon und Asklepios. Sie brachten ihnen Opfer dar, und viele von ihnen erklärten, durch Traumvisionen, die sie während ihres Schlafs im Heiligtum empfangen hatten, geheilt worden zu sein.[10]

Diese Tradition der Traumeingebung setzte sich innerhalb der griechisch-orthodoxen Kirche fort, insbesondere in solchen Kirchen, die den heilkundigen Zwillingsbrüdern Kosmas und Damian gewidmet sind, denen die erste Beintransplantation gelungen sein soll. Noch heute verbringen Pilger in manchen orthodoxen Kirchen und Klöstern die Nacht in der Hoffnung auf göttlich inspirierte Träume und Heilung.

Auch muslimische Pilger schlafen bis auf den heutigen Tag an den Kultstätten von Sufi-Heiligen in der Hoffnung, Heilträume zu empfangen. Als ich in Hyderabad lebte, nahmen mich ein paar muslimische Freunde zu einem solchen Ort mit. Er lag in einer alten Karawanserei auf einem von einer Mauer umgebenen Gelände, auf dem Reisende sich ausruhen konnten. Das eigentliche Heiligtum befand sich in einem Innenhof, in dem Familien verstreut waren, die ihr Nachtlager vorbereiteten, um einem leidenden Familienmitglied beizustehen. Sie beteten um Träume, in denen ihnen der Heilige erschien und zur Seite stand. Wie man mir sagte, empfingen dabei viele Menschen solche Heilungsträume.

Auch im Römischen Reich gab es etliche Pilgerstätten. Einige lagen an Quellen und Flüssen oder in heiligen Hainen und wurden nur von den Menschen aus der Umgebung aufgesucht. Andere waren weithin bekannt, und ihr Besuch war oft mit einer vieltägigen Reise zu Fuß verbunden. Einige der Pilgerbräuche glichen denen heutiger buddhistischer Mönche. So beschreibt eine Schrift aus dem 2. Jahrhundert n. Chr. namens *Die syrische Göttin*, wie sich die Pilger auf ihre Reise in die »heilige Stadt« Hierapolis (in der heutigen Türkei) vorbereiteten. Bevor sie aufbrachen, rasierten sie sich Kopf und Augenbrauen, und unterwegs schliefen sie niemals in einem Bett, sondern immer nur auf dem Boden, und sie wuschen sich stets nur mit kaltem Wasser.[11]

Für die frühen Christen war Jerusalem wegen seiner Bedeutung für Jesu Leben, Tod und Auferstehung das wichtigste Pilgerziel. Jesus selbst durchwanderte das Heilige Land zu Fuß und besuchte Jerusalem an den Festtagen.

Eine der ersten und bedeutendsten christlichen Pilgerinnen war die heilige Helena (um 248–330 n. Chr.). Sie begab sich auf die Suche nach den wichtigen Lebensstätten Jesu und forschte nach Relikten, so auch nach dem Kreuz, an dem er gestorben war. Ihr Sohn Konstantin bekannte sich zum Christentum, gründete Konstantinopel, das in der Folge zur Hauptstadt des Oströmischen Reichs aufstieg, und ließ an der Stelle, wo man die Ruhe- und Auferstehungsstätte Jesu vermutete, die Grabeskirche errichten.

Für Christen, Juden und Muslime ist Jerusalem noch immer ein bedeutsamer Pilgerort. Bei seiner visionären »Nachtreise« flog Mohammed auf einem Ross namens Blitz zum Tempelberg in Jerusalem, wo er nach islamischer Überlieferung Abraham, Moses und Jesus begegnete und mit ihnen als ihr Imam betete. Gabriel führte Mohammed daraufhin zur Felsenspitze, wo eine goldene Leiter erschien, auf der er durch die sieben Himmel zu Allah emporstieg, von dem er Unterweisungen für sich selbst und seine Gefolgsleute empfing. An diesem Ort steht der Felsendom, eine der heiligsten Stätten des Islams.

Innerhalb der christlichen Welt wurden viele Grabstätten der Märtyrer und Heiligen zu Pilgerorten. Man glaubte, dass die Reliquien der Heiligen die Pilger mit dem himmlischen Reich verbinden, in das sie aufgestiegen waren; und ihre Gräber galten als Orte, an denen Himmel und Erde einander berühren. Durch ihre irdischen Überreste konnten die himmlischen Heiligen zugleich an ihren Gräbern zugegen sein. Bereits im 3. Jahrhundert n. Chr. waren diese Grabstätten das Ziel von Pilgerfahrten, und im 6. Jahrhundert hatten sie sich zu Zentren des Kirchenlebens entwickelt. Innerhalb der Westkirche war die Macht und Autorität der Bischöfe an die

Heiligenschreine geknüpft, die häufig von Kathedralen beherbergt wurden.[12]

Mohammeds Heimatort Mekka war schon zur Zeit seiner Geburt ein wichtiges Pilgerziel, in dessen Mittelpunkt die Kaaba mit dem Schwarzen Stein steht, der nach der islamischen Überlieferung vom Himmel gefallen sein soll. Der Schwarze Stein ist an einer Ecke in der Mauer der Kaaba eingelassen, des würfelförmigen Gebäudes im Zentrum von Mekka, das die Pilger siebenmal gegen den Uhrzeigersinn umrunden. Die Kaaba ist eine der wenigen heiligen Stätten der Welt, deren rituelles Umschreiten nicht im Uhrzeigersinn geschieht.

Indien ist auch heute noch durchzogen von einer großen Zahl von Pilgerrouten, die zu heiligen Höhlen führen wie der von Amarnath hoch oben in den Bergen von Kaschmir, zu den Quellen heiliger Flüsse wie dem Ganges, zu heiligen Bergen wie dem Kailash in Tibet und einer Vielzahl von Tempeln, heiligen Bäumen, Flüssen, Felsen- und Hügelheiligtümern. Auch Buddhisten haben heilige Orte, zu denen sie pilgern, wie Bodhgaya, der Ort, an dem Buddha unter einem Bodhi-Baum oder einer Pappelfeige Erleuchtung erlangte.[13]

Auf der ganzen Welt gibt es Pilgerreisen in der einen oder anderen Form, und das Pilgern scheint tief in der Natur des Menschen verwurzelt zu sein. Seine Ursprünge liegen in den jahreszeitlichen Wanderungen von Jägern und Sammlern oder in noch früherer Zeit, nämlich den Tierwanderungen, die es seit vielen Millionen Jahren auf der Erde gibt.

Gerade wegen dieser uralten Wurzeln wurde das Pilgertum in Europa von der protestantischen Reformationsbewegung verfolgt und unterdrückt. Die Reformer gründeten ihren Glauben auf die Autorität der Bibel anstatt auf die vorchristlichen Traditionen, die über Jahrhunderte von der katholischen Kirche assimiliert und in die christliche Glaubenslehre integriert worden waren, zusammen mit neueren Bräuchen und Traditionen zu Ehren der christlichen Heiligen.

In England gab es große Wallfahrten zum Grab des heiligen Thomas Becket in der Kathedrale von Canterbury, dessen Märtyrertum symbolisch für den Widerstand gegen die weltliche und insbesondere die königliche Macht stand. Thomas galt unter den Pilgern auch als »the Great Doctor«, dem in Zeiten ohne erschwinglichen ärztlichen Beistand besondere Heilfähigkeiten zugeschrieben wurden. Diese Heilkraft sollte einem Wasser innewohnen, das mit seinem Blut, dem »Blut des heiligen Thomas«, eingefärbt war und den Pilgern in der Nähe seines Grabes in Bleifläschchen verkauft wurde. Eine solche Wallfahrt nach Canterbury verewigte Geoffrey Chaucer (um 1342–1400) in seinen *Canterbury Tales*. Sie bestehen aus Geschichten, die sich die Pilger auf ihrer Reise erzählten.

Ein anderes großes Pilgerzentrum war Walsingham in Norfolk, wo es ein Heiligtum der Jungfrau Maria mit einer schwarzen Madonna und einem Gebäude gab, welches das Heilige Haus repräsentierte, in dem die Verkündigung durch den Engel Gabriel geschah. Ein weiteres war die große Abtei von Glastonbury, von der es hieß, dass dort König Artus begraben sei. Josef von Arimatäa (der für das Begräbnis Jesu nach dessen Kreuzigung sorgte) soll auf einem nahe gelegenen Hügel seinen Wanderstab in die Erde gesteckt haben, wo er Wurzeln trieb und zum heiligen Dornbusch heranwuchs, der an jedem Weihnachtstag blühte. Normalerweise blüht Weißdorn im Mai. Noch heute blühen zur Weihnachtszeit in Glastonbury Weißdornbäume, die Ableger des ursprünglichen heiligen Weißdorns sein sollen.

Aber es stand nichts über Canterbury, Walsingham oder Glastonbury in der Bibel, und daher waren die Pilgerreisen aus Sicht der protestantischen Reformer gegenstandslos. Sie waren nicht durch die Heilige Schrift autorisiert.

Im Jahr 1538 ließ König Heinrich VIII. (1491–1547) durch seinen Handlanger Thomas Cromwell alle englischen Pilgerreisen verbieten. Das Dekret gegen das Pilgertum zeugt von einem strengen protestantischen Geist:

> [Die Menschen sollen] nicht ihr Vertrauen in andere von menschlicher Fantasie ersonnene Werke setzen als allein in die Heilige Schrift – wie mit Wanderungen zu Wallfahrtsorten, den Geld- und Kerzenspenden vor Abbildern und Reliquien oder dem Küssen oder Ablecken derselben und dem Beten des Rosenkranzes, mit Worten, die weder bedacht noch verstanden sind.

Die Heiligtümer wurden zerstört, die Abteien und Klöster aufgelöst und ihre Besitztümer vom König konfisziert. Durch die Auflösung der Klöster wurde das Pilgertum in doppelter Hinsicht zerschlagen, indem es nicht nur der bedeutenden Pilgerziele, sondern auch der Raststationen beraubt wurde, die den Pilgern unterwegs Kost und Logis boten.

Auch in anderen protestantischen Ländern wurde das Pilgertum bekämpft. Im Jahr 1520 erklärte Martin Luther, dass alles Pilgern beendet werden solle, denn es gebe nichts Gutes dabei, vielmehr böte es zahllose Gelegenheiten, zu sündigen und Gottes Gebote zu missachten.[14]

Solchen Angriffen sah sich das Pilgertum weder in den katholischen Ländern Europas noch seitens der orthodoxen Kirchen des Ostens ausgesetzt; vielmehr besteht es in vielen katholischen und orthodoxen Ländern bis heute in alter Form weiter. Auch in Irland hat das Pilgertum überdauert – trotz der Versuche des englischen Protestantismus, es abzuschaffen, und viele Pilger ziehen noch immer zum Purgatorium des heiligen Patrick, dem Inselheiligtum im Lough Derg im County Donegal, und besteigen den heiligen Berg Croagh Patrick im County Mayo.

Der berühmteste europäische Wallfahrtsort ist Santiago de Compostela in Spanien. Er hat nicht nur seit dem Mittelalter als Pilgerziel überdauert, sondern in den vergangenen dreißig Jahren eine einzigartige Renaissance erlebt, worauf ich weiter unten noch zu sprechen komme.

In Lateinamerika setzten die europäischen Eroberer die Tradition der katholischen Kirche fort, indem sie die vorchristlichen heiligen Stätten assimilierten und christianisierten. Nachdem der Tempel der aztekischen Muttergottheit in der Nähe von Mexico City im Jahr 1519 zerstört worden war, empfing 1531 ein Indio an diesem Ort Visionen mit der Jungfrau Maria. Später wurde an der Stelle ein Heiligtum errichtet, und heute befindet sich dort die Basilika Unserer Lieben Frau von Guadalupe mit dem berühmten Gnadenbild Marias auf der Mondsichel. Die Basilika ist der meistbesuchte Wallfahrtsort in der katholischen Welt.

Im Gegensatz dazu hatten die protestantischen Siedler Nordamerikas keinerlei Interesse an den heiligen Orten der Ureinwohner. Mittels des englischen Gewohnheitsrechts wurde die Heimat der Urbevölkerung zum Vacuum Domicilium erklärt, zum unbewohnten Niemandsland, das nach Erschließung und Kultivierung verlangte.[15]

In einigen traditionell katholischen und orthodoxen Ländern wurde das Pilgertum nicht von christlichen Reformern, sondern von antichristlichen Revolutionären bekämpft. Sie wollten das Pilgertum einfach deshalb ausmerzen, weil es religiöser Natur war. Die Französische Revolution, die 1789 begann, zielte darauf ab, die Macht der katholischen Kirche und des Königs zu brechen. 1793 wurde von der Revolutionsregierung der Kult der Vernunft als Staatsreligion ausgerufen und die Kathedrale Notre-Dame in einen Tempel der Vernunft umgewandelt. Andere Kirchen und Kathedralen wurden säkularisiert. Das Pilgertum wurde verboten.

Unter der atheistischen Regierung der Sowjetunion wurden Kirchen geschlossen, Priester hingerichtet, Klöster zerstört und wurde die Ausübung der Religion verboten. Heiligtümer wurden systematisch entweiht, zuletzt in einer Kampagne von 1958, die sich gegen »sogenannte heilige Orte« richtete und die endgültige Auslöschung des Pilgertums zum Ziel hatte.[16]

Allerdings verwarfen die Kommunisten die Idee des Pilgerns an Reliquienorte nicht gänzlich, sondern kreierten ihre eigene Version. Einige der Sowjetvisionäre waren überzeugt, dass die Wissenschaft eines Tages den Tod besiegen und dem Menschen Unsterblichkeit verleihen werde. Als Lenin (1970–1924) starb, wurde eine offizielle Kommission eingesetzt, deren Aufgabe es war, den Leichnam bis zu seiner Wiederbelebung so gut wie möglich zu konservieren. Er wurde in der Hoffnung einbalsamiert, dass er lange genug erhalten bleibt, bis man einen Weg zur Reanimation finden würde – ähnlich wie sich einige amerikanische Millionäre nach ihrem Tod in der Hoffnung auf Wiederauferstehung einfrieren lassen (entweder den ganzen Körper oder nur den Kopf, was kostengünstiger ist).[17]

Der Leichnam Lenins wurde in einem Mausoleum am Roten Platz aufgebahrt, das sich schnell zu einem Zentrum kommunistischer Pilgerschaft entwickelte. Millionen von Menschen besuchten während der sowjetischen Ära Lenins Grabmal, und noch heute zieht es Besucher an. Sie sind offiziell dazu angehalten, ihm Respekt zu erweisen: Männer müssen den Hut abnehmen, und es ist verboten, zu sprechen oder Fotos zu machen.[18] Auch das Mausoleum Mao Zedongs (1893–1976), das in der Mitte des Tiananmen-Platzes in Peking steht, zieht einen beständigen Strom von Pilgern an, die Blumengaben darbringen, während sie an Maos einbalsamiertem Leichnam vorüberziehen.

Einwände gegen das Pilgertum

Protestanten und politische Revolutionäre, die versuchten, das religiöse Pilgertum abzuschaffen, waren freilich nicht die Einzigen, die daran Anstoß nahmen. Über die Jahrhunderte gab es vier Haupteinwände gegen das Pilgertum, die von gläubigen Menschen selbst vorgebracht wurden:

Der erste und wesentlichste Einwand lautete, dass Wallfahrten unnötig seien. Gott ist überall, und Menschen können zu ihm beten, wo immer sie sind. Es besteht keine Notwendigkeit, dafür spezielle Orte aufzusuchen. Der heilige Gregor von Nyssa (335–394 n. Chr.) sagte: »Ein Ortswechsel bringt euch Gott nicht näher, aber wo immer ihr seid, wird Gott zu euch kommen.« Sein Zeitgenosse, der heilige Hieronymus (347–420 n. Chr.), pflichtete dem bei: »Der Zugang zum himmlischen Reich ist von Britannien aus ebenso leicht wie von Jerusalem.«[19] Weite Reisen waren also nicht erforderlich. Manche stellten dem äußeren Pilgertum dessen Verinnerlichung entgegen, indem sie das ganze Leben als eine Pilgerreise betrachteten. Im protestantischen Kontext ist das berühmteste Beispiel dieser Auffassungsweise die *Pilgerreise zur seligen Ewigkeit* des Baptistenpredigers und Schriftstellers John Bunyan (1628–1688). Allerdings ist die Vorstellung vom persönlichen Lebensweg als einer Pilgerreise eine Metapher, die die reale Pilgerschaft voraussetzt. Wer niemals eine Pilgerreise unternommen hat, für den bleibt dieses Bild eine bloße Idee, die nicht mehr in lebendiger Erfahrung wurzelt. Manche Menschen mögen für sich einen Weg gefunden haben, überall in der Präsenz Gottes zu leben, sodass sie der Notwendigkeit des Pilgerns enthoben waren. Vielleicht haben aber einige von ihnen diese Ebene überhaupt erst erlangt, weil sie sich zuvor auf Pilgerschaft begeben hatten. Bei diesem Argument gegen das Pilgern geht es also eher um dessen Überwindung als darum, es von vornherein zu unterlassen.

1. Pilgertum ist Idolatrie, also Götzendienst. »Du sollst dir kein geschnitztes Bild machen«, heißt es im zweiten Gebot. Wenn Pilger menschengemachte Idole anbeten, dann wäre das Götzendienst. Aber Reliquien von Heiligen waren keine geschnitzten Bilder, und ebenso wenig galt das für heilige Quellen oder heilige Steine. Doch wie sah es mit Ikonen aus? In der Frühzeit der Kirche dienten Ikonen häufig als Hilfestellung beim Gebet oder bei der Meditation. Eine bildliche Darstellung Christi oder der Heiligen erleichterte es, mit ihnen in Verbindung zu treten, und ein wesentliches Argument zur Verteidigung der Ikonen lautete, dass Jesus Christus die Fleischwerdung Gottes war. Gott hatte menschliche Form angenommen, und daher war seine Darstellung in Menschengestalt kein Götzendienst. Um 730 n. Chr. soll der byzantinische Kaiser Leo III. der älteren Forschung nach die Verehrung von Ikonen verboten haben. Das Reich wurde erschüttert von dem nachfolgenden Ausbruch des Ikonoklasmus, wörtlich der »Bilderzertrümmerung« (vom gleichbedeutenden mittelgriechischen Wort *eikonoklasmós*). Nach dem Tod Leos wurde die Ikonenverehrung durch Kaiserin Irene wieder zugelassen, und nach einem weiteren Ausbruch des Ikonoklasmus zwischen 815 und 843 von der Regentin Theodora II. erneut gestattet. Seither wird die endgültige Rehabilitierung der Ikonen von der orthodoxen Kirche am ersten Sonntag der Fastenzeit mit dem Fest der Orthodoxie gefeiert. Mit der protestantischen Reformationsbewegung lebte der Bildersturm wieder auf. Während der Regentschaft König Heinrichs VIII. wurden unter Thomas Cromwell viele Heiligen- und Engelbildnisse sowie bunte Kirchenfenster zerstört. Unter Cromwells Namensvetter (und Verwandten) Oliver Cromwell gab es in der republikanischen Periode Englands (1649–1660) dann eine zweite Welle des Ikonoklasmus. Dennoch blieben viele Gemälde, Kruzifixe, Statuen und bemalte

Kirchenfenster verschont, und nach der Wiedereinsetzung der Monarchie im Jahr 1660 waren religiöse Bildwerke auch innerhalb der Kirche von England rehabilitiert. Im 21. Jahrhundert trat mit der Sprengung der Buddha-Statuen durch Taliban-Milizen in Afghanistan und der Zerstörung antiker Bauwerke durch den sogenannten Islamischen Staat (IS) im Irak und in Syrien der Ikonoklasmus erneut in Erscheinung. Für viele Formen des Pilgertums ist die Frage der Idolatrie jedoch unerheblich, da die Pilgerziele häufig keine von Menschen gemachten Bildwerke sind – wie heilige Höhlen, Quellen, Berge und Steine oder die Reliquien von Heiligen.

2. Das Pilgertum beruht auf Aberglauben. Es ist rückständig, überholt und dumm und längst durch ein reiferes Verständnis von Erleuchtung abgelöst. »Aberglaube« bedeutet wörtlich »Irrglaube«, ein Glaube, der in die verkehrte Richtung geht.[20] Aus der Sicht der frühen Christen waren die Bräuche anderer Religionen abergläubisch. Aus Sicht der protestantischen Reformer waren die Bräuche der katholischen Kirche abergläubisch. Und aus Sicht der Intellektuellen des Aufklärungszeitalters war jede Religionsausübung abergläubisch und wurde daher während der Schreckensherrschaft der Französischen Revolution unterdrückt. Auch unter den atheistischen Regierungen der Sowjetunion, des kommunistischen China und Kambodschas unter Pol Pot (1925–1998) galt die Ausübung von Religionen als abergläubisch und wurde zugunsten der marxistischen Philosophie des Materialismus verdrängt. Die Ablehnung des Pilgertums als Aberglauben ist eine Konsequenz traditionsfeindlicher und antireligiöser Weltbilder und sagt mehr über diese Weltbilder aus als über das Pilgertum selbst.
3. Pilgerreisen schaffen Gelegenheit, sich der Untreue, der Unzucht, dem Trunk und anderem schimpflichen Tun hinzugeben, und die Wallfahrtsorte selbst sind kommerzialisiert.

Chaucers *Canterbury Tales* sind voller sexueller Freizügigkeiten, und zweifellos handelt es sich dabei nicht nur um Fantasiegeschichten. Dieser besondere Einwand gegen das Pilgertum erscheint aber in der heutigen westlichen Welt als irrelevant, auch wenn er in anderen Gegenden seine Berechtigung haben mag. Um sich auf sexuelle Abenteuer einzulassen, muss sich in modernen, säkularen Gesellschaften niemand mehr auf eine Pilgerreise begeben, und der säkulare Tourismus hat noch weit mehr Kommerzialisierung und Nepp zur Folge.

Pilgertum und Tourismus

Auch wenn das Pilgertum in protestantischen Ländern und von Revolutionsregierungen unterdrückt wurde, war damit nicht das Bedürfnis erloschen, heilige Stätten aufzusuchen. Im Lauf der 200 Jahre, in denen das Pilgertum in ihrem Land verboten war, haben die Engländer den Tourismus erfunden, der heute eine gigantische Industrie darstellt, die im Jahr 2016 weltweit Einnahmen von 1220 Milliarden Dollar erzielte.[21]

Tourismus ist oftmals eine Art verhindertes Pilgertum. Viele Reisende suchen nach wie vor die alten heiligen Stätten auf: Seien es die Pyramiden und Tempel in Ägypten, die großen Kathedralen Europas, die Tempel, heiligen Flüsse und Berge Indiens, sei es der Steinkreis von Stonehenge, der Uluru (Ayers Rock) in Australien, der Sonnentempel von Machu Picchu in Peru und so weiter. Während aber Pilger traditionell zu Fuß zu ihrem Ziel unterwegs sind und dabei oft große Strapazen auf sich nehmen, reisen Touristen mehr oder weniger bequem mit dem Auto, dem Bus oder dem Flugzeug. Die heiligen Stätten suchen sie nicht auf, um zu beten oder Opfergaben darzubringen. Viele haben das Gefühl, sich als säkular und modern eingestellte Menschen geben zu müssen, die in erster Linie ein kulturhistorisches Interesse bewegt. Von

Fremdenführern werden sie mit historischen Details überschüttet, die zum einen Ohr hinein- und zum anderen wieder hinausgehen.

Worin liegen nun die Hauptunterschiede zwischen Touristen- und Pilgerreise? Beide führen an dieselben Plätze, aber mit unterschiedlichen Intentionen. Pilger suchen einen heiligen Ort auf, um innerlich mit ihm Verbindung aufzunehmen, und diesen Ort zu erreichen ist der Sinn ihrer Reise. Sie machen sich mit der Absicht auf den Weg, sich für eine Wohltat dankbar zu erweisen oder für etwas zu beten, das sie sich erhoffen, wie Heilung oder Inspiration, oder auch, um für eine Verfehlung Buße zu tun. Touristen machen sich auf den Weg, um neue Orte kennenzulernen, um etwas über deren Geschichte zu erfahren und um Fotos zu machen. Dennoch suchen auch sie gezielt die alten heiligen Stätten auf, von denen sie sich weiterhin angezogen fühlen; und nicht umsonst nennt man diese Orte häufig »Touristen*attraktionen*«.

Bei ihrer Heimkehr haben Pilger oft Mitbringsel im Gepäck, um durch sie auch andere an ihrer Wallfahrt und deren Segnungen teilhaben zu lassen. In Indien bringen viele Prasad mit, einem Gott oder einer Göttin gewidmete heilige Opferspeisen, die in einem Tempel geweiht und anschließend im Kreis der Familie und Freunde verzehrt werden. Auch die Pilger des europäischen Mittelalters brachten geweihte Gegenstände von den heiligen Wallfahrtsorten nach Hause. Häufig handelte es sich dabei um Plaketten, die eine doppelte Funktion erfüllten: einerseits als Symbol des am Wallfahrtsort empfangenen Segens; andererseits als sichtbares Abzeichen, mit dem sein stolzer Träger zu erkennen gibt, dass er eine mühselige Pilgerreise auf sich genommen hat. Auch Touristen kehren mit Souvenirs und Fotos heim, können jedoch, im Unterschied zu Pilgern, keinen Segen weitergeben, den sie nicht selbst empfangen haben.

Aber auch wenn wir im Zeitalter eines beispiellosen Massentourismus leben, ist in den letzten Jahrzehnten eine bemerkenswerte Renaissance des Pilgertums zu beobachten.

Die Wiederkehr des Pilgertums

Auch jene frühen Christen, die Pilgerreisen im eigenen Land missbilligten, taten sich schwer damit, Wallfahrten ins Heilige Land zu verurteilen. Trotz all des Fragwürdigen, das diesen heiligen Stätten anhaftete, nannte der heilige Gregor von Nyssa sie »Denkmäler der unermesslichen Liebe des Herrn zu uns Menschen«. Und es waren die Wallfahrten des 19. Jahrhunderts nach Jerusalem, durch die das Pilgertum in der protestantischen Welt erneut zu Ansehen gelangte. Prinz Edward (1841–1910), der Sohn Königin Victorias und spätere König Edward VII., unternahm im Jahr 1862 eine Wallfahrt ins Heilige Land und verlieh damit dem Pilgertum das Siegel königlicher Anerkennung und Würde. Von 1869 an bot der baptistische Geistliche und Tourismuspionier Thomas Cook (1808–1892) unter anderem organisierte Pilgerreisen ins Heilige Land an, worin die Anfänge der globalen Reiseagentur zu sehen sind, die seinen Namen trägt. Und Prinz George (1865–1936), der spätere König George V., trat eine von Cook organisierte Pilgerreise an. Im späten 19. Jahrhundert begann man in England, zu den Kathedralen des Landes zu pilgern, und im 20. Jahrhundert wurden einige Wallfahrtsorte wiederbelebt, die während der Reformation abgeschafft worden waren, so das Heiligtum unserer Lieben Frau in Walsingham, Norfolk.

Im Mittelalter war die etwa 60 Kilometer von Paris entfernte Kathedrale von Chartres einer der bedeutendsten Wallfahrtsorte in Europa. Schon vor dem Bau der Kathedrale war ein heiliger Brunnen, der Puits des Saints-Forts (»Brunnen der starken Heiligen«), ein wichtiges Pilgerziel. Die Kathedrale wurde um ihn herum erbaut, und er kann noch immer in der Krypta besichtigt werden. Unweit des Brunnens befindet sich ebenfalls in der Krypta eine Skulptur Unserer Lieben Frau von Chartres, eine schwarze Madonna. Mit der Französischen Revolution kam das Pilgertum abrupt zum Erliegen, und seine moderne Erneuerung setzte erst 1912 ein, als der Dichter Charles Péguy (1873–1914) mit einer Gruppe von Freunden eine Wallfahrt nach Chartres unternahm, über die er ein Buch schrieb, das zum Bestseller wurde. Heute besuchen jedes Jahr Zehntausende von Pilgern Chartres, einige von ihnen auf einer dreitägigen Fußpilgerschaft von der Kathedrale Notre-Dame in Paris aus.[22]

Auch Santiago de Compostela war im mittelalterlichen Europa einer der bekanntesten Wallfahrtsorte. Die dortige Kathedrale soll die Reliquien des heiligen Jakob beherbergen, des Schutzpatrons Spaniens. Wie groß die Pilgerströme waren, ist schwer einzuschätzen. Einen Hinweis auf die Zahlen liefert jedoch der Umstand, dass im Kloster von Roncesvalles, einem der ersten Rastplätze französischer Pilger auf spanischem Boden nach ihrer Überquerung der Pyrenäen, jährlich um die 100 000 Gäste verköstigt wurden.[23]

Bereits im Zuge der protestantischen Reformation ging die Zahl der Pilger, die von Nordeuropa nach Santiago de Compostela zogen, stark zurück. Als sich dann Spanien mit dem elisabethanischen England im Krieg befand, überfiel Sir Francis Drake (um 1540–1596) mit seiner Flotte 1589 die nahe gelegene Hafenstadt La Coruña, und der Erzbischof von Santiago ließ die Reliquien an einen geheimen Ort bringen, um sie vor den Engländern zu verbergen. Das gelang ihm so gut, dass der Heiligenschrein fast 300 Jahre lang leer blieb und die Zahl der Pilger auf einen kleinen Bruchteil schrumpfte. Erst 1789 wurden die Reliquien wiederentdeckt, und nachdem Papst Leo XIII. (1810–1903) sie für echt erklärt hatte, fanden sie 1884 wieder ihren Platz unter dem Hauptaltar, wo sie sich bis zum heutigen Tag befinden.[24] Dennoch gewann Santiago de Compostela als

Wallfahrtsort erst ab 1949 wieder an Bedeutung, als sich eine kleine Gruppe französischer Gelehrter auf Pilgerschaft dorthin begab. Von dieser Reise wurden Filmaufnahmen gemacht, die in den Fünfzigerjahren im Fernsehen zu sehen waren und dazu beitrugen, das Interesse neu zu entfachen. Trotzdem blieben die Pilgerzahlen klein. In den Achtzigerjahren sorgten einige Liebhaber dafür, dass der Camino mit Wegmarkierungen versehen wurde, und richteten mehrere Raststationen für die Pilger ein.

Doch dann geschah etwas Erstaunliches. In der Tabelle sehen Sie die von den spanischen Behörden dokumentierte Entwicklung der Pilgerzahlen auf dem Jakobsweg.

Anzahl der Pilger, die jährlich zu Fuß, mit dem Fahrrad oder zu Pferd nach Santiago de Compostela kommen:

JAHR	ANZAHL
1987	1000
1991	10 000
1993	100 000
2004	180 000
2015	263 000

Die große Mehrheit der Pilger ging zu Fuß, während eine Minderheit von etwa 10 Prozent mit dem Fahrrad unterwegs war und weniger als 1 Prozent mit dem Pferd.[25] Nicht eingerechnet sind Pilger, die mit dem Flugzeug, Zug, Bus oder Auto angereist sind.

Wie schon im Mittelalter gibt es heute ein weitverzweigtes Wegenetz, auf dem die Pilger nach Santiago gelangen. Mehrere Ausgangspunkte liegen in Frankreich, etwa in Vezelay in Burgund und in Paris, andere in Portugal und in Spanien selbst. Alle zwölf markierten Hauptrouten heißen »Jakobsweg«.

Auch in anderen Teilen Europas werden alte Pilgerrouten neu entdeckt. Das bedeutendste mittelalterliche Pilgerzentrum Norwegens war das Heiligtum des heiligen Olaf in Trondheim. Schon bald nach seinem Tod im Jahr 1030 wurden die ersten Wallfahrten dorthin unternommen, und im Mittelalter war es äußerst populär. Als jedoch die lutherische Reformation Norwegen im Jahr 1537 erreichte, wurde das Pilgertum verboten, und es kam bis zum Ende des 20. Jahrhunderts zum Erliegen, als es wieder zunehmend Menschen gab, die sich als Pilger zu Fuß auf den Weg nach Trondheim machten. In den Neunzigerjahren wurde der etwa 400 Kilometer lange Pilgerweg von Oslo nach Trondheim mit Schildern versehen und 1997 offiziell von Kronprinz Haakon neu eröffnet.[26]

In Wales und Schottland werden die alten Pilgerwege ebenfalls wieder zugänglich gemacht. In England bemüht sich der British Pilgrimage Trust, zu dessen Förderern ich zähle, darum, die alten Pilgerpfade wieder zu öffnen, allen voran den Pilgerweg, der von Southampton über South Downs nach Canterbury führt. Es handelt sich um eine 350 Kilometer lange Route, die 18 Tagesreisen umfasst und auf deren Weg 65 Kirchen, 3 Kathedralen, 75 prähistorische Stätten, 5 heilige Quellen, 15 Kloster- und Abteiruinen, 8 Flüsse, 10 heilige Hügel, 5 Schlösser, 50 Dörfer, 40 Pubs sowie 12 kleinere und größere Städte liegen.[27]

Auch in Russland wurden nach dem Ende der kommunistischen Herrschaft viele russisch-orthodoxe Kirchen und Klöster wieder geöffnet, und eine stetig wachsende Zahl von Menschen pilgert zu den heiligen Stätten.

Ich habe in Indien, auf dem europäischen Festland, in Großbritannien und im Heiligen Land eine Reihe von Pilgerreisen unternommen. Für mich war das jedes Mal eine bereichernde und oft sehr glückliche Zeit. Eine der letzten Pilgerreisen unternahm ich zusammen mit meinem Patensohn. Ich mache keine

Geburtstags- und Weihnachtsgeschenke mehr, weil die meisten Menschen schon mehr als genug Dinge haben. Stattdessen schenke ich Erlebnisse. Zu seinem vierzehnten Geburtstag schlug ich meinem Patensohn als Geschenk vor, dass wir zusammen den alten Pilgerweg nach Canterbury gehen, und zwar die letzten 16 Kilometer von einem Dorf namens Chartham aus. Ich war mir nicht sicher, ob das etwas für ihn wäre oder nicht, aber er sagte begeistert zu.

Wir nahmen den Zug bis zum kleinen Bahnhof von Chartham und zogen los. Unser Weg führte über Felder und durch Wälder, über Obstbaumwiesen und Weiden. Mittags rasteten wir auf dem Hügel von Bigbury Camp, den Überresten einer Festungsanlage aus der Eisenzeit, und am Nachmittag kamen wir durch ein Dorf namens Harbledown, wo wir nach der Black Prince's Well suchten, einer heiligen Quelle in der Nähe eines mittelalterlichen Armenhauses. Sie war so überwuchert, dass wir sie nur mit der Hilfe einer alten Dame finden konnten, die in einem der mittelalterlichen Gebäude wohnte. Die Quelle liegt in einer kleinen gemauerten Einfassung mit einem alten Steinbogen, und ein paar mit Moos bewachsene Stufen führen zu ihr hinab.

Als wir in Canterbury ankamen, war mein Patensohn ein wenig erschöpft. Er war es nicht gewohnt, so weite Strecken zu gehen, und so machten wir erst mal eine kleine Pause. Wir umschritten dann die Kathedrale im Uhrzeigersinn, um uns auf sie hin zu zentrieren, und gingen schließlich hinein. An der Stelle, wo Thomas Becket den Märtyrertod gestorben war, und in der dunklen, geheimnisvollen Krypta zündeten wir Kerzen an. Wir beteten und gingen anschließend in eine Teestube. Zum Choral Evensong kehrten wir in die Kathedrale zurück, was ein wunderschönes Erlebnis war. Dann fuhren wir mit dem Zug zurück nach London. Für uns beide war es ein ausgesprochen glücklicher Tag.

Er war der Auftakt zu einer Tradition, der wir in den kommenden Jahren folgten. Wir pilgerten gemeinsam zu einer Kathedrale, umrundeten sie im Uhrzeigersinn, besuchten das Heiligtum im Inneren und gingen dann Tee trinken, bevor wir am Choral Evensong teilnahmen. Als mein Patensohn fünfzehn wurde, besuchten wir die Kathedrale von Ely in Cambridgeshire. Wir wanderten am Ufer des Flusses Cam auf die Stadt zu, als das große mittelalterliche Gebäude in der weiten Moorlandschaft der Fens vor uns auftauchte. Vor dem Schrein der heiligen Etheldreda, einer angelsächsischen Heiligen des 7. Jahrhunderts, zündeten wir Kerzen an und ließen uns zum Gebet nieder. Im England der vorreformatorischen Zeit war ihr Grab eine bedeutende Pilgerstätte. 2016, als mein Patensohn sechzehn wurde, wanderten wir gut 12 Kilometer über den Steilhang des Lincoln Cliff, eine Formation aus Jurakalkstein oberhalb des Flusses Trent, bis zur Kathedrale von Lincoln. Der letzte Abschnitt verläuft über den gepflasterten Steep Hill, die mittelalterliche Pilgerstraße, die zur Kathedrale hinaufführt. Schließlich traten wir in den großartigen Kirchenraum ein. Am Schrein des heiligen Hugo von Lincoln beteten wir und entzündeten Kerzen, und am Abend besuchten wir wieder den Choral Evensong.

Gegenwärtig erleben wir in Europa eine bemerkenswerte Renaissance des Pilgertums. Während die modernen Gesellschaften sich zunehmend säkularisieren und materialistisch orientieren, erfährt dieser uralte spirituelle Brauch eine erstaunliche Erneuerung.

Vorzüge des Pilgerns

Bislang gibt es nur wenige wissenschaftliche Studien, die sich speziell mit dem Pilgertum befassen; die bisherigen Ergebnisse deuten jedoch darauf hin, dass es sich positiv auf Ängste und Depressionen auswirkt.[28] Abgesehen davon gibt es zahllose

Berichte über persönliche Inspirations- und Heilungserlebnisse. Viele machen außerdem die Erfahrung, dass sie bei ihren Fußreisen anderen Pilgern und Nichtpilgern auf gesellschaftlich gleicher Ebene begegnen. Die üblichen Standesunterschiede, wie sie sich über Besitz, Bildung und soziale Stellung definieren, erscheinen weniger relevant. Und das Pilgern in der näheren Umgebung bringt den großen Vorteil mit sich, wenig zu kosten und jedem offenzustehen, der laufen kann.

Die meisten wissenschaftlichen Studien zum Pilgertum sind allgemeiner Natur, und einige von ihnen belegen nur, was augenscheinlich ist. Immerhin ist es beruhigend zu wissen, dass auch das Offensichtliche Gegenstand wissenschaftlicher Forschung sein kann.

Erstens hat schon das Wandern an sich erwiesenermaßen viele positive Effekte. Es fördert die seelische Gesundheit und das Wohlbefinden, stärkt das Selbstvertrauen, hebt die Stimmung und verbessert die Schlafqualität. Außerdem trägt es zum Abbau von Stress und Angst bei und wirkt Erschöpfungszuständen entgegen.[29] Zweitens haben Menschen, die sich an der frischen Luft in der Natur bewegen, mehr davon als andere, die zu Hause oder im Fitnessstudio Sport treiben, wie schon im 3. Kapitel ausgeführt.[30] Drittens ist ein zielgerichtetes Tun befriedigender und trägt mehr zum Wohlbefinden bei als ziellose Aktivität. Das ist ein wesentlicher Grundsatz der Beschäftigungstherapie.[31] Viertens schützt Bewegung vor Depressionen und anderen Erkrankungen.[32] Fünftens wird jeder Heilungserfolg auch von persönlichen Hoffnungen und Erwartungen beeinflusst. Der Placeboeffekt hat eine enorme Macht und zeigt in Medikamententests große Wirkung, insbesondere wenn Patienten und Ärzte der Meinung sind, dass es sich um ein neues Wundermittel handelt.[33] Falls Pilgerreisen Menschen neue Hoffnung geben, was tatsächlich zutrifft, dann ist auch zu erwarten, dass der Besuch heiliger Stätten zahlreiche Heilungen bewirkt, was ebenfalls der Fall ist. Und wenn Menschen, die sich Heilung erhoffen, dabei von anderen umgeben sind, die sie in ihren Hoffnungen und positiven Erwartungen bestärken, ist dieser Heilungseffekt umso größer.

Im Lauf der Zeit hat die katholische Kirche die Rolle der Heiligen bei der Genesung betont. Die Heiligsprechung setzt das Martyrium oder einen heroischen Tugendgrad voraus. Bei Kandidaten, die kein Martyrium erlitten haben, wird außerdem der Nachweis eines Wunders gefordert, bei dem es häufig um körperliche Heilung geht. Und Millionen von Menschen pilgern in der Hoffnung auf Genesung zu heiligen Orten wie Lourdes in Frankreich.

Das in den Ausläufern der Pyrenäen gelegene Lourdes erlangte im Jahr 1858 Berühmtheit, nachdem einem Mädchen die Jungfrau Maria bei einer Grotte erschienen war. Die Jungfrau wies sie an, im Boden zu graben, worauf ihr eine Quelle entgegensprudelte. Fast unverzüglich kam es zu Heilungen, als die Menschen das Wasser tranken. Heutzutage führt die Quelle sehr viel mehr Wasser. Es quillt so reichlich aus dem Boden, dass man darin baden kann. Mit etwa sechs Millionen Pilgern jährlich ist Lourdes einer der bedeutendsten Wallfahrtsorte in Europa.[34]

Viele Tausend Menschen geben an, dort auf wundertätige Weise geheilt worden zu sein. Das »Bureau des constatations médicales«, eine offizielle städtische Behörde, prüft die Berichte von Heilungen mit wissenschaftlicher Strenge, und einige von ihnen sind als authentisch belegt.[35] Sogar Skeptiker räumen ein, dass manche sehr kranke Menschen in Lourdes wieder gesund werden, auch wenn sie bei diesen Fällen nicht von Wunderheilung sprechen. Für sie sind es Beispiele des Placeboeffekts oder auch von sogenannten »Spontanremissionen«.

Wenn eine Wallfahrt einem kranken Menschen hilft, gesund zu werden, dann wurden seine Gebete erhört. Die Heilung eine

»Spontanremission« zu nennen erklärt nicht die Remission. Wenn das Vertrauen in Gott und die heilige Muttergottes eine solche Genesung wahrscheinlicher macht, dann bewirkt der Glaube offenbar etwas.

Schwieriger zu dokumentieren ist die innere Bereicherung und Ermutigung, die viele Menschen auf ihrer Pilgerreise erfahren. Sich mit der Absicht auf den Weg zu machen, einen heiligen Ort aufzusuchen, und sich dann an diesem Ort aufzuhalten kann transformative Wirkung haben und die Erfahrung einer spirituellen Verbindung vermitteln. Warum ist das so?

Was macht heilige Orte heilig?

Heiligkeit hat etwas mit Verbindung und Beziehung zu tun. Das Wort »heilig« ist eine Weiterbildung aus »heil«, das auf eine sprachliche Wurzel mit der Bedeutung »ganz« oder »gesund« zurückgeht. Wir sind nicht heil oder heilig, wenn wir voneinander, von der mehr-als-menschlichen Welt und von dem Ursprung allen Seins getrennt sind. Wir erfahren das Heilige, wenn wir mit dem Ursprung des Lebens in Verbindung stehen, das weit über unser eigenes begrenztes Wesen hinausreicht. Einige Orte vermitteln diese Erfahrung mehr als andere, sei es aufgrund ihrer natürlichen Beschaffenheit, sei es aufgrund menschlicher Assoziationen oder auch aus beiden Gründen.

Manche Orte sind heilig, weil sie von sich aus die Qualität des Numinosen besitzen, wie manche Berggipfel, Quellen, Wasserfälle oder Höhlen. Glastonbury Tor in den englischen Summerland Meadows zum Beispiel ist ein Hügel, der sich auf markante Weise von der umliegenden Ebene abhebt. Auch wenn kein mittelalterlicher Turm auf ihm stünde, würde er durch seine auffällige Lage ins Auge springen. Der Uluru oder Ayers Rock ist eine große Sandsteinformation, ein »Inselberg«, der aus dem relativ flachen Gelände der zentralaustralischen Wüste emporragt und im Tagesverlauf die Farbe zu wechseln scheint.

Mit seiner bei Sonnenauf- und -untergang leuchtend roten Farbe ist er ein besonders auffälliges Gebilde, das für die Ureinwohner in dieser Region große kulturelle Bedeutung hat und heute außerdem eine Touristenattraktion darstellt.

Die besondere Kraft mancher Orte erklärt sich vielleicht aus ihrer Lage, durch unterirdische Wasserläufe oder elektrische Ströme, sogenannte Tellurströme, oder auch aus ihrer Einbettung in die umgebende Landschaft. Die Eigenschaften dieser Plätze hängen aber nicht nur von dieser Einbindung in die geografischen oder geologischen Umgebungsbedingungen ab, sondern ebenso von ihrer Beziehung zum Himmel und zu den Himmelskörpern.

In einigen Kulturen erkunden Menschen mit einer besonderen medialen Gabe die Kräfte von Orten und helfen manchmal bei der Entscheidung, wo ein Tempel, ein Heiligtum oder eine Grabstätte errichtet werden soll. In Europa wird diese Kunst »Geomantik« genannt und in China »Feng-Shui«, was wörtlich »Wind und Wasser« bedeutet. Die Methoden der Geomantik lassen sich nicht ohne Weiteres in die wissenschaftliche Terminologie übertragen, doch geht es bei ihnen um das Verständnis der Beziehungen zwischen der Topologie und den Energieströmen einer Landschaft. In seinem Buch *Wissenschaft und Zivilisation in China* umreißt Joseph Needham die Prinzipien des traditionellen Feng-Shui wie folgt:

> Die Form der Hügel und die Richtung der Wasserläufe hatten als Resultat der formenden Kräfte von Wind und Wasser die größte Bedeutung, aber auch Höhe und Form der Gebäude und der Verlauf der Straßen waren wesentliche Faktoren. Kraft und Natur der unsichtbaren Strömungen wurden von Stunde zu Stunde durch die Position der Himmelskörper verändert, sodass deren Aspekte in Bezug auf den infrage stehenden Ort ebenfalls zu berücksichtigen waren.[36]

Viele heilige Orte sind eine Brücke zwischen Himmel und Erde. Sie bilden eine Art Pforte wie in Jakobs Traum zu Bethel (Genesis 28,10–19). In megalithischen Kulturen kam diese Rolle der Verbindung von Himmel und Erde Menhiren zu, und im alten Ägypten erhielten sie eine besonders kunstvolle Ausführung in Form von Obelisken, also sich nach oben verjüngenden rechteckigen Säulen mit einer pyramidenförmigen Spitze, die oft aus einem einzigen Steinblock gefertigt waren. Indem sie Menhire, Obelisken, Türme oder Minarette errichteten, schufen die Menschen Orte mit einer buchstäblich vertikalen Dimension.

In den uralten heiligen Hainen Palästinas gab es der Muttergöttin Aschera geweihte heilige Bäume oder Pfähle, die wichtige Stätten des jüdischen Gottesdienstes waren, bis sie von den Propheten verurteilt und schließlich unter der Herrschaft der Könige Hiskija und Joschija zerstört wurden. In vielen hinduistischen Tempelanlagen gibt es einen metallverkleideten Flaggenmast namens »Dhvaja Stamba«, der ebenfalls Himmel und Erde verbinden soll. Die meisten christlichen Kirchen haben Türme, und vielen Moscheen steht ein Minarett zur Seite.

All diese Bauten verbinden symbolisch Himmel und Erde. Aber die Verbindung ist mehr als symbolischer Art, sie ist ganz konkret. Gerade weil Menhire, Obelisken, Türme und Minarette in den Himmel ragen, werden sie zum Ziel von Blitzeinschlägen. Von jeher haben sie als Kanäle für eine sehr reale Energie gedient, die vom Himmel zur Erde strömt und umgekehrt von der Erde zum Himmel. Heutzutage sind sie aus genau diesem Grund mit Blitzableitern versehen. Elektrizität ist ein polares Phänomen, und die elektrische Entladung durch Blitze ist ein Prozess, der in zwei Richtungen verläuft. Während sich die negative Ladung durch einen stufenweise aus ionisierten Luftmolekülen aufgebauten Blitzkanal gegen die Erde richtet, bewirkt das starke elektrische Feld, dass von höher gelegenen Objekten ein sogenannter Streamer, eine positiv geladene Fangentladung der Gewitterwolke von unten entgegenwächst. Streamer leuchten häufig dunkelblau. Aber nicht alle positiven Fangentladungen verbinden sich mit einem solchen Blitzkanal. Sie bieten sich nur an. Erst die Vorentladungen durch den Blitzkanal schließen die Lücke, wodurch es zum Blitzeinschlag kommt.

Der Blitz schlägt auch in hochgelegene natürliche Objekte wie Berggipfel ein, und Wanderern rät man daher, bei Gewittern Gipfel und Bergkämme zu meiden.[37] Bäume sind häufig Entladungskanäle für Blitze, und bestimmte Arten wie Eichen und Eschen werden häufiger getroffen als andere wie Buchen und Birken. Es ist sehr gut möglich, dass ein Grund für die Heiligkeit von Eichen in druidischer Zeit ihre Anfälligkeit für Blitzeinschläge war, und sowohl in Skandinavien als auch im antiken Griechenland waren sie dem Gott des Donners – Thor beziehungsweise Zeus – geweiht. In vielen verschiedenen Kulturen gewinnt ein Ort, an dem der Blitz eingeschlagen hat, eine besondere Bedeutung. Bezeichnenderweise trägt ein faszinierendes Buch von Peter Nabokov über die heiligen Stätten nordamerikanischer Ureinwohner den Titel *Where the Lightning Strikes* (»Wo der Blitz einschlägt«).

Bis vor etwa 200 Jahren wurden meist Sakralbauten wie Kirchtürme und Minarette zum Ziel von Blitzeinschlägen. Das änderte sich mit dem 19. Jahrhundert, als auch große säkulare Gebäude errichtet wurden wie das Washington Monument in Washington, D. C., mit fast 170 Metern der größte Obelisk der Welt, oder der 324 Meter hohe Eiffelturm in Paris. Beide Bauwerke werden häufig von Blitzen getroffen. Im 20. Jahrhundert waren die höchsten Gebäude Wolkenkratzer, die seither die Hauptziele von Blitzeinschlägen in Städten sind. In vielen kleineren Orten sind aber Sakralbauten nach wie vor die höchsten Erhebungen. Der Turm der Maria-Magdalenen-Kirche in meiner Heimatstadt Newark-on-Trent wurde um 1350 vollendet und ist mit seinen 72 Metern noch immer das bei Weitem höchste Bauwerk in Newark, das seither den Blitz in den Boden unter dieser heiligen Stätte leitet.

Bis vor Kurzem konzentrierte sich die wissenschaftliche Erklärung des Blitzes auf das Gefälle des elektrischen Potenzials zwischen Gewitterwolke und Erde, wobei man Gewitter als örtlich begrenzte Phänomene ansah. Die intuitive Einsicht der alten Welt, dass der Blitz Himmel und Erde miteinander verbindet, hat sich jedoch als wahr erwiesen. Die elektrische Ladung der Wolken steht mit elektrisch geladenen Zonen in Verbindung, die sich in rund 80 Kilometern Höhe befinden. Zwischen den Gewitterwolken und der oberen Atmosphäre kommt es zu elektrischen Entladungen in leuchtendem Orange oder Rot, sogenannten Sprites. Die obere Atmosphäre wiederum steht unter dem Einfluss des Sonnenwinds, einem Strom geladener Teilchen, der von der Sonne ausgeht, während Geschwindigkeit und Dichte des Sonnenwinds von der Aktivität unseres Zentralgestirns, wie Eruptionen, abhängig sind.

Dieses »Weltraumwetter« hat nicht nur Einfluss auf das Polarlicht, sondern auch auf die Häufigkeit von Gewittern: Je stärker der Sonnenwind, desto größer ist die Zahl der Entladungen durch Blitze.[38] Blitzentladungen stehen aber auch unter dem Einfluss von Ereignissen, die noch sehr viel weiter entfernt sind, insbesondere der kosmischen Strahlung, die von Supernovas ausgeht, also von explodierenden Sternen.

Alle hohen Gebäude werden vom Blitz getroffen, auch wenn das nur in sehr wenigen Fällen aufgezeichnet wird. Inzwischen ist das aber technisch möglich, und Geräte zur Aufzeichnung von Blitzeinschlägen sind heute im Handel erhältlich. Sie werden an einen Blitzableiter angeschlossen und registrieren entsprechende Stromstöße. Manche dieser Geräte versenden dann sogar automatisch eine SMS. Wenn ich einer Kirche, einem Tempel oder einer Moschee vorstünde, ließe ich dort ein solches

Gerät installieren und würde die Daten online verfügbar machen. Zwar gibt es im Internet bereits faszinierende Kartierungen und Datenregister zu Blitzeinschlägen in vielen Teilen der Welt, die laufend aktualisiert werden.[39] Aber dabei handelt es sich um summarische Daten, die nichts über einzelne Orte aussagen.

Mit Tempeln, Kathedralen, Kirchen und Moscheen errichten Menschen Gebäude, die ausdrücklich zu Gott oder einem höchsten Wesen in Beziehung stehen oder zum Ursprung aller Heilheit und Heiligkeit; und Heiligtümer, die an heilige Geschehnisse, Menschen oder Taten erinnern, sind ein Bindeglied zum Ursprung ihrer Heiligkeit. In vielen Fällen besteht dieses Bindeglied in materiellen Relikten wie dem Zahn Buddhas im Zahntempel von Kandy auf Sri Lanka oder den Reliquien von Heiligen, für gewöhnlich Knochen, die in vielen Kathedralen und Kirchen aufbewahrt werden. Die traditionelle Vorstellung, dass über diese Gebeine eine direkte Verbindung mit dem Leben der Heiligen herzustellen ist, hat mit der DNA-Analyse eine neue Bedeutung bekommen. Selbst 400 000 Jahre alte Knochen von Neandertalern enthalten DNA-Spuren, die sich mithilfe moderner Molekulartechnik analysieren lassen.

Ein Skelett, das man 2012 in Leicester gefunden hat, gab Anlass zur Vermutung, dass es sich um die Überreste des 1485 gestorbenen Königs Richard III. von England handeln könnte. Anhand der aus den Knochen gewonnenen DNA ließ sich die Identität mit hoher Wahrscheinlichkeit bestätigen. Im Jahr 2015 fand er in der Kathedrale von Leicester seine letzte Ruhestätte. Richard war ein König, kein Heiliger. Aber zweifellos enthalten viele der verehrten Reliquien von Heiligen deren DNA-Spuren.

Ironischerweise spielen die Relikte ausgestorbener Arten in Form von Knochen und Skeletten eine Hauptrolle in den Kathedralen der Wissenschaft wie dem Naturhistorischen

Museum in London, die so etwas wie wissenschaftliche Pilgerzentren sind.

Schließlich sind heilige Orte vielleicht auch deshalb heilig, weil sie eine Form von Gedächtnis in sich tragen, in dem frühere Geschehnisse nachklingen. Wenn bereits viele Menschen an einem heiligen Ort gebetet haben, geheilt oder inspiriert wurden, dann wird es dadurch wahrscheinlicher, dass dieser Ort auch auf andere eine positive Wirkung hat. Der Hypothese der morphischen Resonanz (siehe 5. Kapitel) zufolge treten Menschen, die sich in einem bestimmten Zustand der Sinneserregung befinden, mit anderen Menschen in Resonanz, die sich zuvor in einem ähnlichen Zustand befunden haben. Wenn wir einen heiligen Ort betreten, wirken auf uns dieselben Impulse ein wie auf die Menschen, die sich vor uns dort aufgehalten haben, sodass wir mit ihnen in Resonanz kommen. Wenn vor uns andere Pilger an einem Wallfahrtsort Inspiration und Heilung erfahren haben, erhöht das die Wahrscheinlichkeit, dass auch wir dort eine ähnliche Erfahrung spiritueller Verbundenheit machen. Die Heiligkeit heiliger Orte kann durch das wachsen, was Menschen an ihnen erleben.

Zwei Pilger-Übungen

Begeben Sie sich auf Pilgerreise

Eine Pilgerreise muss weder kostspielig noch aufwendig oder zeitraubend sein. Es kann sogar besser sein, eine Route in der Nähe auszuwählen, um die eigene Gegend auf neue Weise zu erfahren. Wenn Sie für die Idee aufgeschlossen sind, spüren Sie in sich nach, zu welchem heiligen Ort es Sie hinzieht. Es kann aber auch irgendein anderer Ort sein, der Sie besonders anspricht.

Die Auswahl ist groß. In England beispielsweise gibt es viele alte heilige Orte wie Steinkreise, Hünengräber, heilige Quellen, Brunnen und Bäume, alte Kirchen und großartige Kathedralen, in denen fast an jedem Tag sakrale Gesänge und Choräle erklingen. Das Land ist buchstäblich erfüllt von diesem Chorgesang. In Nordamerika gibt es einige der größten heiligen Haine und Naturheiligtümer der Erde, und viele Staaten haben Naturlandschaften von großer Schönheit aufzuweisen. Zu den großen Sakralbauten des Landes zählen die New Yorker Kathedralen St. Patrick's und Saint John the Divine, die Washington National Cathedral und die Grace Cathedral in San Francisco; daneben gibt es bedeutende katholische Heiligtümer wie das Santuario of Chimayó in der Nähe von Sante Fe in New Mexico, wo schon viele Pilger Heilung gefunden haben. Viele solche Stätten finden sich auch in Zentraleuropa.

Am besten ist es, wenigstens einen Teil des Weges zu Fuß zurückzulegen, wenn auch nur die letzten zwei oder drei Kilometer, weil das Pilgern dadurch einen realeren Charakter gewinnt und körperlich intensiver erfahrbar wird.

Machen Sie sich mit einem bestimmten Vorsatz auf den Weg – zum Beispiel mit der Absicht, Ihren Dank oder eine Bitte zum Ausdruck zu bringen oder eine Inspiration zu empfangen. Vergessen Sie auch nicht, einen Pilgerstab mitzunehmen, der aus jedem geeigneten Holz sein kann, zum Beispiel Haselnuss. Seit Jahrhunderten ist er das typische Erkennungszeichen des Pilgers. Lernen Sie nach Möglichkeit auch ein paar Pilgerlieder, entweder schon bevor Sie aufbrechen oder auch von anderen Pilgern auf dem Weg. Singen Sie sie, wenn Sie an heiligen Brunnen oder Bäumen ankommen und schließlich das Ziel Ihrer Pilgerreise erreichen.

Wenn Ihr Ziel ein Sakralbau ist, gehen Sie nicht geradewegs hinein, sondern – wenn möglich – zunächst um das ganze Gebäude herum. Dieses rituelle Umschreiten, das für gewöhnlich im Uhrzeigersinn geschieht, dient dazu, den heiligen Ort für sich ins Zentrum zu stellen. Bringen Sie dann ein Opfer dar, vielleicht in Form von Blumen, wie es in einem Hindutempel üblich ist, eines Lieds, eines Dankgebets oder einfach einer Geldspende. Danach können Sie ein Gebet sprechen, in fast allen Kathedralen und Kirchen ist es auch möglich, eine Kerze anzuzünden. Bitten Sie abschließend um Segen für Ihr Leben, Ihren Heimweg und die Menschen, zu denen Sie zurückkehren.

Verwandeln Sie Ihre Reisen in Wallfahrten

Wann immer ich an einem neuen Ort bin, suche ich sein religiöses Zentrum auf, um ihm meine Ehre zu erweisen. Wenn ich in Indien unterwegs bin, begebe ich mich zu dem Haupttempel des Ortes, in buddhistischen Ländern zu einem Stupa oder einem Kloster, in muslimischen Ländern zu der zentralen Moschee oder einem Heiligenschrein. In Europa oder Amerika besuche ich die jeweilige Hauptkirche oder -kathedrale. Viele katholische und anglikanische Kirchen sind den ganzen Tag geöffnet, sodass man hineingehen, eine Kerze anzünden, ein Gebet sprechen und den heiligen Raum auf sich wirken lassen kann. Ich habe das Gefühl, dass mich das erdet und mich innerlich verbindet mit den Dörfern, Ortschaften und Städten, in die ich komme, und den Menschen, die dort leben. Außerdem herrscht hier eine Stille, die es mir ermöglicht, mich nach den Anstrengungen der Reise zu sammeln. Ich bitte um Segen für meinen Aufenthalt in der Stadt und für die Menschen, denen ich dort begegne, außerdem für meine Freunde und meine Familie zu Hause.

Ich möchte Ihnen vorschlagen, es auf Ihren eigenen Reisen mit einem ähnlichen Ritual zu versuchen.

8 Schlussfolgerungen: Spirituelle Bräuche in einem säkularen Zeitalter

In traditionellen Jäger-und-Sammler-Gesellschaften gab es keinen Unterschied zwischen Religion und dem übrigen sozialen und kulturellen Leben. Die Existenz von Geistwesen, die unsichtbaren Einflüsse der Ahnen und die Teilnahme an gemeinschaftlichen Ritualen waren einfach eine Gegebenheit.

Auch in traditionellen Ackerbaugesellschaften und antiken Zivilisationen war jeder in das religiöse Leben der Gemeinschaft eingebunden, wenn es auch oft eine eigene Priesterkaste gab. Noch um 1500 n. Chr. glaubte in Europa praktisch jeder an Gott und nahm an religiösen Zeremonien, Festen und Riten teil. Atheist zu werden oder die Bedeutung der Religion infrage zu stellen war nahezu undenkbar. Und für viele Teile der Welt gilt das noch heute.

Im Gegensatz dazu ist der öffentliche Raum im Europa des 21. Jahrhunderts säkular. In akademischen und intellektuellen Kreisen, in der Welt des Handels und der Medien ist eine atheistische oder agnostische Weltanschauung die Grundposition. Die Ausübung von Religionen ist Sache einer Minderheit, und anstatt eines einzigen, für nahezu alle Menschen verbindlichen Brauchtums gibt es eine Vielzahl religiöser Richtungen und spiritueller Bräuche. Wir leben in einer säkularen Welt, wie es sie nie zuvor in der menschlichen Geschichte gegeben hat.

Das lateinische *saeculum* (»Jahrhundert«) geht zusammen mit *säen* und *Saat* auf eine indogermanische Wurzel zurück und hat in seiner Hauptbedeutung etwas mit »Generationsfolge« zu tun. Im Mittelalter bezog es sich auf weltliche Dinge – Handlungsbereiche, die in die Dimension der Zeit fielen anstatt in die der Ewigkeit. Innerhalb der mittelalterlichen Kirche gab es eine Arbeitsteilung zwischen den Mönchs- und Nonnenorden einerseits, in denen man Zeit und Muße hatte, Seele und Geist der göttlichen Ewigkeit zuzuwenden, und den sogenannten weltlichen Geistlichen andererseits, die sich um die Bevölkerung und ihre weltlichen Belange kümmerten. Noch immer gibt es in der katholischen Kirche dieselbe begriffliche Trennung zwischen den Gott zugewandten Mönchen oder Nonnen und den weltlichen Gemeindepfarrern.

Heute hat »säkular« jedoch einen viel weiteren Bedeutungsumfang. Der lange Säkularisierungsprozess in Europa hat seine Wurzeln in der protestantischen Reformationsbewegung des 16. Jahrhunderts. Die Reformation untergrub die Autorität der religiösen Institutionen, Doktrinen und Bräuche, die fast alle Menschen als selbstverständlich ansahen.

Wie der Philosoph Charles Taylor in seinem Buch *Ein säkulares Zeitalter* darlegt, wurde die Außenwelt durch die Reformation der Mächte des Spirituellen und Magischen beraubt, während Sinn und Bedeutung in den menschlichen Geist verlegt wurden. In der vorreformatorischen Welt waren nicht nur materielle Gegenstände wie Heiligenreliquien oder Hostien von spiritueller Kraft erfüllt, sondern sie wohnte auch den Menschen inne. Der Mensch war für diese Mächte durchlässig. Er war verwundbar und heilbar, empfänglich für Segen und Fluch, Besessenheit und Gnade. Taylor schreibt, in der magischen Welt gebe es keine klare Trennungslinie zwischen persönlichem Wirken und einer überpersönlichen Macht.[1] Im Gegensatz dazu konnten in der nachreformatorischen Welt Gegenstände zwar auf den menschlichen Geist wirken, aber ihre Bedeutung war von diesem Geist selbst geschaffen oder in die Gegenstände hineingelegt. Sinn und Bedeutung waren dem Geist immanent und existierten nicht außerhalb des menschlichen Geistes in der Welt. Die Welt war entzaubert.

Ab dem 17. Jahrhundert wurde dieser Prozess durch den zunehmenden Einfluss der mechanistischen Wissenschaft beschleunigt. Gott war von der Natur getrennt, die man nun als ein seelen- und bewusstloses Geschehen auffasste, das automatisch ablief. Als Reaktion darauf betonten einige protestantische Theologen die Rolle Gottes als Schöpfer der Weltmaschine. Wie wir bereits gesehen haben, war Gott ein wohlmeinender Ingenieur, der das Universum zum Wohl der Menschheit eingerichtet hatte. Abgesehen davon fiel ihm die Aufgabe zu, am Ende aller Zeiten als Weltenrichter über Lohn und Strafe zu befinden. In diesem Entzauberungsprozess wurde Gott auf die Rolle des Schöpfers und Religion auf die der Moralwächterin reduziert.[2] Diese zurechtgestutzte Fassung des Christentums ließ wenig Raum für Christus als Erlöser, für Andacht und Gebet oder ein transzendentes Menschheitsziel. Die traditionelle christliche Lehre von der Teilhabe des Menschen am Wesen Gottes war verblasst.[3]

Die evangelischen Bewegungen des 18. und 19. Jahrhunderts, insbesondere die der Methodisten, wehrten sich gegen diese intellektuelle Gottesvorstellung. Stattdessen vertraten sie einen internalisierten Glauben, in dessen Zentrum die eigene Herzensprüfung stand, also eine hochgradig persönliche Form von Religion, die sich im Gegensatz zu der formalen und kollektiven Form von Religion sah, wie sie von der katholischen und anglikanischen Kirche ausgeübt wurde und die jeden einzuschließen strebte.

In katholischen Ländern war die offizielle Erwartung, dass die Bevölkerung katholisch zu sein hat. In vom Luthertum geprägten Ländern sollte sie lutherischen Glaubens sein und in England anglikanischen Glaubens. Im Gegensatz dazu hatten neue Glaubensgemeinschaften wie die methodistische eher den Charakter freiwilliger Interessenverbände.[4] Sie beanspruchten für sich kein Glaubensmonopol und keine alleinige Gültigkeit, und jedem stand es frei, von einer zur anderen zu wechseln. Die Vereinigten Staaten entstanden in diesem religiösen Kontext, und die vielen Glaubensbekenntnisse stellten zur damaligen Zeit und stellen in den USA noch heute eine Art freien Wettbewerb der Konfessionen dar. Im 20. Jahrhundert verbreitete sich durch die Pfingstbewegung und andere evangelische Konfessionen diese persönliche Form der Beziehung zu Gott in ganz Lateinamerika, Afrika und Asien.

Mit dem Ende des 18. Jahrhunderts war für viele Intellektuelle des Aufklärungszeitalters dieser verstandesmäßige Schöpfer zum jenseitigen Gott des Deismus geworden, der durch Vernunft, Wissenschaft und das Studium der Natur erkannt werden konnte. Die Offenbarung war entbehrlich, genauso wie die Bräuche der christlichen Religion oder der »Enthusiasmus« im evangelischen Glauben. Enthusiasmus bedeutet wörtlich »Besessenheit von Gott« (vom griechischen *en* für »in« und *theós* für »Gott«), und für die Intellektuellen der Aufklärung war es ein abwertender Begriff. Einmal geschaffen und in Gang gesetzt, funktionierte das Universum automatisch weiter, ohne göttlicher Eingriffe zu bedürfen. Weder reagierte Gott auf Gebete, noch griff er in die Abläufe des Universums ein, indem er die Naturgesetze vorübergehend außer Kraft setzte und Wunder vollbrachte.

Wie aber stand es mit der Moral und der gesellschaftlichen Ordnung? Wenn moralisches Handeln nicht mehr von den Geboten Gottes, von seiner Führung und Gnade abhing, dann musste es vom Menschen selbst abhängen, war Sache der Vernunft und rationaler Ordnungsprinzipien des gegenseitigen Nutzens. Das Christentum beruhte auf einem moralischen Universalismus, wie er in Jesu Aufforderung zur Nächsten-, ja Feindesliebe zum Ausdruck kam. Dieses christliche Ideal wurde in der humanistischen Moral säkularisiert, die nunmehr besagte, dass wir uns in Selbstlosigkeit üben und an anderen Anteil nehmen *sollten*.[5]

Dieser säkulare Wandel fand seinen dramatischsten Ausdruck in der Französischen Revolution. Als sie 1789 begann, war der Katholizismus die offizielle Religion des französischen Staates. 1793 wurde, wie schon erwähnt, der Kult der Vernunft zur Staatsreligion erklärt und die Kathedrale von Notre-Dame in einen Tempel der Vernunft umgewandelt.

Eine der wichtigsten Revolutionsparolen war »Freiheit, Gleichheit, Brüderlichkeit – oder den Tod«. Während der Schreckensherrschaft von 1793/94 wurden mindestens 40000 Menschen hingerichtet, darunter viele Geistliche, und die Guillotine wurde zum Symbol der Revolution. Kirchen, Klöster und Orden wurden geschlossen und der Gottesdienst gewaltsam unterdrückt.

Die Schreckensherrschaft hinterließ einen bitteren Nachgeschmack, und so wurde die Revolutionsparole zu »Freiheit, Gleichheit, Brüderlichkeit« verkürzt. Noch heute ist sie das offizielle Motto der Französischen Republik und der Republik Haiti.

Der Deismus machte alsbald einem unverhohlenen Atheismus Platz. Mit der Annahme, dass das Universum ewig sei, bestand am Schöpfergott des Deismus kein Bedarf mehr. Der Atheismus wurde unter Intellektuellen salonfähig, und im Europa des 19. Jahrhunderts breiteten sich atheistische Revolutionsbewegungen wie der Kommunismus aus. Da die alten Regierungssysteme durch die Macht der Kirche gestützt waren, erhielt die Sache der Revolution durch die Unterdrückung der Religion Auftrieb.

Vor allem in Russland, wo die Autorität des Zaren und der orthodoxen Kirche auf Gott gegründet war, sahen radikale Kräfte im Atheismus eine Notwendigkeit. In den Fünfzigerjahren des 19. Jahrhunderts versuchten revolutionäre Vordenker in Russland, die korrupten Strukturen der Kirche und des Zarentums nicht allein durch ein neues soziales und politisches System zu ersetzen, sondern auch durch ein neues Menschheitskonzept.[6] Durch die Überwindung der Irrtümer der Religion – die laut Karl Marx' berühmter Aussage das »Opium des Volkes« war – würden die Menschen frei werden, um das Licht der Wissenschaft und der Vernunft zu erblicken.

Die atheistische Ideologie fand eine mächtige Verbündete in der materialistischen Wissenschaft, die gegen Ende des 19. Jahrhunderts das Bild von einem ziellosen, bewusstlosen und mechanischen Universum zeichnete, in dem sich der Mensch und mit ihm alles Leben ohne Zweck und Plan entwickelt hatte. In dieser gottlosen Welt würde sich die Menschheit ihrer eigenen Weiterentwicklung annehmen, indem sie durch Fortschritt und wirtschaftliche Entwicklung jedermann Brüderlichkeit, Gesundheit und Wohlstand bescheren werde.

Der moderne Säkularismus

Es gibt drei Hauptformen, in denen der Säkularismus in der modernen Welt zum Ausdruck kommt. Die erste liegt auf politischer und kultureller Ebene. Der öffentliche Raum ist von Gott entleert. Charles Taylor schreibt:

> Wir spielen unsere Rollen in verschiedenen Tätigkeitsbereichen – im Rahmen der Ökonomie, der Politik, der Kultur, des Bildungswesens, des Berufs und der Freizeit –, doch die Normen und Prinzipien, nach denen wir uns dabei richten, und die Überlegungen, die wir anstellen, verweisen uns im Allgemeinen weder auf Gott noch auf irgendwelche religiösen Überzeugungen (...) Das steht in auffälligem Gegensatz zu früheren Zeiten, in denen das Christentum maßgebliche Vorschriften erließ, die – wie etwa das Verbot des Wuchers oder die Pflicht zur Durchsetzung des rechten Glaubens – oft von den Geistlichen verkündet wurden und in keinem dieser Bereiche ohne Weiteres außer Acht gelassen werden konnten.[7]

Diese Form von Säkularismus ist nicht zwangsläufig antireligiös. In den Vereinigten Staaten sollte die Trennung von Staat und Kirche, wie sie im ersten Zusatzartikel zur Konstitution von 1791 niedergelegt ist, religiöse Freiheit ermöglichen – ein Grundanliegen der ersten Amerikaner, von denen viele vor der staatlich unterstützten religiösen Verfolgung in Europa geflohen waren. Auch politische Reformbewegungen im Europa des 19. Jahrhunderts waren weniger von antireligiösem Eifer motiviert als von der Notwendigkeit, zwischen den beiden christlichen Kirchen, der katholischen und protestantischen, für mehr Toleranz zu sorgen. Die zunehmende Säkularisierung Europas erleichterte es schließlich auch Juden, am öffentlichen Leben teilzunehmen und Teil der säkularen Welt zu werden.

Einige säkulare Staaten waren jedoch ausdrücklich antireligiös, wobei sie dem Beispiel der Französischen Revolution folgten. In der Sowjetunion wurde der Atheismus zur offiziellen Staatsdoktrin, und die Kinder wurden in den Schulen in einem antireligiösen Geist erzogen. Der staatlich geförderte »Verband der kämpfenden Gottlosen«, der in den Dreißigerjahren mehr als fünf Millionen Mitglieder zählte, organisierte Kampagnen zur Schließung von Kirchen und Klöstern, zur Stilllegung von Kirchenglocken, zur Abschaffung religiöser Feiertage und zur Ausmerzung religiöser Bräuche der russisch-orthodoxen Kirche.[8] Eine ähnliche atheistische Ideologie wurde nach dem Zweiten Weltkrieg auch den osteuropäischen Satellitenstaaten der Sowjetunion aufgezwungen. Im kommunistischen China führte Mao Zedong 1949 eine Politik des staatlichen Atheismus ein. (Seit 1978 garantiert die Verfassung der Volksrepublik China jedoch die freie Religionsausübung.)

Die zweite Ebene der zunehmenden Säkularisierung Europas betrifft die Kirche und das religiöse Brauchtum, deren Bedeutung immer weiter zurückgeht. Inzwischen sagt eine große Minderheit, wenn nicht Mehrheit der Bevölkerung aus, keiner

Religion anzugehören. Zwar liegen die Ursachen für diesen Wandel im radikalen Intellektualismus des 18. und in den antireligiösen politischen Bewegungen des 19. Jahrhunderts; der Entfremdungsprozess, in dem die Religion ihre traditionelle Rolle einbüßt, hat jedoch in der zweiten Hälfte des 20. Jahrhunderts eine Beschleunigung erfahren und setzt sich seither im 21. Jahrhundert fort.

Die dritte Ebene der Säkularisierung schließlich betrifft den Übergang von einer Gesellschaft, in der praktisch jeder an Gott glaubte, in eine Gesellschaft, in welcher der Glaube an Gott nur eine Option unter anderen darstellt, und oft genug nicht einmal eine Option, die besonders leicht zugänglich wäre.[9] In den meisten Teilen Europas und zunehmend auch in Nordamerika haben junge Menschen eine nichtreligiöse, wenn nicht antireligiöse Grundeinstellung.

Die Vieldeutigkeit des Atheismus

Zum Teil ist dieses kulturelle Abdriften in den Atheismus Resultat der fortgesetzten Bemühungen evangelischer Atheisten, andere zu ihrem Standpunkt zu bekehren. Historisch gesehen, ist der moderne Atheismus aus dem Christentum hervorgegangen, und dem Philosophen John Gray zufolge betrachtet man ihn am besten als christliche Häresie:

> Unglaube ist ein Zug in einem Spiel, dessen Regeln von Gläubigen bestimmt wurden. Die Existenz Gottes zu leugnen heißt, die Kategorien des Monotheismus zu akzeptieren (...) Der Atheismus ist eine späte Blüte der christlichen Leidenschaft für die Wahrheit (...) Das Christentum legte die Axt an die Wurzel der heidnischen Duldung der Illusion. Mit dem Anspruch, dass es nur einen wahren Glauben gibt, schrieb es der Wahrheit einen höchsten Wert zu, den sie zuvor nicht besessen hatte. Zum ersten Mal ermöglichte es

> auch den Unglauben gegenüber dem Göttlichen. Die späte Konsequenz des christlichen Glaubens war der Götzendienst an der Wahrheit, der seinen vollkommensten Ausdruck im Atheismus fand.[10]

Gray ist selbst Atheist, aber weder ein missionierender Atheist noch ein säkularer Humanist. Viele andere moderne Atheisten wie Richard Dawkins befinden sich dagegen noch immer auf einem Kreuzzug gegen Gott. Sie sind die Missionare der antireligiösen Ideologie und sehen sich selbst als die Erben der Aufklärung.

Für Menschen, die in einer gläubigen Familie aufgewachsen sind, bringt das Bekenntnis zum Atheismus einen gewaltigen Wechsel der Perspektive mit sich, einen geradezu revolutionären Wandel der Weltanschauung. Viele gegenwärtige Atheisten haben diesen Wandel an sich selbst vollzogen, indem sie gegen ihre christliche oder jüdische Erziehung rebellierten oder sich innerlich davon ablösten. Andere sind in einem irreligiösen Elternhaus aufgewachsen, und einige von ihnen hatten bereits nichtgläubige Großeltern und sind daher in dritter Generation von einem säkularen Geist geprägt. Nur wenige nichtreligiöse Familientraditionen reichen noch weiter zurück. Ich selbst war ein Atheist der ersten Generation und habe diesen Paradigmenwechsel als Teenager durchgemacht.

Viele Atheisten betrachten diesen Übergang von der Religion zum atheistischen Säkularismus als unvermeidlich, was bis zu einem gewissen Grad eine sich selbst erfüllende Prophezeiung darstellt. Wer zum Atheismus konvertiert oder auch nur zu einer irreligiösen Lebenseinstellung wechselt, betrachtet sich oft selbst als progressiv und, wie Dawkins, als Erbe des aus der Aufklärung stammenden Fortschrittsideals. Und in mancher Hinsicht scheint sich das Aufklärungsprogramm zu erfüllen, zumindest in Europa, Nordamerika, Australien und Neuseeland.

Das öffentliche Leben, das Bildungssystem und die Medien haben sich zunehmend säkularisiert, und während die Kirchen Mitglieder verlieren, wächst die Zahl der Nichtgläubigen.

Eines der geläufigsten atheistischen Argumente gegen die Religion lautet, dass Religionen zu gewaltsamen Konflikten führen. Das ist richtig. Der von 1618 bis 1648 zwischen katholischen und protestantischen Ländern geführte Dreißigjährige Krieg forderte in Europa mehr als drei Millionen Todesopfer. Die berüchtigte spanische Inquisition klagte während ihrer 356-jährigen Geschichte zwischen 1478 und 1834 etwa 150000 Menschen an, von denen 3000 hingerichtet wurden.[11]

Gewiss haben Religionen zu Gewalt geführt, und sie tun es noch immer. Aber das gilt nicht minder für den Nationalismus Nazi-Deutschlands oder den Imperialismus beziehungsweise Kolonialismus Großbritanniens, Frankreichs, Spaniens, Portugals, Belgiens und der Niederlande. Die Besiedlung Nord- und Südamerikas, Australiens, Neuseelands und anderer Teile der Welt durch die Europäer hatte katastrophale Folgen für die Ureinwohner, von denen viele getötet, versklavt, enteignet oder von Seuchen dahingerafft wurden.

Das schlimmste Vernichtungssystem von allen war aber die atheistische Ideologie des Kommunismus wie in der Sowjetunion unter Stalin, im kommunistischen China unter Mao und in Kambodscha unter Pol Pot. Vorsichtigen Schätzungen zufolge wurden in der Sowjetunion unter Stalin zwanzig Millionen Menschen umgebracht,[12] zu denen noch weitere mehr als 25 Millionen russische Soldaten und Zivilisten kommen, die im Zweiten Weltkrieg starben.[13] In China verloren unter Mao und als Folge seiner Politik mindestens 400000 Menschen ihr Leben,[14] und in Kambodscha kamen unter Pol Pot etwa zwei Millionen Menschen um, etwa ein Viertel der Bevölkerung.[15]

Keine Nation, keine Religion, keine Ideologie und kein

Wirtschaftssystem hält einer genauen geschichtlichen Prüfung stand. Alle menschlichen Institutionen sind fehlbar.

Der gegen die Religion vorgebrachte, historisch begründete Vorwurf der Blutrünstigkeit ist ein wesentlicher Bestandteil der atheistischen Weltanschauung, während sie zugleich die gewaltige Zahl von Todesopfern atheistischer Regime geflissentlich übersieht. Entscheidender ist aber der atheistische Glaube, die Wissenschaft habe bereits das Wesen der Wirklichkeit auf rein physikalische Weise erklärt, wobei sie ganz ohne Gott auskomme. Das Universum selbst und alle lebendigen Organismen sind Maschinen. Sie haben sich auf automatische und bewusstlose Weise entwickelt, ohne einen Schöpfer oder eine schöpferische Intelligenz und ohne jeden Zweck.

Aber dieses »wissenschaftliche Weltbild«, die materialistische Theorie der Natur, beruht auf Annahmen, die allesamt wissenschaftlich fragwürdig sind, wie ich in meinem Buch *Der Wissenschaftswahn* gezeigt habe. Zum Beispiel haben die Materialisten nicht *bewiesen*, dass Materie bewusstlos ist, dass die Natur keine Ziele kennt oder dass der Geist auf das Gehirn beschränkt ist. Dabei handelt es sich um *Annahmen*. Das materialistische Weltbild ist ein Glaubenssystem und keine Formulierung wissenschaftlicher Tatsachen.

Einen weiteren Grund für die Hinwendung zum Atheismus liefert die Annahme, dass es sich bei Religionen vor allem um Behauptungen und Glaubensvorstellungen statt um Erfahrungen handelt. Dann sind sie aber als dogmatische Weltbilder zu verwerfen, die auf der Autorität von Texten, Propheten und Priestern beruhen. Im Gegensatz dazu, so die Argumentation, sind Wissenschaftler Beweisen zugänglich; sie haben klare Fragestellungen, prüfen diese anhand von Experimenten und schaffen durch wiederholbare Beobachtungen einen verlässlichen Konsens.

Früher habe ich das selbst geglaubt. Aber ich wurde bald

desillusioniert, als ich feststellte, dass manche Menschen aus der Wissenschaft eine Art Religion machen und dabei häufig ausgesprochen dogmatisch vorgehen. Von der Autorität angesehener Gelehrter beeindruckt, akzeptieren sie das »wissenschaftliche Weltbild« auf Treu und Glauben und bilden sich ein, sie seien zu diesem Weltbild durch ihr eigenes freies Denken gelangt. Ich glaube noch immer an das Ideal unvoreingenommener Forschung. Aber in der Wissenschaftsgläubigkeit, dem Szientismus, sehe ich eine dogmatische Ideologie. Meiner eigenen Erfahrung nach sind die gläubigen Anhänger der Wissenschaft viel dogmatischer als die meisten Christen, denen ich begegne.

Die überwiegende Anzahl der Wissenschaftsgläubigen sind keine Akademiker. Sie sind eher Gefolgsleute als Forscher. Die Mehrheit hat keine empirischen Beobachtungen angestellt oder selbst schon wissenschaftliche Entdeckungen gemacht. Weder haben sie mit dem Large Hadron Collider* subatomare Teilchen untersucht noch DNA-Sequenzierungen vorgenommen, weder die Ultrastruktur von Nervenzellen untersucht noch radioastronomische Forschung betrieben oder die mathematischen Grundlagen der Superstring-Theorie durchdrungen. Sie nehmen, was man ihnen sagt, in treuem Glauben hin und akzeptieren ungeprüft die orthodoxen Lehren der institutionalisierten Wissenschaft, wie sie von der Fachliteratur und populärwissenschaftlichen Büchern vermittelt werden. Sie sind außerstande, die Autorität der akademischen Priesterschaft zu hinterfragen, weil es ihnen an der entsprechenden Vorbildung und dem nötigen Fachwissen mangelt. Und wenn sie dennoch

* Der Large Hadron Collider (LHC), auf Deutsch Großer Hadronen-Speicherring, ist ein Teilchenbeschleuniger am Europäischen Kernforschungszentrum CERN bei Genf (Anm. d. Übers.).

unangenehme Fragen stellen, werden sie wahrscheinlich ignoriert oder als unwissend und verworren hingestellt.

Der Szientismus ist von großem Einfluss, vor allem aufgrund der unbezweifelbaren Triumphe der Wissenschaft und Technik wie Computer, Internet, Smartphones, Antibiotika, Schlüsselloch-Chirurgie, Düsentriebwerk und Raumsonden. Die Vermutung liegt nahe, dass all diese Errungenschaften Ergebnis des »wissenschaftlichen Weltbildes« sind und der materialistischen Naturphilosophie recht geben. Aber viele Menschen, ich selbst eingeschlossen, glauben, dass diese Philosophie zu einem dogmatischen Glaubenssystem erstarrt ist, das dem Fortschritt tatsächlich im Wege steht.[16]

Die geringsten Erfolge hat die moderne Wissenschaft im Bereich der Bewusstseinsforschung zu verzeichnen. Materialisten gehen ja davon aus, dass Bewusstsein in nichts anderem als Gehirnaktivität besteht. Ihr Motto lautet: »Der Geist ist, was das Gehirn tut.« Aber die bloße Existenz des Bewusstseins stellt für Materialisten ein Problem dar, das, wie im 1. Kapitel diskutiert, oft auch das »harte Problem« genannt wird.

In Religionen geht es um Bewusstsein, und sie beruhen auf der Annahme, dass dieses die menschliche Ebene übersteigt. Das ist einer der Gründe dafür, warum die Anhänger des Szientismus antireligiös sind: Alle Religionen gehen davon aus, dass die Sphäre des Bewusstseins über die Gehirnaktivität hinausreicht.

Wenn Menschen sich vom Glauben ihrer Väter lossagen, geben sie auch die meisten Bräuche auf, die für gläubige Menschen selbstverständlich sind, wie das gemeinschaftliche Singen, das Beten, die Teilnahme an traditionellen Riten und Festlichkeiten oder das Sprechen des Tischgebets. Welche sind die Auswirkungen des Wechsels von einer religiösen zu einer nichtreligiösen Lebensweise?

Die Auswirkungen einer religiösen und einer nichtreligiösen Lebensweise

Experimentelle wissenschaftliche Forschung zum religiösen Brauchtum findet in einem säkularen Kontext statt. Für gewöhnlich gehen die Forscher dabei davon aus, dass die Teilnehmer an einem Experiment nicht gläubig sind. Dann untersuchen sie, welche Auswirkungen die Teilnahme an einem bestimmten Brauch im Vergleich zu einer Kontrollgruppe hat, die an diesem Brauch nicht teilnimmt. Zum Beispiel wird in Forschungen zur Dankbarkeit untersucht, welche Auswirkungen die Bekundung von Dankbarkeit innerhalb einer Gruppe im Vergleich zu einer anderen Gruppe hat, die keine Dankbarkeit zum Ausdruck bringt (siehe 2. Kapitel). Die Meditationsforschung untersucht die Auswirkungen des Meditierens im Vergleich zu Menschen, die nicht meditieren (siehe 1. Kapitel). Forschungen zum Aufenthalt im Freien untersuchen dessen Effekte mit denen des Aufenthalts in geschlossenen Räumen, der Normalsituation (siehe 3. Kapitel). Und Forschungen zu den Auswirkungen des Singens untersuchen dessen Effekte im Vergleich mit Menschen, die nicht singen (siehe 6. Kapitel). Die Mehrzahl dieser Studien zeigt, dass spirituelle Bräuche positive Auswirkungen haben im Vergleich zu Menschen, die nicht an ihnen teilnehmen.

Eine andere Möglichkeit, die Effekte spiritueller Bräuche zu erforschen, besteht darin, die Langzeitwirkung der Teilnahme am Gottesdienst zu untersuchen. Personen, die regelmäßig in die Kirche, Synagoge oder an einen anderen religiösen Versammlungsort gehen, werden mit Personen, die keine Kirchgänger sind, innerhalb gleicher Parameter wie Alter, wirtschaftliche Situation und sozialer Status miteinander verglichen. Tausende solcher Studien wurden in den USA und in anderen Ländern durchgeführt. Die Resultate sind eindeutig.

Regelmäßige Kirchgänger leiden tendenziell seltener unter

psychischen Erkrankungen, sind in geringerem Maße depressiv, haben weniger Ängste und leben länger als Menschen, die selten oder nie in die Kirche gehen.[17] Dieser Effekt ist nicht auf die christliche Religion beschränkt. In Taiwan hat sich in einem überwiegend buddhistischen Kontext eine ähnliche Tendenz gezeigt.[18]

Es gibt jedoch auch Ausnahmen. Bei einer kleineren Anzahl von Menschen, insbesondere solchen, die unter intensiven Schuldgefühlen und Ängsten leiden oder schwerwiegende religiöse Konflikte durchgemacht haben, kann sich der Glauben negativ auf die körperliche und seelische Gesundheit auswirken.[19]

Aber die meisten, die sich von ihrem Bekenntnis abwenden, wollen auf diese Weise nicht extremen Schuldgefühlen oder inneren Konflikten entkommen. Wenn sich so viele für eine nichtgläubige Lebensweise entscheiden, dann, wie bereits erörtert, nicht aus negativen, sondern aus positiven Gründen. Es geht ihnen darum, sich mit den Ideen von Fortschritt, Vernunft und Wissenschaft zu identifizieren.

Wenn Menschen sich vom Glauben ihrer Väter abwenden, geben sie wie gesagt in der Regel auch die meisten der Bräuche und Einstellungen auf, die für ihre Vorfahren selbstverständlich waren – so etwa:

- das gemeinsame Dankgebet in der Gemeinde oder in der Familie,
- das gemeinschaftliche Singen,
- das Gebet,
- die Auffassung vom Tod als ein Übergang und nicht als ein Ende,
- die Teilnahme an Übergangsriten wie Taufe, Konfirmation und kirchliche Heirat,
- traditionelle religiöse Begräbnisse,
- die Ahnenverehrung,

- die Teilnahme an Festen, die dem Jahresverlauf Struktur geben,
- die Verbundenheit mit heiligen Stätten,
- die Teilnahme an Ritualen, die das Gefühl einer kollektiven Identität und Kontinuität vermitteln,
- die Hilfsbereitschaft gegenüber Dritten,
- die Zugehörigkeit zu einer Überlieferung, die dem Einzelleben Sinn gibt, und
- das Gefühl der Verbundenheit mit einer spirituellen Wirklichkeit, die Raum und Zeit transzendiert.

Durch die Abwendung von der Religion und den Bräuchen, die mit ihr einhergehen, ist das Leben tatsächlich von gewissen Zwängen befreit. Ehemalige Christen müssen im Sonntag keinen besonderen Tag mehr sehen, der nach Dankgebet, Ruhe und Erholung verlangt. Er ist nun ein Tag wie jeder andere, an dem man arbeiten und Besorgungen machen kann. Es gibt kein religiöses Hindernis mehr, das davon abhielte, sieben Tage in der Woche rund um die Uhr in Aktion zu sein.

Vieles ändert sich durch diesen Säkularisierungsprozess, nicht nur für die erste Generation von Atheisten, sondern auch für deren Nachkommen. Anders als Kinder aus gläubigen Familien haben solche aus atheistischen Elternhäusern nicht mehr auf selbstverständliche Weise teil an Dankgebeten, am gemeinschaftlichen Gesang in der Familie oder Gemeinde, an religiösen Festen und Ritualen.

Der Atheismus ist ein läuterndes Feuer, in dem religiöse Heuchelei, Korruption, Trägheit und Falschheit verbrennen. Aber mit seiner Politik der verbrannten Erde kann er in vielen Menschen das Gefühl hinterlassen, spirituell zu verhungern und zu verdursten oder auf sich gestellt zu sein.

Innerhalb weniger Generationen hat sich dieser Paradigmenwechsel von einer gläubigen zu einer nichtgläubigen

Lebensweise in immensem Ausmaß in ehemals christlichen Ländern Europas, in Nordamerika, Australien und Neuseeland vollzogen. Aber die Abkehr von der Religion brachte dem Atheismus keinen ebenso massenhaften Zulauf. Von den Menschen, die ihre Familienreligion aufgegeben haben oder aus einem nichtgläubigen Elternhaus stammen, betrachten sich die wenigsten selbst als Atheisten.[20] Manche bezeichnen sich als Agnostiker, andere haben sich eine rudimentäre Form von Glaubensausübung bewahrt, wie den Kirchgang zu Weihnachten. Wieder andere befinden sich auf einer spirituellen Suche oder sehen sich als Erben des New Age, und wieder andere übernehmen Bräuche aus Religionen wie dem Buddhismus oder bekennen sich zu einem neuen Heiden- oder Schamanentum.

In neueren Erhebungen, die man im Vereinigten Königreich durchgeführt hat, gab etwa die Hälfte der Befragten an, keiner Religion anzugehören,[21] aber nur 13 Prozent bezeichneten sich als Atheisten. Und selbst unter den Konfessionslosen stimmte nur ein Viertel der Aussage zu, dass »Menschen rein materielle Lebewesen ohne ein spirituelles Element« seien.[22]

Unter Akademikern ist der Anteil der Atheisten größer. In einer Umfrage im Vereinigten Königreich betrug der Anteil der Atheisten unter Wissenschaftlern, Ingenieuren und Medizinern im Jahr 2016 etwa 25 Prozent; weitere 21 Prozent waren Agnostiker, was zusammen 46 Prozent der Befragten ergibt. Ein fast ebenso großer Anteil, nämlich 45 Prozent, gab jedoch an, einer Religion anzugehören oder spirituell orientiert, aber nicht gläubig zu sein.[23] Sogar innerhalb der Wissenschaftsgemeinde des Vereinigten Königreichs, eines der am stärksten säkularisierten Länder der Welt, sind ausgesprochene Atheisten also in der Minderheit.

Im Allgemeinen sind Menschen durch religiöse und spirituelle Gebräuche glücklicher, gesünder und weniger depressiv. Umgekehrt sind sie ohne diese Bräuche unglücklicher, kränker und depressiver. Der militante Atheismus sollte daher mit einem entsprechenden Warnvermerk versehen werden.

Einige Atheisten haben dieses Problem erkannt, weshalb Alain de Botton eine Religion für Atheisten befürwortet. Aus ebendiesem Grund schulen säkulare Humanisten eigene Offizianten und beauftragen sie mit der Durchführung von Zeremonien anlässlich von Namengebungen, Hochzeiten und Begräbnissen. Aus demselben Grund bietet die Sonntagsversammlung wöchentliches Gemeinschaftssingen an und empfiehlt Sam Harris zusammen mit säkularen Buddhisten die Meditation. Bei einer rigoros nichtgläubigen Lebensauffassung bleibt zu vieles auf der Strecke, wodurch das Leben der Menschen verarmt.

Spirituelle Bräuche als Wege zur Verbundenheit

Der Vorteil der meisten spirituellen Bräuche liegt ebendarin, dass es bei ihnen mehr um ein Brauchtum als um Glaubensinhalte geht. Daher stehen sie religiösen wie nichtreligiösen Menschen gleichermaßen offen. Sie schließen nicht aus, sondern beziehen ein.

Spirituelle Bräuche tragen uns über unsere unmittelbaren Sorgen hinaus. Auf den ersten Blick betreffen die in diesem Buch vorgestellten Traditionen sehr verschiedene Aspekte der menschlichen Existenz. Worin liegt nun das ihnen allen Gemeinsame?

Das all diese Bräuche einigende Thema heißt *Verbindung*. Sie alle führen uns zu einer tieferen Form von Verbundenheit, die jenseits des Profanen liegt:

Die *Meditation* macht uns die Aktivität unseres Geistes bewusst, die uns in einen zeitlichen Prozess hineinzieht, in dem sich unsere Vergangenheit mit unserer Zukunft in persönlichen Tunneln verbindet. Durch die Meditation können wir aus diesem Prozess heraustreten und zu einem umfassenderen Bewusstsein gelangen. Und manchmal erfahren wir dabei eine um vieles größere geistige Präsenz, einen Geist, der weit über unseren eigenen hinausreicht und mit dem wir durch bewusste Präsenz verbunden sind.

1. Bei der *Dankbarkeit* geht es um den Fluss des Gebens und Empfangens. Teil dieses Stroms zu sein schafft Verbindung. Wir selbst haben die Wahl, wie weit unsere Anerkennung und Dankbarkeit reichen soll. Innerhalb der Menschenwelt können wir für all jene Dankbarkeit empfinden, die uns unterstützt und gefördert haben, einschließlich unserer Eltern, die uns das Leben schenkten. In der mehr-als-menschlichen Welt können wir für das Leben der Erde und all die anderen Organismen dankbar sein, von denen wir umgeben sind und von denen unser Leben abhängt. Wir können noch einen Schritt weiter gehen und der Sonne, der Galaxis und dem gesamten Kosmos unseren Dank spenden und schließlich dem Ursprung aller Natur und allen Geistes, ob wir ihn »Gott« nennen oder auch nicht. Es liegt *bei uns*, so dankbar oder undankbar zu sein, wie es uns beliebt. Je undankbarer wir sind, desto größer sind die Trennung, die Unzufriedenheit und die Isolation. Je dankbarer wir sind, desto tiefer ist die Verbundenheit mit einem Leben, das größer ist als unser eigenes, und desto intensiver die Erfahrung, im Fluss zu sein. Es ist dieses Bewusstsein des Fließens, das uns freigebiger und großzügiger sein lässt.
2. Um die *Verbindung mit der mehr-als-menschlichen Welt* herzustellen, können wir mit unserem Geist und unseren Sinnen so weit in den Mikro- und Makrokosmos vordringen, wie wir möchten: Wir können unsere Aufmerksamkeit der Welt der Tiere, Pflanzen, Pilze und Mikroben zuwenden, den Wäldern und Ozeanen, der Gaia (»Mutter Erde«), der Sonne, dem Sonnensystem, der Milchstraße und den zahllosen anderen Galaxien des Universums, bis hin zum letzten Ursprung, dem alle Natur entstammt.

3. Die Beschäftigung mit *Pflanzen* ermöglicht uns die Kontaktaufnahme mit Lebensformen, die sich von unserer eigenen vollständig unterscheiden. Wie wir kennen sie Werden und Wachstum. Aber anders als Pflanzen hören wir irgendwann auf zu wachsen und beginnen, wie andere Tiere auch, uns zu gebärden. Pflanzen sind der Ursprung von Eigenschaften, die wir und andere Tiere wahrnehmen: Geruch, Geschmack, Struktur und Farbe. Sie ernähren uns auf direkte oder indirekte Weise. Einige Kräuter heilen uns, andere können uns vergiften. Manche Pflanzen wirken aufgrund bestimmter Substanzen bewusstseinsverändernd. Und Pflanzen sind weit älter als wir. Die Hauptfamilien der Blütenpflanzen gibt es seit Jahrmillionen, Koniferen seit 300 Millionen Jahren, Farne, Moose, Seetang und andere Algenarten sogar noch länger. Unsere eigene Spezies ist dagegen nur 0,1 Millionen Jahre alt und die Zivilisation etwa 0,005 Millionen Jahre.
4. *Rituale* verbinden uns mit all jenen Menschen, die sie vor uns vollzogen haben. Sie bewahrten so die Traditionen der Gruppe, sorgten für deren Kontinuität und öffneten einen Kanal zu einem mehr-als-menschlichen Bewusstsein. Rituale verbinden uns ebenso mit unseren Nachkommen und all jenen, die diese Rituale nach uns ausführen werden. Durch Rituale stehen wir nicht allein mit Vergangenheit und Zukunft unserer Gemeinschaft in Kontakt, sondern auch mit der spirituellen Dimension, auf die sie bezogen ist, sowie einem transzendenten Menschheitsziel.
5. *Gesang, Sprechgesang und Musik* schaffen unter den Mitgliedern einer Gruppe eine Verbindung durch Synchronie und Resonanz. Mantras, Lieder und Tänze können uns mit der mehr-als-menschlichen Welt und einem mehr-als-menschlichen Geist in Kontakt bringen. Musik verbindet uns mit dem Fluss des Lebens.

6. Durch das *Pilgern* nehmen wir Verbindung mit heiligen Stätten auf, mit Orten, an denen Himmel und Erde einander begegnen. An vielen heiligen Orten, an denen Menhire, Obelisken, Türme und Minarette in den Himmel ragen, ist das buchstäblich der Fall. Das Pilgern hat den großen Vorteil, sowohl Brauch als auch Metapher zu sein. Indem wir uns auf eine Pilgerreise begeben, erfahren wir uns in der Bewegung auf ein Ziel hin, bis wir es schließlich erreichen und verwandelt wieder verlassen. Wir verknüpfen unser normales Alltagsleben mit Orten, die uns mit einer transzendenten Welt in Kontakt bringen. Wir können unser ganzes Leben als eine solche Pilgerreise auffassen. Je nach persönlichem Glauben kann das eine Reise sein, an deren Ende der unausweichliche Tod steht oder auch das Erlebnis spiritueller Verbundenheit wie bei einer Nahtoderfahrung – oder aber eine Reise, die nach unserem Tod weitergeht.

Entdeckungen und Wiederentdeckungen

Es gibt viele spirituelle Bräuche, und alle Religionen haben eine große Vielfalt davon aufzuweisen. Sie schließen einander nicht aus, sondern verstärken sich gegenseitig.

Die spirituellen Praktiken, die ich hier besprochen habe, stellen keineswegs eine erschöpfende Übersicht dar, und wie gesagt hoffe ich, in einem anderen Buch eine Auswahl weiterer Gebräuche und Traditionen wie das Gebet, das Fasten, das Begehen von Fest- und Feiertagen sowie den Gebrauch von Psychedelika behandeln zu können.

Nicht jeder Brauch ist für jeden gleich gut geeignet, und es gilt, eine persönliche Auswahl zu treffen. Auch wenn viele dieser Traditionen für gläubige Menschen bereits Teil des Lebens sind, verlieren sie durch Gewohnheit und Mechanisierung doch häufig an Wirkung. Indem man sie mit neuen Augen betrachtet, können sie jedoch wieder an Kraft gewinnen.

Zu jedem religiösen Weg gehört eine Anzahl von Bräuchen und Praktiken, wobei einige mehr als andere im Vordergrund stehen. Daraus ergibt sich, dass auch religiösen Menschen manche von ihnen nicht geläufig sind. Zum Beispiel ist es unter Protestanten nicht üblich, auf Pilgerreise zu gehen. In vorreformatorischer Zeit waren solche heiligen Reisen ihren Vorgängern im Glauben aber noch vertraut, und auch heute sind sie innerhalb der orthodoxen und katholischen Kirche noch üblich. Ähnliches gilt für das kontemplative Gebet und andere Formen der Meditation, die zwar in Mönchs- und Nonnengemeinschaften sehr wohl bekannt sind, aber weniger unter Menschen außerhalb der Klöster, die häufig davon profitieren, wenn sie sie für sich entdecken.

Einer der Bereiche, in denen gläubige Menschen von Nichtgläubigen lernen können, ist die Kontaktaufnahme mit der mehr-als-menschlichen Welt über Wege, die von der Wissenschaft neu erschlossen wurden. Selbst die eingefleischtesten Atheisten unter den Wissenschaftlern stellen durch die Erforschung der Natur eine Verbindung mit ihr her, wie entlegen ihr Spezialgebiet auch sein mag. Vielen gläubigen Menschen fehlt dieser Zugang zu den Fakten der Natur, und manche scheinen sich auch nicht lange damit aufhalten zu wollen.

Dennoch handelt es sich um einen Bereich mit einem enormen Potenzial für spirituelle Entdeckungen. Die Naturwissenschaften haben uns ein Universum vor Augen geführt, das weit größer, älter und fremdartiger ist als alles, was man sich bis dahin ausgemalt hatte. Sie haben Tatsachen über das Leben aufgedeckt, die zuvor niemandem bekannt waren. Sie haben die Existenz einer ganzen Welt von Mikroorganismen offenbart, von denen wir nicht nur umgeben sind, sondern die auch unsere Eingeweide bevölkern. Die Wissenschaften sind in Dimensionen des Größten und Kleinsten vorgedrungen, von denen unsere Vorfahren nichts ahnten. Das Problem ist nur, dass uns die Wissenschaft mit einer gewaltigen Datenmenge versorgt, ohne zu einer persönlichen und spirituellen Sinngebung imstande zu sein.

Im Gegensatz dazu fand man durch herkömmliche Formen der spirituellen Verbundenheit mit der mehr-als-menschlichen Welt überall Sinn und Bedeutung, wusste aber nichts von den Welten, die die Wissenschaft in neuerer Zeit entdeckt hat. Diese zwei Wege miteinander zu verbinden ist daher eine spezifisch moderne Aufgabe.

Wir alle befinden uns auf einer Reise. Spirituelle Bräuche können unser Leben bereichern und unser Gefühl der Verbundenheit stärken – ob mit anderen Menschen oder dem Leben und Bewusstsein jenseits der menschlichen Ebene. Diese Bräuche können uns dabei helfen, einiges von dem, womit wir so reich beschenkt sind, mehr zu würdigen und dankbar dafür zu sein. Je mehr wir zu schätzen wissen, was uns gegeben ist, desto größer ist unsere Bereitschaft, selbst zu geben.

Dank

Bei meinen Überlegungen zu den Themen dieses Buches habe ich in Gesprächen mit Vater Bede Griffiths, meiner Frau Jill Purce und vielen anderen Menschen wertvolle Unterstützung erfahren. Insbesondere hatte ich das Glück, über den Zeitraum von siebzehn Jahren mit meinen Freunden Terence McKenna (der leider im Jahre 2000 verstorben ist) und Ralph Abraham eine Reihe von Gesprächen zu dritt führen zu können. Mindestens einmal im Jahr sind wir in Kalifornien, England oder auf Hawaii zusammengekommen, um über eine große Bandbreite an Themen zu diskutieren, von denen einige mit den Themen dieses Buches in enger Beziehung stehen. Wir haben zwei Bücher gemeinsam veröffentlicht: *The Evolutionary Mind* und *Chaos, Creativity, and Cosmic Consciousness.*[1] Tonaufnahmen von mehr als dreißig unserer Trialoge sind online verfügbar.[2]

Vieles habe ich in Gesprächen mit verschiedenen spirituellen Führern und Lehrern gelernt. Zu ihnen gehören Jiddu Krishnamurti;[3] Bruder David Steindl-Rast – gemeinsam mit ihm habe ich Seminare am Esalen Institute in Kalifornien und in Hollyhock auf Cortes Island in Britisch-Kolumbien geleitet; Matthew Fox – mit ihm zusammen habe ich zwei Bücher über Wissenschaft und Spiritualität geschrieben: *Die Seele ist ein Feld* und *Engel – Die kosmische Intelligenz,* außerdem Seminare in Hollyhock und Oakland, Kalifornien,[4] geleitet sowie eine Podcast-Reihe[5] produziert; Marc Andrus, Bischof von Kalifornien, mit dem ich Seminare im Esalen Institute und in der Grace Cathedral in San Francisco geleitet und ebenfalls eine Podcast-Reihe[6] produziert habe; Mark Vernon – mit ihm zusammen habe ich mehr als dreißig Podcasts[7] produziert; sowie David Abram, Rick Ingrasci und Stephen Tucker, dem Vikar meiner

Pfarrkirche in Hampstead. Ihnen allen bin ich zu Dank verpflichtet.

Danken möchte ich auch meinen Söhnen Merlin und Cosmo, mit denen gemeinsam ich in den vergangenen vier Jahren Seminare in Hollyhock geleitet habe, die unter anderem die Themen dieses Buches zum Gegenstand hatten. Das Echo und die Reaktionen der Teilnehmer der verschiedenen Seminare waren dabei von unschätzbarem Wert.

Weiterhin bin ich für die finanzielle Unterstützung dankbar, die es mir ermöglicht hat, dieses Buch zu schreiben. Hier zu nennen sind Addison Fischer und die Planet Heritage Foundation in Naples, Florida, sowie die Gaia Foundation in London; außerdem Ian und Victoria Watson, die Watson Family Foundation und das Institute of Noetic Sciences in Petaluma, Kalifornien, sowie die Fondation Salvia in Genf.

Ebenso danke ich meiner Forschungsassistentin Pam Smart, die seit 22 Jahren mit mir zusammenarbeitet, meinem wissenschaftlichen Mitarbeiter Guy Hayward, dessen Arbeit von der Fondation Salvia finanziell gefördert wird und der mich bei den Recherchen zu diesem Buch unterstützt hat, sowie meinem Webmaster Sebastian Penraeth.

Sehr zu schätzen weiß ich auch die Unterstützung meines Lektors Mark Booth vom Londoner Verlag Hodder & Stoughton, der mit seinem Zuspruch zur Realisierung dieses Buches beigetragen hat. Schließlich möchte ich all jenen danken, die die Entwürfe zu diesem Buch gelesen und kommentiert haben, insbesondere Angelika Cawdor, Lindy Dufferin und Ava, Guy Hayward, Natuschka Lee, Will Parsons, Jill Purce, Anthony Ramsay, Cosmo und Merlin Sheldrake sowie Pam Smart.

Literatur

Abram, David: *The Spell of the Sensuous: Perception and Language in a More-Than-Human World.* New York 1997. Deutsch: *Im Bann der sinnlichen Natur – Die Kunst der Wahrnehmung und die mehr-als-menschliche Welt.* Klein Jasedow 2012.

Albera, Dionigi, und John Eade (Hrsg.): *International Perspectives on Pilgrimage Studies: Itineraries, Gaps and Obstacles.* New York 2015.

Anderson, William, und Clive Hicks: *Green Man: The Archetype of Our Oneness with the Earth.* London 1990. Deutsch: *Der Grüne Mann – Ein Archetyp der Erdverbundenheit.* Olten 1993.

Anselm: *Proslogion*, in: *Anselm of Canterbury: The Major Works.* Oxford 2008. Deutsch: *Proslogion/Anrede.* Stuttgart 2005.

Aquinas, Thomas: *Compendium of Theology*, Oxford 2009. Deutsch: Thomas von Aquin: *Compendium theologiea – Grundriss der Glaubenslehre – deutsch/lateinisch.* Heidelberg 1963.

Batchelor, Stephen: *Secular Buddhism: Imagining the Dharma in an Uncertain World.* Yale 2017. Deutsch: *Jenseits des Buddhismus – Eine säkulare Vision des Dharma.* Berlin 2017.

Bellah, Robert N.: *Religion in Human Evolution: From the Paleolithic to the Axial Age.* Harvard 2011.

Benson, Herbert, und Miriam Z. Klipper: *The Relaxation Response.* New York 2000 (new edition). Deutsch: *Gesund im Stress – Eine Anleitung zur Entspannungsreaktion.* Berlin 1982.

Bentley, James: *Restless Bones: The Story of Relics.* London 1985.

Berman, Morris: *The Reenchantment of the World.* New York 1984. Deutsch: *Wiederverzauberung der Welt – Am Ende des Newtonschen Zeitalters.* Reinbek 1992.

Blackmore, Susan: *Zen and the Art of Consciousness.* London 2011.

Bobo, G., R. A. Emmons und M. E. McCullough: »Gratitude in practice and the practice of gratitude«, in: Linley, P. Alex, und Stephen Joseph (Hrsg.): *Positive Psychology in Practice.* Hoboken (NJ) 2004.

Bowler, Peter J.: *Evolution: The History of an Idea.* Berkeley 1984.

Boyles, K. L.: »Saving Sacred Sites: The 1989 Proposed Amendment to the American Indian Religious Freedom Act«, in: *Cornell Law Review* 76, 1991, S. 1117–1148.

Braithwaite, Richard Bevan: *Scientific Explanation: A Study of the Function of Theory, Probability and Law in Science.* Cambridge 1953.

Bratman, G. N., G. C. Daily, B. J. Levy und J. J. Gross: »The benefits of nature experience: improved affect and cognition«, in: *Landscape and Urban Planning* 138, 2015, S. 41–50.

Bratman, G. N., J. P. Hamilton, K. S. Hahn, G. C. Daily und J. J. Gross: »Nature experience reduced rumination and subgenual prefrontal cortex activation«, in: *Proceedings of the National Academy of Sciences (US)* 112, 2015, S. 8567–8572.

Brown, Peter: *The Cult of the Saints: Its Rise and Function in Latin Christianity*. Chicago 2015. Deutsch: *Autorität und Heiligkeit – Aspekte der Christianisierung des Römischen Reiches*. Stuttgart 1998.

Brown, S.: »The ›musilanguage‹ model of music evolution«, in: Wallin, Nils L., Björn Merker und Steven Brown (Hrsg.): *The Origins of Music*. Cambridge (MA) 2000.

Brown, S.: »Evolutionary models of music: From sexual selection to group selection«, in: Tonneau, François, und Nicholas S. Thompson (Hrsg.): *Perspectives in Ethology* 13, New York 2004, S. 231–281.

Carter, Chris: *Science and the Near-Death Experience: How Consciousness Survives Death*. Rochester (VT) 2010.

Catholic Church: *Catechism of the Catholic Church*. London 1999. Deutsch: *Katechismus der Katholischen Kirche: Neuübersetzung aufgrund der Editio Typica Latina*. Leipzig 2007.

Chanda, M. L. und Daniel J. Levitin: »The neurochemistry of music«, in: *Trends in Cognitive Science* 17, 2013, S. 180–194.

Clift, S., G. Hancox, I. Morrison, B. Hess, G. Kreutz und D. Stewart: »Choral singing and psychological wellbeing: quantitative and qualitative findings from English choirs in a cross-national survey«, in: *Journal of Applied Arts and Health* 1, 2010, S. 19–34.

Clift, S., G. Hancox, R. Staricoff und C. Whitemore: »Singing and health: a systematic mapping and review of non-clinical research«, Christ Church University Research Centre for Arts and Health, Canterbury 2008.

Coleman, Simon, und John Elsner: *Pilgrimage Past and Present: Sacred Travel and Sacred Space in the World Religions*. London 1995.

Corazza, Ornella: *Near-Death Experiences: Exploring the Mind-Body Connection*. London 2008.

Cox, Brian: »The Large Hadron Collider: A Scientific Creation Story«, in: Sherine, Ariane (Hrsg.): *The Atheist's Guide to Christmas*. London 2009.

Cross, Ian: »The nature of music and its evolution«, in: Hallam, Susan, Ian Cross und Michael Thaut (Hrsg.): *The Oxford Handbook of Music Psychology* (2nd edition). Oxford 2016.

Cross, I., und I. Morley: »The evolution of music: theories, definitions and the nature of the evidence«, in: Malloch, Stephen, und Colwyn Trevarthen (Hrsg.): *Communicative Musicality*. Oxford 2008.

Darwin, Charles: *The Origin of Species*. London 1859. Deutsch: *Über die Entstehung der Arten*. Stuttgart 1860.

Darwin, Charles: *The Variation of Animals and Plants Under Domestication*. London 1875. Deutsch: *Das Variieren der Thiere und Pflanzen im Zustande der Domestication*. Stuttgart 1868.

Darwin, Charles: *The Origin of Species* (6th edition). London 1882. Deutsch: *Über die Entstehung der Arten*. Stuttgart 1860.

Darwin, Charles: *The Descent of Man and Selection in Relation to Sex* (2nd edition). London 1885. Deutsch: *Die Abstammung des Menschen und die geschlechtliche Zuchtwahl*. Stuttgart 1871.

Darwin, Erasmus: *Zoonomia*, 2 Bände, 1794–1796. Nachdruck New York 1974.

Davidson, Linda Kay, und David M. Gitlitz: *Pilgrimage: From the Ganges to Graceland: An Encyclopedia*. Santa Barbara (CA) 2002.

Davies, J. G.: *Pilgrimage Yesterday and Today: Why? Where? How?* London 1998.

Dawkins, Richard: *The God Delusion*. London 2006. Deutsch: *Der Gotteswahn*. Berlin 2016.

Dawkins, Richard: *Unweaving the Rainbow: Science, Delusion and the Appetite for Wonder*. London 2006. Deutsch: Der entzauberte Regenbogen: Wissenschaft, Aberglaube und die Kraft der Fantasie. Berlin 2008.

De Botton, Alain: *The Pleasures and Sorrows of Work*. London 2009. Deutsch: *Freuden und Mühen der Arbeit*. Frankfurt am Main 2012.

De Botton, Alain: *Religion for Atheists: A Non-Believer's Guide to the Uses of Religion*. London 2013. Deutsch: *Religion für Atheisten. Vom Nutzen der Religion für das Leben*. Frankfurt am Main 2013.

Deb, Debal: *Sacred Groves of West Bengal: A Model of Community Forest Management*. Norwich 2007.

Dennett, Daniel: *Breaking the Spell: Religion as a Natural Phenomenon*. New York 2006. Deutsch: *Den Bann brechen: Religion als natürliches Phänomen*. Frankfurt am Main 2008.

Descola, Philippe: *Beyond Nature and Culture*. Chicago 2013. Deutsch: *Jenseits von Natur und Kultur*. Frankfurt am Main 2013.

Ehrenreich, Barbara: *Blood Rites: Origins and History of the Passions of War*. New York 1997. Deutsch: *Blutrituale – Ursprung und Geschichte der Lust am Krieg*. Reinbek 1999.

Ehrenreich, Barbara: *Dancing in the Streets: A History of Collective Joy*. New York 2006.

Ehrenreich, Barbara: *Smile or Die: How Positive Thinking Fooled America and the World*. London 2009. Deutsch: *Smile or Die: Wie die Ideologie des positiven Denkens die Welt verdummt*. München 2010.

Eire, Carlos M. N.: *War Against the Idols: The Reformation of Worship from Erasmus to Calvin*. Cambridge 1986.

Eliade, Mircea: *Patterns in Comparative Religion*. London 1958. Deutsch: *Die Religionen und das Heilige – Elemente der Religionsgeschichte*. Frankfurt am Main 1998.

Ellis, Peter Berresford: *Celtic Inheritance*. London 1985.

Emerson, Ralph Waldo: *Selected Essays*. Harmondsworth 1985. Deutsch: *Essays*. Zürich 2003.

Emmons, R. A., und C. A. Crumpler: »Gratitude as a human strength: Appraising the evidence«, in: *Journal of Social and Clinical Psychology* 19, 2000, S. 56–69.

Emmons, R. A., und T. T. Kneezel: »Giving thanks: Spiritual and religious correlates of gratitude«, in: *Journal of Psychology and Christianity* 24, 2005, S. 140–148.

Emmons, R. A., und M. E. McCullough: »Counting blessings versus burdens: An experimental investigation of gratitude and subjective wellbeing in daily life«, in: *Journal of Personality and Social Psychology* 84, 2003, S. 377–389.

Evans, Dylan: *Placebo: Mind Over Matter in Modern Medicine*. London 2010.

Feldman, R., M. Monakhov, M. Pratt und R. P. Ebstein: »Oxytocin pathway genes: evolutionary ancient system impacting on human affiliation, sociality, and psychopathology«, in: *Biological Psychiatry* 79, 2016, S. 174–184.

Field, C. D.: »Secularising selfhood: what can polling data on the personal saliency of religion tell us about the scale and chronology of secularisation in modern Britain?«, in: *Journal of Beliefs and Values* 36, 2015, S. 308–330.

Fox, Matthew: *Meister Eckhart: A Mystic-warrior for our Times*. Novato (CA) 2014.

Fox, Matthew, und Rupert Sheldrake: *The Physics of Angels: Exploring the Realm Where Science and Spirit Meet*. San Francisco 1996. Deutsch: *Engel – Die kosmische Intelligenz*. München 1999.

Frazer, James: *Folk-Lore in the Old Testament*. London 1918. Deutsch: *Die Arche: Biblische Geschichten im Lichte der Völkerkunde*, Stuttgart 1960.

Freud, Sigmund: *Moses and Monotheism*. London 1939. Deutsch: *Der Mann Moses und die monotheistische Religion*. Frankfurt am Main 1999.

Geissmann, T.: »Gibbon songs and human music from an evolutionary perspective«, in: Wallin, Nils L., Björn Merker und Steven Brown (Hrsg.): *The Origins of Music*. Cambridge (MA) 2000.

Giblett, Rod: *People and Places of Nature and Culture*. Bristol 2011.

Gilbert, N.: »A natural high«, in: *Nature* 531, 2016, S. 556–557.

Godwin, Joscelyn: *Music, Mysticism and Magic: A Sourcebook*. London 1986.

Goyal, M., et al.: »Meditation programs for psychological stress and wellbeing: A systematic review and meta-analysis«, in: *JAMA Internal Medicine* 174, 2014, S. 357–368.

Gray, John: *Straw Dogs: Thoughts on Humans and Other Animals*. London 2002. Deutsch: *Von Menschen und anderen Tieren – Abschied vom Humanismus*. Stuttgart 2010.

Gray, John: *The Immortalization Commission: Science and the Strange Quest to Cheat Death*. London 2011.

Griffiths, Bede: *Return to the Centre*. London 1976. Deutsch: *Rückkehr zur Mitte. Das Gemeinsame östlicher und westlicher Spiritualität*. München 1991.

Griffiths, Bede: *The Marriage of East and West*. London 1982. Deutsch: *Die Hochzeit von Ost und West: Hoffnung für die Menschheit*. Salzburg 2003.

H. M. Government White Paper: *The Natural Choice: Securing the Value of Nature*. London 2011.

Hardy, Alister: *The Spiritual Nature of Man: A Study of Contemporary Religious Experience*. Oxford 1979.

Harris, Sam: *The End of Faith: Religion, Terror, and the Future of Reason*. New York 2005. Deutsch: *Das Ende des Glaubens: Religion, Terror und das Licht der Vernunft*. Winterthur 2007.

Harris, Sam: *Waking Up: Searching for Spirituality Without Religion*. London 2014. Deutsch: *Spiritualität jenseits von Glaube und Religion*. Winterthur 2017.

Hart, David Bentley: *The Experience of God: Being, Consciousness, Bliss*. Yale 2013.

Hayward, Guy: *Singing as One: Community in Synchrony*. Cambridge 2014.

Hazrat Inayat Khan: »The music of the spheres«, in: Rothenberg, D., und M. Ulvaeus (Hrsg.): *The Book of Music and Nature*. Middletown (CT) 2009. Deutsch: *Musik aus mystischer Sicht*. Weinstadt 2015.

Heller, Erich: *The Disinherited Mind: Essays in Modern German Literature and Thought*. Cambridge 1952.

Hitchens, Christopher: *God Is Not Great: How Religion Poisons Everything*. New York 2008. Deutsch: *Der Herr ist kein Hirte: Wie Religion die Welt vergiftet*. München 2009.

Hölzel, B. K., U. Ott, T. Gard, H. Hempel, M. Weygandt, K. Morgen und D. Vaitl: »Investigation of mindfulness meditation practitioners with voxel-based morphometry«, in: *Social Cognitive and Affective Neuroscience* 3, 2008, S. 55–61.

Hölzel, B. K., J. Carmody, M. Vangel, C. Congleton, S. M. Yerramsetti, T. Gard und S. W. Lazar: »Mindfulness practice leads to increases in regional brain gray matter density«, in: *Psychiatry Research* 191, 2011, S. 36–43.

Howell, P.: »At home and astray«, in: *Cambridge Alumni Magazine* 77, 2016, S. 28–35.

Karjalainen, E., T. Sarjala und H. Raitio: »Promoting human health through forests: overview and major challenges«, in: *Environmental Health and Preventive Medicine* 15, 2010, S. 1–8.

Koenig, Harold G.: *Medicine, Religion and Health: Where Science and Spirituality Meet*. West Conshohocken (PA) 2008.

Koenig, Harold, Michael E. McCullough und David B. Larson: *Handbook of Religion and Health*. Oxford 2001.

Koenig, Harold, Dana King und Verna Benner Carson: *Handbook of Religion and Health* (2nd edition), Oxford 2012.

Kuhn, Thomas: *The Structure of Scientific Revolutions*, Chicago 1962. Deutsch: *Die Struktur wissenschaftlicher Revolutionen*. Frankfurt am Main 1996.

Kuyken, W., R. Hayes, B. Barrett et al.: »Effectiveness and cost-effectiveness of mindfulness-based cognitive therapy compared with maintenance antidepressant treatment in the prevention of depressive relapse or recurrence (PREVENT): a randomised controlled trial«, in: *The Lancet* 386, 2015, S. 63–73.

La Fontaine, Jean S.: *Initiation: Ritual Drama and Secret Knowledge Across the World*. Harmondsworth 1985.

Lévi-Strauss, C.: *Structural Anthropology*. Harmondsworth 1972. Deutsch: *Strukturale Anthropologie I*. Frankfurt am Main 1977.

Levitin, Daniel J.: *This Is Your Brain on Music: Understanding a Human Obsession*. London 2006. Deutsch: *Der Musik-Instinkt: Die Wissenschaft einer menschlichen Leidenschaft*. Berlin/Heidelberg 2009.

Li, Q.: »Effect of forest bathing trips on human immune function«, in: *Environmental Health and Preventive Medicine* 15, 2010, S. 9–17.

Lorimer, D.: »Science and religion: A survey of spiritual practices and benefits among European sollutions, engineers and medical professional«, in: *Scientific and Medical Network Review* 123, 2017, S. 23–26.

Louv, Richard: *Last Child in the Woods: Saving Our Children from Nature-Deficit Disorder*. Chapel Hill 2008. Deutsch: *Das letzte Kind im Wald – Geben wir unseren Kindern die Natur zurück!*, Freiburg 2013.

Lutz, A., L. L. Greischar, N. B. Rawlings, M. Ricard und R. J. Davidson: »Long-term meditators self-induce high-amplitude gamma synchrony during mental practice«, in: *Proceedings of the National Academy of Sciences (US)* 101, 2004, S. 16 369–16 372.

McCullough, M. E., R. A. Emmons und J. A. Tsang: »The grateful disposition: A conceptual and empirical topography«, in: *Journal of Personality and Social Psychology* 82, 2002, S. 112–127.

Marais, Eugene N.: *The Soul of the White Ant*. London 1937. Deutsch: *Die Seele der weißen Ameise*. München 1952.

Mascaro, J. (Übers.): *The Upanishads*. Harmondsworth 1965. Deutsch: Peter Michel (Hrsg.): *Upanishaden – Die Geheimlehre des Veda*. Wiesbaden 2006.

Mauss, Marcel: *The Gift: The Form and Reason for Exchange in Archaic Societies*. New York 2000. Deutsch: *Die Gabe: Form und Funktion des Austauschs in archaischen Gesellschaften*. Frankfurt am Main 1990.

Merker, B.: »Synchronous chorusing and human origins«, in: Wallin, Nils L., Björn Merker und Steven Brown (Hrsg.): *The Origins of Music*. Cambridge (MA) 2000.

Michell, John: *The Earth Spirit: Its Ways, Shrines and Mysteries*. London 1975.

Mojo Magazine: *The Mojo Collection: The Ultimate Music Companion* (4th edition). Edinburgh 2003.

Morris, P. A.: »The effect of pilgrimage on anxiety, depression and religious attitude«, in: *Psychological Medicine* 12, 1982, S. 291–294.

Nabokov, Peter: *Where the Lightning Strikes: The Lives of American Indian Sacred Places*. New York 2006.

Nagel, Thomas: *Mind and Cosmos: Why the Materialist Neo-Darwinian Conception of Nature is Almost Certainly False*. Oxford 2012. Deutsch: *Geist und Kosmos: Warum die materialistische neodarwinistische Konzeption der Natur so gut wie sicher falsch ist*. Frankfurt am Main 2016.

Nilsson, U.: »Soothing music can increase oxytocin levels during bed rest after open-heart surgery: a randomised control trial«, in: *Journal of Clinical Nursing* 18, 2009, S. 2153–2161.

Paffard, Michael: *Inglorious Wordsworths: A Study of Some Transcendental Experiences in Childhood and Adolescence*. London 1973.

Park, B. J., Y. Tsunetsugu, T. Kasetani, T. Kagawa und Y. Miyakazi: »The physiological effects of *Shinrin-yoku* (taking in the forest atmosphere or forest bathing): evidence from field experiments in 24 forests across Japan«, in: *Environmental Health and Preventive Medicine* 15, 2010, S. 18–26.

Partridge, Eric: *Origins: A Short Etymological Dictionary of Modern English*. London 1966.

Purce, Jill: *The Mystic Spiral: Journey of the Soul*. London 1974. Deutsch: *Die Spirale – Symbol der Seelenreise*. München 1988.

Purce, Jill: »Sound in mind and body«, in: *Resurgence*, März/April 1986, S. 26–30.

Reynolds, G.: »How walking in nature changes the brain«, in: *New York Times*, 22. Juli 2015.

Rosenthal, J. Z., S. Grosswald, R. Ross und N. Rosenthal: »Effects of transcendental meditation in veterans of Operation Enduring Freedom and Operation Iraqi Freedom with post-traumatic stress disorder: A pilot study«, in: *Military Medicine* 176, 2011, S. 626–630.

Roszak, Theodore: *Where the Wasteland Ends: Politics and Transcendence in Post-Industrial Society*. London 1973.

Sacks, Oliver: *Musicophilia: Tales of Music and the Brain*. London 2007. Deutsch: *Der einarmige Pianist – Über Musik und das Gehirn*. Reinbek 2009.

Sacks, Oliver: *Gratitude*. London 2015. Deutsch: *Dankbarkeit*. Reinbek 2015.

Schwartz, S.: »Meditation – the controlled psychophysical self-regulation process that works«, in: *Explore: The Journal of Science and Healing* 7, 2011, S. 348–353.

Schweiker, W.: »Torture and religious practice«, in: *Dialog: A Journal of Theology* 47, 2008, S. 208–216.

Scott, C. J., R. G. Harrison, M. J. Owens, M. Lockwood und L. Barnard: »Evidence for solar wind modulation of lightning«, in: *Environmental Research Letters* 9, 2014, 055004.

Seligman, M. P., T. A. Steen, N. Park und C. Peterson: »Positive psychology progress: empirical validation of interventions«, in: *American Psychologist* 60, 2005, S. 410–421.

Sheldrake, Rupert: *A New Science of Life: The Hypothesis of Formative Causation*. London 1981. Deutsch: *Das schöpferische Universum – Die Theorie des morphogenetischen Feldes*. Berlin 2009.

Sheldrake, Rupert: *The Presence of the Past: Morphic Resonance and the Habits of Nature*. London 1988. Deutsch: *Das Gedächtnis der Natur – Das Geheimnis der Entstehung der Formen*. Frankfurt am Main 2011.

Sheldrake, Rupert: *The Rebirth of Nature: The Greening of Science and God*. London 1992. Deutsch: *Die Wiedergeburt der Natur: Eine neue Weltsicht*. Reinbek 1994.

Sheldrake, Rupert: *Dogs That Know When Their Owners Are Coming Home, And Other Unexplained Powers of Animals*. London 1999. Deutsch: *Der siebte Sinn der Tiere*. Frankfurt am Main 2012.

Sheldrake, Rupert: *Seven Experiments That Could Change the World* (2nd edition). Rochester (VT) 2002. Deutsch: *Sieben Experimente, die die Welt verändern könnten*. München 1997.

Sheldrake, Rupert: *The Sense of Being Stared At, And Other Aspects of the Extended*

Mind. London 2003. Deutsch: *Der siebte Sinn des Menschen*. Frankfurt am Main 2008.

Sheldrake, Rupert: *A New Science of Life; The Hypothesis of Formative Causation* (3rd edition). London 2009. Deutsch: *Das schöpferische Universum – Die Theorie des morphogenetischen Feldes*. Berlin 2009.

Sheldrake, Rupert: *The Presence of the Past: Morphic Resonance and the Habits of Nature* (2nd edition). London 2011. Deutsch: *Das Gedächtnis der Natur – Das Geheimnis der Entstehung der Formen*. Frankfurt am Main 2011.

Sheldrake, Rupert: *The Science Delusion: Freeing the Spirit of Enquiry*. London 2012. (In den USA: *Science Set Free: Ten Paths to New Discovery*. New York.) Deutsch: *Der Wissenschaftswahn – Warum der Materialismus ausgedient hat*. München 2012.

Sheldrake, Rupert, und Matthew Fox: *Natural Grace: Dialogues on Science and Spirituality*. London 1996. Deutsch: *Die Seele ist ein Feld: Der Dialog zwischen Wissenschaft und Spiritualität*. Frankfurt am Main 1998.

Sheldrake, Rupert, Terence McKenna und Ralph Abraham: *The Evolutionary Mind: Trialogues at the Edge of the Unthinkable*. Santa Cruz (CA) 1998. (New edition: Rhinebeck [NY] 2005.)

Sheldrake, Rupert, Terence McKenna und Ralph Abraham: *Chaos, Creativity, and Cosmic Consciousness*. Rochester (VT) 2001.

Sheldrake, R., und P. Smart: »Videotaped experiments on telephone telepathy«, in: *Journal of Parapsychology* 67, 2003, S. 147–166.

Smith, James K. A.: *How (Not) To Be Secular: Reading Charles Taylor*. Grand Rapids (MI) 2014.

Spencer, Nick: *Atheists: The Origin of the Species*. London 2014.

Steindl-Rast, David: *Gratefulness. The Heart of Prayer*. Mahwah (NJ) 1984.

Strawson, G.: »Realistic monism: why physicalism entails panpsychism«, in: *Journal of Consciousness Studies* 13, 2006, S. 3–31.

Taylor, Charles: *A Secular Age*. Cambridge (MA) 2007. Deutsch: *Ein säkulares Zeitalter*. Frankfurt am Main 2012.

Taylor, Eugene: Introduction, in: Murphy, Michael, Steven Donovan und Eugene Taylor: *The Physical and Psychological Effects of Meditation: A Review of Contemporary Research with a Comprehensive Bibliography*, 1931–1996. Sausalito (CA) 1997.

Theos: *The Spirit of Things Unseen: Belief in Post-Religious Britain*. London 2013.

Thomas, Keith: *Man and the Natural World: Changing Attitudes in England 1500–1800*. Harmondsworth 1984.

Titze, I. R.: »The human instrument«, in: *Scientific American* 298 (1), 2008, S. 94–101.

Tolkien, J. R. R.: *The Silmarillion*. London 2013. Deutsch: *Das Silmarillion*. Stuttgart 2016.

Tomlinson, Gary: *A Million Years of Music: The Emergence of Human Modernity*. New York 2015.

van Gennep, Arnold: *The Rites of Passage*. Chicago 1972. Deutsch: *Übergangsriten (Les rites de passage)*. Frankfurt am Main 2005.

van Lommel, Pim: *Consciousness Beyond Life: The Science of the Near-Death Experience*. London 2011. Deutsch: *Endloses Bewusstsein: Neue medizinische Fakten zur Nahtoderfahrung*. München 2013.

Vella-Burrows, T.: »Singing and people with dementia«, in: Clift, Stephen (Hrsg.): *Singing, Wellbeing and Health*. Canterbury 2012.

Vitebsky, Piers: *Reindeer People: Living with Animals and Spirits in Siberia*. London 2011.

Viveiros de Castro, E. B.: »Exchanging perspectives: The transformation of objects into subjects in Amerindian ontologies«, in: *Common Knowledge* 10, 2004, S. 463–484.

Watkins, P. C., M. van Gelder und A. Frias: »Furthering the science of gratitude«, in: Lopez, Shane J., und Charles R. Snyder (Hrsg.): *The Oxford Handbook of Positive Psychology* (2nd edition). New York 2009.

Wax, Ruby: *A Mindfulness Guide for the Frazzled*. London 2016. Deutsch: *Fix und fertig – Der Achtsamkeitsguide für Geräderte*. München 2018.

Williams, Dennis C.: *God's Wilds: John Muir's Vision of Nature*. College Station (Texas) 2002.

Wilson, Edward O.: *Biophilia*. Harvard 1984.

Woodard, G. D., und W. C. McCrone: »Unusual crystallization behavior«, in: *Journal of Applied Crystallography* 8, 1975, S. 342.

Woodhead, Linda, und Rebecca Catto: *Religion and Change in Modern Britain*. London 2012.

Wroe, Ann: *Being Shelley: The Poet's Search for Himself*. London 2007.

Young, Jon, Evan McGown und Ellen Haas: *Coyote's Guide to Connecting with Nature*. Shelton (WA) 2010. Deutsch: *Handbuch für Mentoren – Mit dem Coyote-Guide zu einer tieferen Verbindung zur Natur: Grundlagen der Wildnispädagogik*. Extertal 2014.

Zivotofsky, A. Z., L. Gruendlinger und J. M. Hausdorff: »Modality-specific communication enabling gait synchronization during over-ground side-by-side walking«, in: *Human Movement Science* 31, 2012, S. 1268–1285.

Zuckerman, P.: »Atheism: Contemporary numbers and patterns«, in: Martin, Michael (Hrsg.): *The Cambridge Companion to Atheism*. Cambridge 2007, S. 47–65.

Anmerkungen

Vorwort

1 Heller, 1952.
2 Siehe http://epiphanyphilosophers.org [17. Februar 2017].
3 Braithwaite, 1953.
4 Beispiele bei Griffiths, 1976, 1982.
5 Siehe http://www.jillpurce.com [1. Februar 2017].
6 Sheldrake, 2009, 2011.
7 Sheldrake, 2002.
8 Sheldrake, 1999.
9 Sheldrake, 2003.
10 Sheldrake und Smart, 2003.

Einführung

1 Koenig et al. 2012, Kap. 7, 9.
2 Ebenda, Kap. 7.
3 Ebenda, Kap. 26.
4 Ebenda, Kap. 11.
5 http://www.pewforum.org/2011/12/19/global-christianity-exec/ [11. November 2016].
6 http://www.pewforum.org/2014/02/10/russians-return-to-religion-but-not-to-church/ [25. November 2016].
7 Eine kompetente und aufschlussreiche Erörterung findet sich bei Taylor, 2007.
8 http://www.brin.ac.uk/figures/ [8. November 2016].
9 http://www.lancaster.ac.uk/news/articles/2016/why-no-religion-is-the-new-religion/ [8. November 2016].
10 http://about-france.com/religion.htm [8. November 2016].
11 http://www.pathwaystogod.org/resources/thinking-faith/religious-landscape-sweden [8. November 2016].
12 http://www.irishcentral.com/news/numbers-in-irelands-catholic-church-continue-to-drop-stigma-attached-to-attending-mass-200315991-237575781 [16. November 2016].
13 http://worldnews.nbcnews.com/_news/2013/03/05/17184588-as-church-attendance-drops-europes-most-catholic-country-seeks-modern-pope?lite [8. November 2016].
14 Hout, M., und T. W. Smith: »Fewer Americans affiliate with organised religions, belief and practice unchanged«, in: *Key findings from the 2014 General*

Social Survey, 2015: http://www.norc.org/PDFs/ GSS%20Reports/GSS_Religion_2014.pdf/ [8. November 2016].

15 http://www.pewforum.org/2015/11/03/u-s-public-becoming-less-religious/ [8. November 2016].

16 Theos, 2013.

17 Bemerkenswerte Beispiele finden sich bei Douthat, R.: »Varieties of religious experience«, in: *New York Times*, 24. Dezember 2016: http://www. nytimes.com/2016/12/24/opinion/sunday/varieties-of-religious-experience.html?_r=0 [27. Dezember 2016].

18 http://www.philosophyforlife.org/the-spiritual-experiences-survey/ [November 2016].

19 Ebenda.

20 Woodhead und Catto, 2012.

21 http://www.philosophyforlife.org/the-spiritual-experiences-survey/: [9. November 2016].

22 De Botton, 2013, S. 13.

23 Ebenda, S. 14.

24 Harris, 2014, S. 202 f.

25 http://www.sundayassembly.com [9. November 2016].

26 http://www.philosophyforlife.org/category/atheism/ [9. November 2016].

27 Koenig et al., 2001.

28 Koenig et al., 2012.

Meditation und die Natur des Geistes

1 Benson und Klipper, 2000.

2 Simons, N.: »MPs slow the Westminster treadmill with weekly ›mindfulness‹ meetings«, in: *Huffington Post*, 4. November 2013: http://www.huffingtonpost.co.uk/2013/10/30/chris-ruane-parliament-mindfulness_n_4177609.html [26. Oktober 2016].

3 NHS Choices, Mindfulness, 2016: http://www.nhs.uk/Conditions/stress-anxiety-depression/Pages/mindfulness.aspx [26. Oktober 2016].

4 Partridge, 1966, S. 393.

5 Miller, K.: »Archaeologists find earliest evidence of humans cooking with fire«, in: *Discover*, Mai 2013: http://discovermagazine.com/2013/may/09-archaeologists-find-earliest-evidence-of-humans-cooking-with-fire [19. September 2016].

6 Taylor, 1997.

7 Ebenda.

8 Chopra, D.: »The Maharishi Years – the untold story: recollections of a former disciple«, in: *Huffington Post*, 17. November 2011: http://www.huffingtonpost.com/deepak-chopra/the-maharishi-years-the-u_b_86412.html [17. September 2016].

9 Beispiele finden sich auf der Webseite der World Community for Christian Meditation: http://wccm.org [16. September 2016].

10 Benson und Klipper, 2000.
11 Kuyken et al., 2015.
12 Wax, 2016.
13 Blackmore, 2011.
14 https://www.samharris.org/blog/item/how-to-meditate [9. November 2016].
15 Harris, 2014.
16 NIH: »Nationwide survey reveals widespread use of mind and body practices«: https://www.nih.gov/news-events/news-releases/nationwide-survey-reveals-widespread-use-mind-body-practices, 2015 [5. Oktober 2016].
17 Benson und Klipper, 2004.
18 Ebenda, S. 65–82.
19 Ebenda, S. XXI–XXII.
20 Zitiert in Fox, 2014, S. 55.
21 Koenig et al., 2001, 2012.
22 Benson und Klipper, 2004, S. XLII.
23 Schwartz, 2011.
24 Rosenthal et al., 2011.
25 Wood, D.: »Veterans find comfort in meditation therapy«, in: *Huffington Post*, 3. März 2015: http://www.huffingtonpost.com/2015/02/20/ vets-ptsd-meditation_n_6714544.html [4. Oktober 2016].
26 Goyal et al., 2014.
27 Britton, W.: »The dark knight of the soul«, in: *The Atlantic*, 15. Juni 2014: http://www.theatlantic.com/health/archive/2014/06/the-dark-knight-of-the-souls/372766/ [5. Oktober 2016].
28 Booth, R.: »Mindfulness therapy comes at a high price for some, say experts«, in: *Guardian*, 25. August 2014 [5. Oktober 2014].
29 Stahl, J. E., et al.: »Relaxation Response and Resiliency Training and Its Effect on Healthcare Resource Utilization«, in: *PLOS One*, 13. Oktober 2015: http://journals.plos.org/plosone/article?id=10.1371/ journal.pone.0140212 [4. Oktober 2016].
30 Lutz et al., 2004.
31 Hölzel et al., 2008.
32 Schulte, B.: »Harvard neuroscientists: meditation not only reduces stress, here's how it changes your brain«, in: *Washington Post*, 26. Mai 2015: https://www.washingtonpost.com/news/inspired-life/wp/ 2015/05/26/harvard-neuroscientist-meditation-not-only-reduces-stress-it-literally-changes-your-brain/ [22. Oktober 2016].
33 Hölzel et al., 2011.
34 Mascaro, 1965, S. 51. Deutsch: Peter Michel (Hrsg.): *Upanishaden – Die Geheimlehre des Veda*. Wiesbaden 2006.
35 Aquinas, 2009, S. 226.
36 Batchelor, 2017.
37 Harris, 2014, S. 10.
38 Ebenda, S. 137.

39 Ebenda, S. 135, 137.
40 Powers, B.: »The nondual realization of Sam Harris: the future of an illusion«, 2014: http://www.integralworld.net/powers17.html [25. Oktober 2016].
41 Harris, 2014, S. 175 f.
42 https://www.samharris.org/blog/item/how-to-meditate [26. Oktober 2016].
43 Wax, 2016.
44 Zum Beispiel: http://www.awakenedheartproject.org [26. Oktober 2016].
45 Zum Beispiel: http://wccm.org [26. Oktober 2016].
46 Zum Beispiel: http://islamicsunrays.com/islamic-meditation-for-relaxation-and-spiritual-comfort/ [26. Oktober 2016].

Der Fluss der Dankbarkeit

1 Emmons und Crumpler, 2000.
2 McCullough et al., 2002.
3 Emmons und Kneezel, 2005.
4 Watkins et al., 2009.
5 Emmons und McCullough, 2003.
6 Bobo et al., 2004.
7 Ebenda.
8 Seligman, 2005.
9 Ehrenreich, 2009.
10 Ebenda.
11 Mauss, 2000, S. 20.
12 Partridge, 1966.
13 Sacks, 2015.
14 Interessanterweise war Oliver Sacks' Neffe, Jonathan Sacks, Großrabbiner von Großbritannien.
15 Ein sehr nützliches Buch zu diesem Thema ist *Gratefulness, The Heart of Prayer*, geschrieben von meinem Freund Bruder David Steindl-Rast, einem Benediktinermönch. Er ist ebenfalls Begründer einer Webseite zum Thema: www.gratefulness.org (deutsch: www.dankbar-leben.org [21. April 2018]).
16 Hart, 2013.
17 Es gibt verschiedene Webseiten, auf denen man Zusammenstellungen von Tischgebeten finden kann. Eine von ihnen ist zum Beispiel http://gebetbuch.com/gebete/tischgebete [21. April 2018].

Im Kontakt mit der mehr-als-menschlichen Welt

1 Abram, 1997.
2 Descola, 2013, S. 392.
3 Viveiros de Castro, 2004.
4 Wilson, 1984.

5 Howell, 2016.
6 Zum Beispiel über die Vermittlung durch die UK Conservation Volunteers: http://www.tcv.org.uk [12. Februar 2017].
7 Reynolds, 2015.
8 Gilbert, 2016.
9 Park et al., 2010.
10 Li, 2010.
11 Karjalainen et al., 2010.
12 Bratman et al., 2015.
13 Bratman, Hamilton et al., 2015.
14 Gilbert, 2016.
15 H. M. Government White Paper, 2011.
16 Louv, 2008.
17 https://www.nlm.nih.gov/medlineplus/ency/patientinstructions/000355.htm [29. März 2016].
18 http://www.bbc.co.uk/news/education-19870199 [29. März 2016].
19 Hardy, 1979.
20 Ebenda, S. 108.
21 Ebenda, S. 49.
22 Ebenda, S. 33.
23 Paffard, 1973, S. 117.
24 Ebenda, S. 184.
25 Ebenda, S. 121 f.
26 Sheldrake, 1992.
27 Frazer, 1918.
28 Bentley, 1985.
29 Berresford, 1985.
30 https://westernmystics.wordpress.com/2015/03/22/hildegard-of-bingen/ [16. März 2017]. Deutsch: *Welt und Mensch. Das Buch »De Operatione Dei«*. Salzburg 1965.
31 Hart, 2013.
32 Eire, 1986, S. 224.
33 Roszak, 1973; Berman, 1984.
34 Thomas, 1984.
35 Ebenda, S. 257.
36 Ebenda, S. 258.
37 Ebenda, S. 266.
38 Ebenda, S. 267; Southey, 1807.
39 Deutsche Übersetzung von Dietrich H. Fischer, http://www.william-wordsworth.de/translations/ode.html [26.4.2018].
40 Emerson, 1985, S. 38 f.
41 Wroe, 2007.
42 Darwin, E., 1794–1796.
43 Ebenda, S. 36.

44 Braunschweig, 2. verb. Aufl. 1858; engl. Originaltitel von 1844: *Vestiges of the Natural History of Creation*.
45 Bowler, 1984, S. 134.
46 Darwin, 1875, S. 7 f.
47 Darwin, 1859, Kap. 3.
48 Vgl. die entsprechende Diskussion in Sheldrake, 2012, Kap. 4.
49 Strawson, 2006.
50 Nagel, 2012.
51 Strawson, 2006.
52 Ebenda, S. 27.
53 Die Veranstaltung wurde von der Lifebridge Foundation in High Falls, New York, in großzügiger Weise finanziell unterstützt. An dieser Stelle möchte ich der Stiftung meinen Dank dafür aussprechen, dass sie das Symposium möglich gemacht hat.
54 http://sohowww.nascom.nasa.gov/spaceweather/ [16. September 2016].
55 Anselm, 2008, Kap. 16. Deutsch: *Proslogion/Anrede*. Stuttgart 2005.
56 Young et al., 2010.

Unsere Beziehung zu Pflanzen

1 Cambridge University Frank Smart Prize for Botany, 1962.
2 http://www.sheldrake.org/research/plant-and-cell-biology [30. Januar 2017].
3 Darwin, 1882, S. 185.
4 Ebenda, S. 186.
5 Catholic Church, 1999, S. 17. Deutsch: http://www.vatican.va/archive/DEU0035/_PI.HTM [21. April 2018].
6 Hart, 2013.
7 Anselm, 2008, S. 97.
8 Deb, 2007.
9 Frazer, 1918, Band 3, S. 62.
10 Anderson und Hicks, 1990.
11 Zitiert in: https://www.walden.org/Library/About_Thoreau's_Life_and_Writings:_The_Research_Collections/Thoreau_and_the_Environment [28. Januar 2016].
12 Williams, 2002.
13 Giblett, 2011.
14 Ebenda, S. 143.
15 Ebenda, S. 145.
16 https://en.wikipedia.org/wiki/List_of_Sites_of_Special_Scientific_Interest_by_Area_of_Search [11. November 2016].

Rituale und die Präsenz der Vergangenheit

1 Strehlow, zitiert in Lévi-Strauss, 1972, S. 235.
2 Ebenda, S. 236.
3 Eliade, 1958, S. 391.
4 Sheldrake und Fox, 1996.
5 van Gennep, 1972.
6 La Fontaine, 1985.
7 Vgl. zum Beispiel http://schooloflostborders.org/content/huffington-post-what-vision-quest-and-why-do-one [17. Februar 2017].
8 Corazza, 2008.
9 http://iands.org/ndes/about-ndes.html [15. Juni 2016].
10 Carter, 2010.
11 http://iands.org/ndes/about-ndes/common-aftereffects.html [15. Juni 2016].
12 van Lommel, 2011.
13 Schweiker, W.: »Torture and religious practice«, 2008: http://onlinelibrary.wiley.com/doi/10.1111/j.1540-6385.2008.00395.x/full [15. Juni 2016].
14 Ebenda.
15 Freud, 1939, S. 95.
16 McDougall, D.: »Indian cult kills children for goddess«: https://www.theguardian.com/world/2006/mar/05/india.theobserver [17. Juni 2016].
17 Paye-Layleh, J.:«I ate children's hearts, ex-rebel says«: http://news.bbc.co.uk/1/hi/world/africa/7200101.stm [20. März 2017].
18 Ehrenreich, B., 1997.
19 Ebenda, S. 40.
20 Ebenda, S. 59.
21 Ebenda, S. 41.
22 Ebenda, S. 54.
23 http://www.humanesociety.org/issues/biomedical_research/qa/questions_answers.html [17. Juni 2016].
24 http://www.slate.com/blogs/lexicon_valley/2015/07/09/the_surprising_history_of_scientific_researchers_using_the_word_sacrifice.html [17. Juni 2016].
25 http://www.lablit.com/article/394 [17. Juni 2016].
26 Sheldrake, 2012.
27 Sheldrake, 1988.
28 Sheldrake, 2009, 2011.
29 Woodard und McCrone, 1975.
30 Zitiert in Woodard und McCrone, 1975.
31 Details in Sheldrake, 2009, 2011.
32 Ebenda.
33 Sheldrake, 2009.
34 Vgl. die Erörterung in Sheldrake und Fox, 1996, Kap. 6.
35 https://www.psychologytoday.com/blog/hide-and-seek/201402/the-history-kissing [7. Juli 2016].

Gesang, Sprechgesang und die Macht der Musik

1 www.healingvoice.com [31. Dezember 2016].
2 Sacks, 2007, S. X f.
3 Darwin, 1885, S. 567.
4 Ebenda, S. 569.
5 Cross, 2016.
6 Ebenda, S. 11.
7 Darwin, 1885, S. 572.
8 Ebenda, S. 571.
9 Brown, 2004.
10 Cross und Morley, 2008.
11 Merker, 2000.
12 Geissmann, 2000.
13 Zivotofsky et al., 2012.
14 Brown, 2004.
15 Cross und Morley, 2008.
16 Ebenda.
17 Bellah, 2011.
18 www.healingvoice.com [13. Januar 2017].
19 Purce, 1986.
20 Ebenda.
21 Eine detaillierte Studie findet sich bei Hayward (2014): https://cambridge.academia.edu/GuyHayward [20. Februar 2017].
22 Sheldrake, 2011.
23 Clift et al., 2008.
24 Clift et al., 2010.
25 Chanda und Levitin, 2013.
26 Clift et al., 2010.
27 Vella-Burrows, 2012.
28 Clift et al., 2010.
29 Chanda und Levitin, 2013.
30 Ebenda.
31 Levitin, 2006.
32 Chanda und Levitin, 2013, S. 186.
33 Levitin, 2006, S. 173.
34 Ebenda, S. 191.
35 Feldman et al., 2016.
36 Chanda und Levitin, 2013.
37 Ebenda.
38 Nilsson, 2009.
39 Frazer, 1918.
40 Ehrenreich, 2006, S. 53.
41 Ebenda, S. 65.

42 Ebenda, S. 137.
43 Ebenda, S. 4.
44 http://www.everydayhealth.com/hs/major-depression/depression-statistics/ [20. Januar 2017].
45 Zitiert in: Irvin, J., und C. McLear (Hrsg.): *The Mojo Collection* (4. Aufl.). Canongate Books 2003, S. 20.
46 Zitiert in Godwin, 1986, S. 6.
47 Ebenda., S. 10 f.
48 Titze, 2008.
49 Hazrat Inayat Khan, 2009.
50 Tolkien, 2013.

Pilgerreisen und heilige Stätten

1 https://5ocietyx.wordpress.com/2013/02/12/the-dance-of-the-kingfish/ [3. Februar 2017].
2 http://www.nature.com/articles/srep22219 [3. Februar 2017].
3 Vitebsky, 2011.
4 Boyles, 1991.
5 Michell, 1975, S. 10.
6 Ebenda.
7 Frazer, 1918, Bd. 2, S. 76.
8 Coleman und Elsner, 1995.
9 Ebenda.
10 Ebenda, S. 20.
11 Ebenda, S. 25.
12 Brown, 2015.
13 Coleman und Elsner, 1995.
14 http://www.york.ac.uk/projects/pilgrimage/content/reform.html [15. Juni 2016].
15 Nabokov, 2006.
16 Albera und Eade, 2015.
17 Gray, 2011.
18 https://en.wikipedia.org/wiki/Lenin%27s_Mausoleum [25. Januar 2016].
19 Davies, 1998, S. 80.
20 Duden: Etymologie, Mannheim 1963.
21 https://de.statista.com/statistik/daten/studie/187764/umfrage/weltweite-einnahmen-im-tourismus-seit-2000/ [20. April 2018].
22 Davidson und Gitlitz, 2002.
23 http://www.csj.org.uk/the-present-day-pilgrimage/thoughts-and-essays/2000-years-of-the-pilgrimage/ [27. Januar 2016].
24 Ebenda.
25 https://oficinadelperegrino.com/estadisticas/ [15. Januar 2016].
26 http://pilegrimsleden.no/en/ [27. Januar 2016].
27 http://britishpilgrimage.co.uk/the-bpt/ [27. Januar 2016].

28 Zum Beispiel Morris, 1982.
29 https://www.walkingforhealth.org.uk/sites/default/files/Walking%20works_LONG_AW_Web.pdf [30. Januar 2016].
30 http://www.mindingourbodies.ca/about_the_project/literature_reviews/the_nurture_of_nature [30. Januar 2016].
31 http://ajot.aota.org/article.aspx?articleid=1862485 [30. Januar 2016].
32 Zum Beispiel http://www.health.harvard.edu/mind-and-mood/exercise-and-depression-report-excerpt [30. Januar 2016].
33 Evans, 2010.
34 https://en.wikipedia.org/wiki/Lourdes [30. Januar 2016].
35 http://en.lourdes-france.org/deepen/cures-and-miracles [30. Januar 2016].
36 Zitiert in Michell, 1975, S. 13.
37 http://www.mcofs.org.uk/lightning.asp [26. Januar 2016].
38 Scott et al., 2014.
39 http://www.lightningmaps.org [3. Februar 2017].

Schlussfolgerungen: Spirituelle Bräuche in einem säkularen Zeitalter

1 Taylor, 2007, S. 32.
2 Ebenda, S. 225.
3 Eine brauchbare Zusammenfassung der Argumente von Taylor findet sich bei Smith, 2014.
4 Taylor, 2007, S. 449.
5 Ebenda, S. 56.
6 Spencer, 2014.
7 Taylor, 2007, S. 2.
8 http://www.encyclopedia.com/history/encyclopedias-almanacs-transcripts-and-maps/league-militant-godless [31. Dezember 2016].
9 Taylor, 2007, S. 5.
10 Gray, 2002, S. 127 f.
11 https://en.wikipedia.org/wiki/Spanish_Inquisition [23. Dezember 2016].
12 Gray, 2011, S. 182.
13 http://www.ibtimes.com/how-many-people-did-joseph-stalin-kill-1111789 [2. Januar 2017].
14 https://de.wikipedia.org/wiki/Kulturrevolution#Folgen [20. April 2018].
15 http://www.historyplace.com/worldhistory/genocide/pol-pot.htm [2. Januar 2017].
16 Sheldrake, 2012.
17 Koenig, 2008.
18 Ebenda, S. 142.
19 Ebenda.
20 Zuckerman, 2007.
21 Field, 2015.

22 Theos, 2013.
23 Lorimer, 2017.

Dank

1 Sheldrake, McKenna und Abraham, 1998, 2001.
2 http://www.sheldrake.org/audios/the-sheldrake-mckenna-abraham-trialogues [1. Februar 2017].
3 http://www.sheldrake.org/videos/the-nature-of-the-mind-a-discussion-between-j-krishnamurti-david-bohm-john-hidley-and-rupert-sheldrake [1. Februar 2017].
4 Sheldrake und Fox, 1996; Fox und Sheldrake, 1996.
5 http://www.sheldrake.org/audios/discussions-between-rupert-sheldrake-and-matthew-fox [17. February 2017].
6 http://www.sheldrake.org/audios/dialogues-with-bishop-marc-andrus-at-grace-cathedral [1. Februar 2017].
7 http://www.sheldrake.org/audios/science-set-free-podcast [1. Februar 2017].

Register

M

N

O

P